JN060001

花、グリーン、庭づくりの基礎がわかる

ガーデニング大百科

Gardening Encyclopedia

花、グリーン、庭づくりの基礎がわかる

Gardening Encyclopedia ガーデニング大百科

Contents

植物と暮らす、ということ

ガーデニングとは、家庭で行う庭づくりや園芸のことで
イギリスの文化として日本に取り入れられて定着しました。
広いお庭がなくても、玄関やベランダなどちょっとしたスペースで花や緑を楽しむことも立派なガーデニング。

日々変化していく植物たちの様子を観察する感動や楽しさ、土の感触から感じる優しさや温もり、
美しい花の色やみずみずしい緑からもらう癒やしや安らぎ——
植物と暮らすことで得られるものはたくさんあります。

でも、それは人間が昔から大切にしてきた自然との共存なのでしょう。
昨今、自然と共に暮らしているという実感が少なくなっている時代、
ガーデニングで自然を感じる暮らしをはじめてみませんか。

Chapter 1

はじめてのガーデニング
素朴な疑問
Q & A

ガーデニングに挑戦したいけど、
何からはじめていいのかわからない…
そんな初心者さんを応援するべく、
まずはガーデニングの最低限必要な知識や
知っておきたい情報をQ＆A方式でご紹介。
ここで基礎の基礎を学びましょう！

基礎知識編

まず、育てたい場所、条件に合った花を知ることが何より大切。
初心者さんにおすすめなのはこんな植物です

Q1　どんな花を選べばいいの？

A 自分の好きな花で季節と育てる場所に合ったもの

いきなり園芸店に行ってずらっと並んだかわいい花を見ると、あれこれ目移りしてしまって、
結局選びきれない、買えない…なんてことにならないように、ちょっと予習をしておきましょう。
季節別に初心者さんでも比較的かんたんに育てられる植物を紹介します。

春 Spring

春はガーデニングをはじめるのに
最適な季節。花の種類も豊富で、
育て方もかんたんです

アリッサム(1年草)
たくさんの小花を株元に咲かせるので、寄せ植えや花壇の縁どりに最適。成育が早く、早春から初夏まで花が楽しめます。

チューリップ(秋植え球根花)
球根から育てるには前年の秋に植えつけますが、早春から店頭に並ぶ芽出し苗や開花株を購入すれば、手軽に育てられます。

ニゲラ(1年草)
幻想的な青い花が印象的なニゲラは、とても丈夫で手入れもラク。切り花やドライフラワーにしても素敵。

ノースポール(1年草)
ポット苗での入手がかんたん。どんどんふえて、白い花を敷きつめたように広がって咲くので見応え充分。

ブラキカム(宿根草)
春から秋まで開花期が長いのが魅力の小花。上手に刈り込むとこんもり茂るので、ハンギングのアレンジも楽しめます。

ゼラニウム(宿根草)
小花が集まって房状に咲く鮮やかな花は開花期間が長く、育てやすさも抜群。こまめな花がら摘みがポイントです。

夏 Summer

夏は蒸れと暑さを乗り切れば
ぐんぐん育つ花を楽しめます

ジニア(1年草)
色、形、草姿が多彩で長い花期が自慢の花。夏の強い日ざしにもよく耐え、丈夫で育てやすいのが特徴。

ストケシア(宿根草)
梅雨入りから初秋まで、涼し気で美しい花が咲く。暑さ、寒さに強く、年々株がふえて広がります。

ペチュニア(1年草)
日本の気候風土に合った育てやすい花。改良種のカリブラコアは雨にも強いので、梅雨時でも安心。

ニチニチソウ(1年草)
暑さと乾燥に強く、真夏の炎天下でも毎日新しいつぼみをつけ、元気に咲き続ける花。

秋・冬
Autumn & Winter

秋・冬は長い期間楽しめる花が
たくさん。春とはひと味違う
雰囲気が楽しめるシーズンです

ウインターコスモス(宿根草)
花の少なくなる冬に、コスモスに
似た一重咲きの慎ましい可憐な
花姿を楽しめます。

マリーゴールド(1年草)
大輪花から、八重咲き、ポンポ
ン咲き、一重の小輪花まで花の
種類が豊富。長い開花期間と育
てやすさも魅力。

ハボタン(1年草)
最近多く出回っているミニタイ
プはやさしいパステル色で、レー
スやフリンジなどの表情も豊
かで人気。

プリムラ(1年草・宿根草)
くっきりと鮮やかな花色が冬の
寂しい風景に華やぎを与えます。
育てる場所は品種に合わせて。

**秋から早春まで楽しめる
パンジー/ビオラは一番
おすすめの花!**

紫系のパンジーとビオラ
にノースポールを合わ
せたボリュームのあるハ
ンギングバスケット。

苗の値段も手頃で、品種
や色のバリエーションも
豊富なパンジーやビオラ
は、花壇から鉢植え、寄
せ植えなどあらゆる用途
に対応できる重宝な花。
寒い時期に根を伸ばすた
め、長く楽しむには植え
つけは秋に行いましょう。

ストロベリートリカラー

ニュークリスタル・ピーコン

ハンギングビオラ

ブラックジャック

Q2 育てる場所はどんなところ?

A まず日当たりがよいか悪いかを基準に

最初に、植物を育てようとする場所の日当たりをチェックしましょう。その場所は一日中日が当たっている日なた?
午前中、または夕方だけ当たる半日陰(はんひかげ)? それとも、まったく日が当たらない日陰?
それがわかっただけでも、そこに適する植物は決まってくるはずです。

日当たりのよい庭
草花を育てるのに一番恵ま
れた環境。花壇、コンテナ
を並べた寄せ植えなど、い
ろいろな楽しみ方ができます。

日当たりのよい
南向きのベランダ
光が入りやすい南向きは植
物の成育に適した場所。風
通しをよくし、日なたを好
む草花を中心に選べば間違
いありません。

西向きのベランダ
午前中の日ざしはほとんど
入らず、午後の日ざしだけ
で植物を育てることになりま
す。夏は強い西日をすだれ
等で遮光する工夫が必要で
すが、冬は午後の長い時間
日が当たるので、季節のコ
ンテナを充実させましょう。

半日陰の庭(はんひかげ)
午後になると建物の影ができ
て日ざしが妨げられる場所で
も、半日近く日が当たればたい
ていの植物はうまく育ちます。

日陰の玄関わき
日陰でも元気に育つアイビ
ーなどのグリーンを中心に、
日照をそれほど必要としな
い草花を選びましょう。

Q3 植物が育ちやすい条件とは?

A 光、温度と湿度、風が重要ポイント!

植物を上手に育てる条件にはQ2で説明した日当たり(光)のほかに、
温度と湿度、風(空気の流れ)があります。たとえば、涼しい場所を
好む植物を、真夏に日当たりのよい高温な場所で育てれば、いくら
水や肥料を与えて十分なケアをしても枯れてしまいます。また、乾
燥を好む植物に水を与えすぎれば、根が腐って逆効果になってしま
います。(詳しくは→P.16)

乾燥を好むカランコエ
カランコエやサボテンなどの多肉
植物は、湿度10〜30%の乾燥した
環境を好みます。

**10℃以下になると枯れる
セントポーリア**
窓越しのやさしい光と適正温度が
重要なセントポーリア。花が咲く
には15℃以上必要。

購 入 編

実際に育てる花や必要なものを求めて園芸店に出かけましょう！

Q4　初心者でも失敗が少ないのはどっち？

A　植物の性質、状態、育てる場所別にそれぞれセレクトする

1年草と宿根草では

1年草は花を咲かせると1年限りの短い命で枯れてしまいますが、その分花期が長く、種類が豊富、花姿も華やかで多彩。季節ごとに好きな花を選んで楽しみながら育てることができます。宿根草は一度植えると、翌年も同じ季節に同じ場所で咲いてくれる、まさに季節を告げる草花。株分けやさし芽でかんたんにふやすことができるのも大きな魅力です。（詳しくは→P.35）

季節ごとに
植え替えを楽しんで…

春　　　秋

1・2年草

宿根草

さし芽や株分けで
どんどんふやせる！

種と苗では

種から育てた花は、発芽の瞬間から毎日成長するプロセスをつぶさに見ることができ、花が咲いたときの喜びはひとしおです。比較的安価な種から一度にたくさん育てられるのも嬉しいものです。旬の花をすぐに楽しみたいなら、市販の苗から育てるのがおすすめ。バランスのよい丈夫な苗を、しっかり見分けて購入しましょう。花の寄せ植えには、つぼみがたくさんついたものを選びましょう。

一度にたくさん育てられて
安あがり！

初心者には
苗からが安心！

コンテナ（鉢）と花壇では

ベランダなどで育てる場合は、市販の培養土を使ってコンテナに植えつけるのがラク。鉢をたくさん並べ、ハンギングバスケットなども組み合わせれば、花いっぱいのガーデニングが実現します。花壇に植えつける場合は、地面を耕し、肥料を施す「土づくり」からはじめる、本格的なガーデニングを楽しむことができます。庭の一部を区切って、まずは小さな花壇からはじめましょう。

水やりさえ頑張れば
あとはラク！

まずは小さな
花壇からスタート

Q5　よい苗の選び方は？

A　根元がグラつかない　しっかりしたものを選ぶ

園芸店などでは、本来の時期よりずっと早くから花つき苗が出回りはじめますが、植えつけ適期に出る苗の方が花色も品種も豊富で、コンディションのよいものが多いようです。チェックポイントは花よりも、むしろ葉や茎。茎がしっかりしていて葉が青々としているもので、全体的にスマートなものより、がっしり型が丈夫で健全な苗です。

持ち上げてみたときにグラグラしていないのがよい苗。

根鉢（根とそのまわりの土のかたまり）

根鉢の根が固まっていないのがよい苗。グルグル巻き、底穴からはみ出しているものは避ける。

花やつぼみがついて、株全体が引きしまっている苗。

花が少なく、茎がヒョロヒョロ伸びて、全体にバランスが悪い苗は×。

Q6　球根選びのポイントは？

A　どっしりとして傷や腐敗のないものが良品

球根の選びのポイントは、大きく充実してどっしりと重く、かびや腐敗のないものを選ぶこと。健康ですぐれた品種を早めに購入したら、なるべく早く植えつけることを心がけ、保管しているあいだも、定期的にかびや腐りのチェックをしましょう。

ネットに入れて乾燥保存する球根
- ●アネモネ　　●グラジオラス
- ●クロッカス　●チューリップ
- ●ヒヤシンス　●フリージア
- ●ムスカリ　　●ラナンキュラス　など

養分が蓄えられた充実した球根。同じ大きさなら、重いものを選ぶ。

上は傷があり、へこんで変形している。下はかびが生えていて育たない。

Q7 種の買い方、見分け方は？

A 種袋の裏面解説をしっかり読んで

種は園芸品店などで、栽培のポイントなどが印刷された小袋に入って売られています。買うときに中身を見ることはできませんが、種の特徴や栽培条件などを育てる場所と照らし合わせて検討しましょう。購入後は種まき前にチェック！ 少しでも元気な芽が出そろうようによい種を選別します。よい種とは、傷やひび割れ、虫食いがないもの。不健全な種をまいても芽はなかなか出ません。

(詳しくは→P.22)

種の購入先は種苗店、園芸店、通信販売、ネットショップなどさまざま。種は花が描かれた防湿の袋に入って販売されているのが一般的。裏面には種のまき方、育て方などについて詳しく解説されているので、よく読んでぜひ参考に。

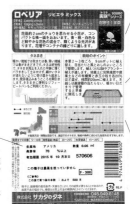

☑ CHECK 1
種名、品種や原産地、花の特徴などの情報。成長後がイメージ通りかを確認。

☑ CHECK 2
種に適した土のつくり方や種のまき方を詳しく説明。できるだけ、近い環境に整え、方法に従います。

☑ CHECK 3
種まきの時期、発芽温度を確認。自分の育てる場所や開花期のプランなどと合っているかのチェックも忘れずに。

☑ CHECK 4
より新鮮な種子を入手するために、発芽率検査、採種年月、有効期限などを必ず確認。古い種は表記されている発芽率より劣ることがあります。

Q8 花が決まったら、ほかに用意するものは？

A 土と肥料、鉢底石、鉢底ネット、鉢。これさえあれば準備完了！

とりあえず小さな鉢植えからスタートするとき、必要なものは上の5つ。選んだ苗を鉢に植えつけることからはじめましょう。

土

すぐに使える培養土が便利

植物は養分を土から吸収するので、よい土選びが大切。一般的には保水性（水もち）、通気性があって、余分な水をためない排水性（水はけ）のよい土がベスト。自分で配合する方法もありますが、それぞれの用途に合わせてブレンドされた土を利用する方が経済的。袋から出してそのまま使えます。(詳しくは→P.18)

ハイポネックス培養土
鉢・プランター用。元肥入りでそのまま使えるタイプ。草花、球根、ハーブや観葉植物など、ほとんどの植物に適用／ハイポネックスジャパン

鉢底石

根腐れ防止に有効

水はけや通気性をよくし、根腐れを防ぐために鉢底に入れる石のこと。小さめの軽石が一般的ですが、石ころ大のつぶれないもの、発泡スチロールを砕いたものなどでも代用できます。

鉢底ネット

土の流失や虫の侵入をガード

鉢の底穴にかぶせ、土の流失や虫の侵入を防ぐビニール製のネット。あらかじめ小さくカットされたものや、必要な大きさに応じてカットする大きめのシート状のものがあります。キッチン用の水きりネットなどでも代用可能。いずれも、穴よりひとまわり大きめのものを用意します。

肥料

はじめに土に混ぜておくのが元肥

肥料は植物の栄養源。とくに、鉢植えは土の分量が限られているので、土中の養分だけでは栄養不足になりがち。一番確実に効果があるのは、植えつけ時にゆっくり長く効く緩効性肥料を混ぜること。粒状の化成肥料が手軽で便利。その後も長く育てる場合は、成長の様子を見ながら途中で肥料を補うのが理想的。

(詳しくは→P.20)

マグァンプK中粒
幅広い植物の植えつけ、植え替え時に土に混ぜ込むだけで植物の成育を促進。／ハイポネックスジャパン

途中の栄養補給（追肥）はこんなものが理想的

ハイポネックスハイグレード原液
多くの植物に使える、水で薄めるタイプの液体肥料／ハイポネックスジャパン

プロミック
土の上に置く錠剤タイプ。効果は約2か月持続／ハイポネックスジャパン

鉢

土がたくさん入る大きめで厚みのあるものを選ぶ

苗に対して大きめのものを選びます。土がたくさん入り乾きにくいので、水やりの回数も少なくてすみます。厚みがあり、通気性がよく、しっかりとしたテラコッタ（素焼き鉢）がおすすめです。

Q9 道具は何をそろえればいい？

A とりあえず必要なのはこの4つ！

最低限ないと困るのが土入れ、じょうろ、シャベル、ハサミ。まずは安いものでもいいので、そろえてみましょう。使っていくうちに自分にとって使いやすいもの、好みのものがわかってくるはず。それから、本格的な道具をセレクトしても充分です。

❶土入れ　すくった土をバラバラこぼさずに運べ、苗や鉢の細かいすき間にもスッと入れられるすぐれもの。大中小のセットで売られていることが多いので、鉢のサイズや土の量に合わせて使い分けます。

❷シャベル　土を掘ったり、植物の根を切ったりするおなじみの道具。持ち手が自分の手にしっくりなじむものを選びます。

❸ハサミ　日常の手入れで茎葉を切ったり、収穫するときに使ったりと必須。いろいろな種類があるので、使いやすいものを手にとって選んで、できれば園芸専用を用意しましょう。

❹じょうろ　毎日の水やりに必要。水を入れると重くなるので、軽くてさびないプラスチック製がおすすめ。はす口（水の出る部分）のとりはずしのできるものが、使い分けできて便利。

実 践 編

いよいよ実際にガーデニングをはじめましょう。毎日の「ちょうどいい手入れ」が大切です

Q10　ポット苗の植え方のコツは？

A 押さえどころはこの3つ！

植物は最初に居心地よく植えつけてやると、あとはあまり手をかけなくても元気に育ちます。
そのために重要なのが3つのポイント。傷んだり不要な部分をとり除き、成育に必要な水をちゃんと吸収できるようにしてやると、
ほとんど失敗なく元気に育ちます。(詳しくは→P.24)

Point 1
黄色の葉やしおれた花はカット

いくら水を与えても枯れたり黄変した(黄色い)葉は緑に戻ることはなく、そのままにしておくと病害虫の原因にもなります。またしおれた花にいくら水を与えても、残念ながら再び美しく咲くことはありません。

Point 2
白く固まった根をほぐす

根が固まったままだと植えつけた土になじみにくく、水も吸収しにくいので処理する必要があります。植物にとって本当はいじられたくない部分なので、できるだけ負担が少ないよう、中央からやさしく手でほぐすか、ハサミで切れ目を入れてそっとはがします。

Point 3
ウォータースペースをとる

鉢のぎりぎりまで土を入れず、縁から2cm前後低くしておきます。こうすると水やりのときに一瞬水がたまっても、土や水があふれ出る心配がありません。ここに水がたまるくらい水やりすると、徐々にまんべんなく鉢土に水がしみ込みます。

Q11　いつ、どのくらい水やりをすればいいの？

A 「土の表面が乾いたらたっぷり」が基本

土の乾き具合は季節や温度によって変わってきます。コンテナの場合、土の表面が乾いたら鉢底から水が流れ出るまでたっぷりと与えます。こうすることで水分を補給すると同時に、根が酸素を吸ってひと休みします。春、秋、冬は午前中に1回、夏は朝夕の涼しい時間に2回与えるようにしましょう。(詳しくは→P.25)

まず土の状態をチェック
葉や茎を手でよけて土の乾き具合をよく見て、土の表面が白く乾いていたら水を与えます。

鉢底から流れ出るまで与える
じょうろの口を株元まで近づけて、鉢の底から水が流れ出すくらいたっぷりと与えます。

Q12　咲き終わった花はどうするの？

A 「花がら摘み」は欠かせない作業

咲き終わった花をひとつずつ摘んでいく作業。まめに花がら摘みを行うことで、植物を美しく見せるだけでなく、病害虫がつく原因となる細菌の繁殖を防ぐこともできます。また、養分が種をつくるために使われないので、さらによく花を咲かせることができます。

(詳しくは→P.26)

柱頭(種ができるめしべの部分)を残しがちなので、必ずがくのつけ根から摘みとります。

雨や水やりが原因で落ちた花がらが葉にはりついていたら、病害虫の原因になるのですぐに除去！

Q13 ヒョロヒョロと縦にばかり伸びてしまったときは？

A 新芽の部分を摘みとって しっかりした株に

ぐんぐん育っている時期に、新しく伸びる勢いのある茎を切るのはちょっと勇気がいりますが、しっかりとした節の詰まったスタイルのよい株に育てるために欠かせない「摘芯」という作業をします。摘芯することで成長は少し遅れますが、茎数がふえ、こんもりと茂るよい株に育ちます。(詳しくは→P.25)

縦に伸びている茎の芽先の下で、葉を数枚つけて切ります。

先端に花がつくペチュニアは摘芯を2〜3回繰り返し、こんもりとした株に仕上げるのが理想的。

Q14 茎が伸びて広がって見苦しくなってしまったら？

A 思いきってバッサリ切る 「切り戻し」が必要

成長がよすぎてスペースからはみ出したり、全体の草姿が悪くなってしまったら、一度茎を短く切り戻します。伸びすぎた部分を整えて、きれいな形にすることで元気が回復。新しい芽や大きな花がどんどん出てきます。

(詳しくは→P.27)

夏にぐんぐん伸びて全体の草姿が乱れてしまったハーブ。

草姿を整えるだけでなく、冬に備えて少しでも養分を蓄えるために、根元近くでバッサリと切ります。

すべて切り戻したところ。一見枯れてしまったようにも見えますが、適期になると新芽が出てきます。

Q15 鉢いっぱいに広がった株が窮屈そうなときは？

A 株の大きさに合った鉢に植え替えを

宿根草や花木、グリーンなどは何年も成育しますが、1〜2年同じ鉢で育てていると、根が容器のスペースいっぱいに広がり、土を持ち上げてしまうことがあります。株元の土はカチカチで見るからに窮屈そう。これでは健全な成育は望めません。即、植え替えてあげましょう。ひとまわり大きな鉢を用意し、ついでに株も整理してリフレッシュ！ 根についた古い土はできるだけ落とし、新しい土に元肥を与えて植え替えます。(詳しくは→P.27)

鉢いっぱいに株が広がったスパティフィラム。草姿も乱れています。

鉢底を見ると、穴から根がはみ出しています。鉢いっぱいに根が回っている様子。

株をとり出します。根が張って鉢から引き抜けない場合は、鉢を割る方法で。根鉢をくずさないように慎重に行います。

根がびっしり詰まって呼吸できない状態。このままでは健全に成育できないので、ただちに植え替えが必要！

枯れた葉や傷んだ茎はとり除き、根もほぐして1/2程度の長さにカット。ひとまわり大きな鉢に植え替えます。

トラブル編

なんだか元気がない植物からのSOSをしっかりキャッチ！　早めの対処が早期回復につながります

Q16 数日水やりを忘れたら葉が枯れてきたよう…

A 水はもちろん、日当たり、風通しをチェックして

枯れてしまった直接のきっかけはもちろん水不足ですが、その他の成育条件はどうでしょう。半日陰が好きな植物なのに日当たりがよすぎたり、きつい西日が当たっていることはないですか？ 特に7〜9月の強い日光には丈夫な植物でも注意が必要。高温で根が傷んだり、乾燥しやすくなって枯れる原因になっている可能性も大です。（詳しくは→P.16）

どんな環境でも丈夫に育つアイビーも、ベランダで真夏の日ざしを受けて少々ダウン気味。

枯れた葉をとり除き、風通しのよい半日陰に移動して毎日キチンと水やりをすれば、すぐに元気になるはず。

Q17 水をちゃんと与えていたのにぐったりしてきたときは？

A 水のやりすぎや水はけの悪さから起こる「根腐れ」かも

初心者に多い失敗として、水のやりすぎや水はけの悪さから起こる根腐れがあります。乾燥を好む植物を底に穴のない鉢に入れたり、受け皿に水をためたままにしておくのは厳禁！ しおれたからといってまた水を与えたりしたら、症状をさらに悪化させてしまうので、まずは根や土の様子をチェックして正しく対処しましょう。

せっせと水を与えて大切に育てたのに、ぐったりとしおれてしまったレースラベンダー。

鉢からとり出してみると根鉢全体が湿った状態。かなり根もまわっていて、これも株が弱る原因のひとつ。

軽く根をほぐし、腐った部分や傷んだ葉をとり除いてから、ひとまわり大きなプランターに植え替えます。

Q18 病気、害虫を発見してしまったら？

A 傷んだところは切るしかない！

もし黒い点や白いかび、虫食いのような穴を見つけたら病気や害虫のシグナル。被害部分をまずチェックしてください。虫はつまんでとるのが一番手っとり早い方法ですが、直接さわりたくなければ割り箸でつまむか、ガムテープに貼りつけてとる、もしくは葉や茎ごと切りとってしまいましょう。一度病害虫に侵された部分は、その後いくら手厚いケアをしたり薬剤を与えたりしても、残念ながら元に戻ることはありません。病害虫に対しては、毎日の手入れのときの観察が一番大事。発見が早ければ早いほど、被害も手間も少なくてすみます。（詳しくは→P.29）

ダリアに発生したうどん粉病。被害箇所をとり除いて株全体を洗い流し、風通しをよくします。

チューリップに発生したアブラムシ。ホースやじょうろで勢いよく水をかけて洗い流すというかんたんな方法で、意外なほど効果があります。

Q19 薬を与えたのに、また同じ虫が出てくるのは？

A メリハリをつけて、徹底的に

病害虫の駆除や治療は、発生したらすぐに10日ほど徹底的に行います。中途半端にだらだらと与え続けていると、病気や虫にも抵抗力がついて、逆にその薬が効かなくなってしまいます。ふだんから予防をしておけば、発生してからの被害も最低限で済みます。（詳しくは→P.29）

ベニカXガード粒剤
粒剤を最初から土に混ぜておけば、根から成分が作用して病害虫予防ができます。／住友化学園芸

薬剤以外の対策としては、たとえば牛乳を葉に吹きつけるだけでもアブラムシ防除に有効と言われています。

応用編

大好きな花を寄せ植えたり、さし芽や株分けでふやしてみたり、
初心者でもできるワンランク上の楽しみ方を紹介します

Q20 寄せ植えで苗をバランスよく配置するコツは？

A 横長コンテナなら、前から全部の苗が見えるように

横長のコンテナなら、後ろに背の高い苗、手前に低い苗を植え、苗と苗のあいだから後ろの苗が見えるように並べると見映えがよく、どの苗にも日が当たるような配置に仕上がります。丸い鉢の場合は中心に背の高い苗、その周囲に低い苗を植えるとバランスよく仕上がります。(詳しくは→P.138)

背の高い季節の花を中心に、性質の違うグリーンをまわりに配したローボウル（平丸鉢）。垂れるタイプを植えると動きのある寄せ植えに仕上がります。

Q21 寄せ植えの作り方ポイントは？

A 根を傷つけないよう、「素早く、ていねいに」

植物は一度植えてしまったら、その場所から自力で動くことはできません。自分のテリトリーから栄養分を吸収して元気に育つためには「根」が大事。植えつけている途中で乾燥させたり、いじりすぎて傷つけたりすることがないよう、ポットから出したら「素早く、ていねいに」土をかぶせます。限られたスペースと土量でも根がすみずみまで伸びるよう、しっかりすき間なく土を入れることも大切です。

割り箸などで突いて土を奥まで入れ、できたくぼみにさらに土を足します。

Q22 好きな花をふやす方法を教えて

A かんたんにふやせる「さし芽」がおすすめ

お気に入りの植物を自分の手でふやしてみたい…花好きなら誰もが抱く思いです。草花の新芽をカットして土にさして発根させ、同じ性質の苗を新たにつくるのが「さし芽」。花木の枝で行う場合は「さし木」と呼びます。失敗が少なく、かんたんにふやせる方法です。(詳しくは→P.32)

マーガレット
つぼみのない茎を上葉3〜4枚残して下葉をとり除き、7cm前後のさし穂をつくります。30分ほど水あげをした後、バーミキュライトなどの清潔な土にさします。適期は4〜5月、9〜10月。

初心者さんにおすすめ！

かんたんにさし芽（木）でふやせる植物

	植物名	適期	ポイント
1・2年草	アゲラタム	5〜7月	若い枝の上葉を4〜5枚残し、下葉をとり除いてさし穂にします。
	インパチェンス	5〜6月	太く、花芽のついていない枝を切ってさすと、かんたんに発根します。
	カンパニュラ	9月	若芽がついた茎を5cmに切って赤玉土にさし、発根するまで乾かさないように半日陰で管理。
	バジル	6〜8月	花芽のない若い枝を、上葉を残し下葉をとり除いてさし穂にします。
	ペチュニア	6〜9月	摘芯、切り戻しをしたときの若い枝をそのつど利用できます。
	ベゴニア・センパフローレンス	4〜7月、9〜11月	花芽のない若い枝を、上葉を残して下葉をとり除いてからさします。
	マリーゴールド	5〜6月、9〜10月	伸びている若芽か、花後に切り戻した枝を利用します。
	ミント類	9〜10月	充実した若い枝10cmを切りとり、上葉3〜4枚残し下葉をとり除いてさし穂にします。
宿根草	アメリカンブルー	9月	若芽を水はけのよい土にさします。気温が高ければかんたんに発根します。
	カーネーション	9〜10月	中が空洞になっていない新芽を、葉をつけて切ってさし穂にします。
	ゼラニウム	4〜6月、9〜10月	若い枝を切り、切り口を日陰で1〜2日乾燥させてからさします。
	ラベンダー	5〜7月、9〜10月	下葉をとった若い枝をさします。成育が遅いので、ビニールなどで覆って発根を促します。
花木	アジサイ	5〜7月	剪定で切った枝の先10cmほどを、ついている葉を半分に切り落として湿った土にさします。
	クレマチス	5〜6月	花が終わった直後に新しい枝を2〜3節切ってさすと、2〜3週間で発根します。
	ミニバラ	5〜8月	花のすぐ下と株元に近い部分は避け、5枚葉を2枚ほどつけた7cm前後の枝をさします。

Chapter 2

上手に育てるために
知っておきたい

基 礎 知 識

植物を育てるのに必要な園芸の知識や、
少し手間のかかる基本作業を解説します。
これを知っておけば、もう大丈夫！

育てる環境チェック

育てる植物の特徴と性質をよく理解して、
その成育条件にあった環境を整えることが大切です。

昼　夜

酸素
水
二酸化炭素
酸素
二酸化炭素
水
酸素
二酸化炭素　養分

01 植物が育つしくみ

植物が育つには水と養分が必要です。植物は昼間、葉から大気中の二酸化炭素をとり入れ、太陽の光エネルギーと根から吸収した水分を利用して光合成を行い、炭水化物という養分をつくります。同時に土から得たチッソ(N)、リンサン(P)、カリ(K)、カルシウム(Ca)などの養分もエネルギーに変えていきます。夜は呼吸をして酸素をとり入れ、不要になった二酸化炭素を排出しながら成長していきます。

02 上手に育てる3つの条件

温度&湿度

寒くなれば暖かいところに移動し、必要な食物がなくなればそれを求めて移動できる動物と違って、植物はその場を動けない生物です。植物は与えられた環境の中で成長しなければいけません。植物の種類が全世界に何十万種ともいわれるのは、ありとあらゆる環境に適応して進化してきた結果なのです。

現在、植物は園芸品種として原産地以外の世界中に出回っています。だからこそ、もともとの原産地を知り、その気候条件に合わせて栽培することが、植物にとってよい環境をつくるということにつながるのです。

適する温度と大きく違うと花や葉の成育が弱くなり、養分、水分の吸収が難しくなって枯れることがあります。また、温度の急上昇は葉焼けを起こし、急低下は凍結の原因になります。湿度は温度ほど直接的ではありませんが、多湿、過湿は根腐れに、乾燥はしおれにつながります。また、病害虫の発生を高める要因にもなるので注意が必要です。

湿　度

Humidity
100~80%

熱帯雨林の状態。シダ、ゴム類など、多湿を好む植物

Humidity
60~40%

日当たりのよい一般的な環境。ほとんどの園芸用草花

Humidity
30~10%

乾燥気候の植物に適した環境。サボテン、多肉植物など

温　度

% ℃
100 40
90 35
80 30
70 25
60 20
50 15
40 10
30 5
20 0
10 -5
0

35℃ ポインセチア、ブーゲンビレアなど、熱帯、亜熱帯地域が原産地の植物の限界最高温度

30℃ シクラメン、プリムラなど温帯、亜寒帯地域が原産地の植物の限界最高温度

25~15℃ 多くの植物の適温

10℃ セントポーリアなど耐寒性の低い植物の最低温度

0℃ シクラメン、プリムラ類など耐寒性植物でも成育が止まる温度

光

日光は植物が育つための重要なポイントですが、植物によって直射日光に十分当たらなければならないもの、半日陰（はんひかげ）程度でよいもの、あまり日光が必要でないものなどさまざまです。季節によって変化する太陽の動きと周囲の建物、庭やベランダの方向などとも合わせて、どこでどんな植物を育てるかを考えましょう。

日 照 の 目 安

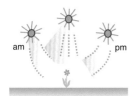

am　pm

日当たりがよい(日なた)
陽光をさえぎるものが植物の周囲に何もなく、午前中、午後を通して日光が降り注ぐような状態。

半日陰(明るい日陰) （はんひかげ）
葉の多い樹木の根元など、一日中木漏れ日が当たる状況。または半日近く日が当たる状態。

日陰
周囲に建物など遮光するものがある場合。木漏れ日も半日しか当たらない場合は、日照条件としては日陰。

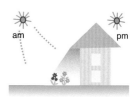

am　pm

風

風、つまり空気の流れ、風通しは植物の成育に重要な役割をもっています。

植物のまわりに空気が流れていると、葉からの蒸散が盛んになり、根からの養分吸収が行われて成育がよくなります。さらに酸素や二酸化炭素を供給し、光合成の働きや酸素呼吸を助けます。逆に空気の流れがないと、葉の近くの空気の質がかたよるため、これらの機能が低下してしまいます。また、葉と葉が混み合った状態も風通しが悪いために蒸れやすく、病害虫が発生しやすくなります。

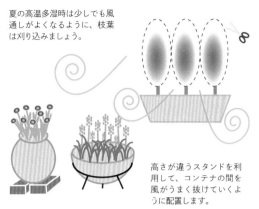

夏の高温多湿時は少しでも風通しがよくなるように、枝葉は刈り込みましょう。

高さが違うスタンドを利用して、コンテナの間を風がうまく抜けていくように配置します。

03 植物を育てる場所

植物を育てる場所は、大きく分ければ庭、ベランダ、室内になります。

たいていの植物は南向きの温かい場所を好みますが、冷涼な地域が原産の植物は涼しい気候の方がよく育つし、日なたを好むものでも夏の高温多湿には弱い植物も多くあります。そういう意味において、鉢などのコンテナで育てる最大のメリットは、植物の性質に合わせて季節ごとに育てる場所を移動できるということ。庭の花壇などに直に植物を植えるということは、気候的な自然条件を大きく変えることはむずかしいということを覚えておきましょう。

Garden 庭

広さはもちろん、日当たり、まわりの建物との位置関係、方角などいろいろな条件を合わせて考えましょう。

北向き
日陰、半日陰でも育つ植物

西向き
半日陰でも育つ植物（夏の強い西日に注意）

HOUSE

東向き
ほとんどの植物（午前中の日当たりがよく、南向きの次に好条件）

南向き
あらゆる植物（夏の高温と乾燥に注意）

Room 室内

日光がガラスを透過すると照度は直射日光よりも弱くなります。光をたくさん必要とする植物は、できるだけ光の当たる場所に置き、ときどき外に出して直射日光や風に当ててあげるとよいでしょう。

Veranda ベランダ

ベランダは向きや手すり、床材の材質などの環境によって植物の育ち方が変わり、排水溝やエアコンの室外機の位置などの生活条件もチェックしなければいけません。一般に、太陽の位置が高い夏は手すりの手前にだけ日が当たり、冬になるほど壁際の上部まで光が届きます。風の影響も受けやすく一年を通して乾燥しがち。夏はコンクリートの照り返しに加えて夜間の温度も下がらず、植物にとっては苛酷な環境といえます。（詳しくは→P.156）

春
日なた／半日陰
ベランダの床面に広く日が当たり、日ざしも強すぎない快適な環境。日がだんだん長くなり、徐々に部屋側から外側へと日なたが移動。

夏
日なた／半日陰
温度が上がりやすいので、直射日光、西日、乾燥から植物を守る工夫が必要。朝晩の水やりを心がけ、ときどき葉水をかけてハダニを予防。

秋
日なた／半日陰
床面に比較的広く日が当たるので基本的な配置や手入れは春と同様。台風などの強風に備えて早めの安全対策、晩秋は冬支度も忘れずに。

冬
日なた／半日陰
寒さに弱い植物は部屋へ移動。残った鉢の夜間の冷え込みにも保温、霜よけのケアを。適度な水やりは忘れずに。

*南向きでガラス囲いのベランダを想定

部屋の中央 直接光があまり届かない場所でも、室内の間接光を加えれば多くの植物が育てられます。

窓際の直射
冬に日照が弱いときは直射日光に当てます。夏は日ざしが強く、温度が上がりすぎて葉焼けを起こすので避けます。

部屋の奥
ほとんどの植物が育たない場所。日中はこまめに移動して、日光に当ててやりましょう。

窓際のカーテン越し
四季を通じて、薄いカーテン越しが良好な環境。

17

土

育てる植物にふさわしい土を選び、
栄養たっぷりの土で育てることはガーデニングの最初の一歩です。

01 よい土の条件

土は植物を支え、水や養分を供給する大切な役割を担っています。土がよければ根をしっかりと張り、必要な栄養分や水分をしっかりと吸収することができるのです。特に宿根草や花木は、いったん植えたら何年も同じ場所で育てることになるので、よい土は何より大切です。

植物にとってよい土
☆適度な水はけ(排水性)、水もち(保水性)
☆肥料もち(保肥性)がよい
☆通気性がよい団粒構造
☆栄養分となる有機質を含む
☆根を支える適度な重さがある
☆酸性が適正/多くの植物は中性～弱酸性
　(pH7.0～5.5)

用土をひと握りして、パラッとくずれるようなら水はけのよい土(右)。かたまったままなら水はけが悪いので、改良してから使います(左)。

単粒構造
直径1mm以下の細かい粒が集まった土は水や空気の通りが悪く、成育を妨げます。

団粒構造
単粒がだんご状に集まった団粒なら粒と粒の間に適度なすき間があり、水も空気もよく通します。

02 花壇の土

花壇に植えるほとんどの植物にとってのよい土とは、根を支える適度な重さがあり、清潔で弱酸性(pH5.5～6.5)の土。雨の多い日本の土壌は酸性よりなので、酸性を好まない植物を育てる場合はアルカリ性に近づける、または酸性の土を中和させるために、苦土石灰などをまいて土壌改良を行うことも必要です(→P.179)。

草花に適する土の酸度(pH)の目安

酸度(pH)	適する草花の種類
強酸性(5.0以下)	アゲラタム、アザレア、アジアンタム、クチナシ、クレマチス、スズラン、タマシダ、ツツジ、ベゴニア類など
弱酸性(5.5～6.5)	カーネーション、カラー、キク、キンギョソウ、シクラメン、ストック、チューリップ、バラ、フクシア、ペチュニア、ユリなど
中性(7.0)	アスター、ジニア、プリムラ類、マーガレット、マリーゴールドなど
弱アルカリ性(7.5～8.0)	ガーベラ、キンセンカ、サイネリア、ジャーマンアイリス、スイートピー、ゼラニウムなど

03 用土の配合

植物に適した基本の配合を知っておけば、基本用土やそれを補う改良用土、調整用土のバランスを少し変えるだけでさまざまな植物に応用することができます。保水力を高めたいときはバーミキュライト、通気性を高めたいときはパーライトを加えましょう。

用土の基本的な配合

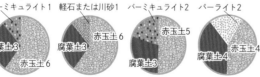

基本の基本
腐葉土4
赤玉土6

水はけ・水もちのよい土
バーミキュライト1
腐葉土3
赤玉土6

水はけのよい土
軽石または川砂1
腐葉土3
赤玉土6

水はけ・通気性のよい土
バーミキュライト2
赤玉土5
腐葉土3

通気性のよい土
パーライト2
赤玉土4
腐葉土4

ほとんどの植物向き
通気性、排水性、保水性、保肥性のバランスのとれた用土。多くの植物はこの配合でよく根が伸び、丈夫に育ちます。

草花
赤玉土は長期間使用すると粒が小さくなって水はけが悪くなるので、排水性をより高めるためのバーミキュライトを加えた土。

ハーブ
赤玉土は長期間適度な湿度と通気性を必要とするので、水はけのよい軽石か川砂を加えます。なおハーブは弱アルカリ性を好みます。

花木
バーミキュライトを多めに配合。花木は極端な土質を好む種類もあるので、必ずチェックしてから配合しましょう。

グリーン
室内栽培の場合は特有の臭いを抑え土の代わりに川砂を使って根腐れを防ぎます。

04 市販の培養土

買ってそのまま使えるブレンド済みの培養土は、扱いやすく大変便利です。特に鉢植えで数も量も少ない場合には、土を別々に買いそろえるよりも、用途に応じた土を利用する方が経済的。鉢の容量に合わせて購入します。元肥が入っているかどうかを確かめて、入っていない場合は緩効性肥料をプラスしてから使いましょう。一般草花用から球根、ハンギングバスケット用、育てる植物に合わせた使いやすい専用土まで、さまざまなタイプがあります。

花の培養土
園芸のプロがブレンドした理想の培養土/日本ガーデンセンター共同機構

ハンギングの土
水はけ、水もちがよく、堆肥もブレンドされた軽い土/日本ガーデンセンター共同機構

選ぶときのチェックポイント

☑どんな植物用？
育てたい植物に適したものを選ぶ

☑用土の種類、配合は？
ブレンドされた土によって、排水性、保肥性などが違う

☑酸度調整(pH)は？
調整済みなら酸度改良の必要なし

☑肥料が入っている？
肥料入りなら元肥は必要なし

☑量はちょうどいい？
必要量に対して適当なサイズを選ぶ

☑土の粒の状態は？
袋の中が確認できるものが安心。細かすぎる粒、粉土が多いものは避ける

【基本用土】 土を配合するときにベースとなる土

赤玉土
あかだまつち

赤土を玉状にしたもので、通気性、保水性、保肥性にすぐれます。粒の大きさは大中小。おもにコンテナに使用。

黒土

有機質をたっぷり含むやわらかい土。保水性、保肥性に富みますが、通気性と排水性には劣ります。

田土

保水性、保肥性に富む粘土質の重い土。通気性が悪いので、必ず腐葉土などの有機質を混ぜて使います。

鹿沼土
かぬまつち

栃木県鹿沼市付近で産出される軽石質の砂れきが風化した酸性土。通気性、保水性に優れています。

桐生砂
きりゅうすな

群馬県桐生市付近で産出される砂。保水性、通気性にすぐれ、おもに東洋ランの栽培に用いられます。

【改良・調整用土】 基本用土の改良や通気性、保水性などの性能を高めるために配合される土

腐葉土
ふようど

広葉樹の落ち葉を腐熟させたもの。有機質に富んで土を肥えさせ、保水性、保肥性を高めます。

ピートモス

堆積した水ゴケなどが腐熟したもので、腐葉土とよく似た性質。繊維質が残っている手触りがあります。

バーク堆肥
たいひ

樹皮を堆積し、発酵させたもの。有機質に富み、通気性、保肥性、保水性を高めます。

バーミキュライト

蛭石を焼いたもので、多孔質。保水性、通気性、保肥性に富み、さし木(芽)や種まきにも適しています。

パーライト

真珠岩を急激に焼いたもので、多孔質で白色をしています。通気性、排水性を高めます。

ゼオライト

小さな穴があいている石で、保水性、保肥性があり、粘土質に混ぜると通気性を高めます。

川砂

通気性、排水性を高めますが、保水性、保肥性に劣ります。矢作砂、富士川砂など種類はさまざま。

軽石

火山性の砂れき用土。多孔質で軽く、ややもろいのが特徴。通気性を高め、鉢底石としても活用されます。

【特殊用土】 特殊な目的のための土。植物の性質に合わせて使われることが多い

水ゴケ

湿生植物の水ゴケを乾燥させたもの。保水性、通気性があります。たっぷり水を含ませてから使用します。

ケト土

湿地のマコモやヨシなどが堆積してできた、黒い粘土質の土。盆栽の石づけ、コケ玉などにも利用されます。

鉢底石

鉢底部の排水性を高めるために敷く石。軽石やゼオライトは鉢底石としても使用されます。

【調整剤】

苦土石灰
くどせっかい

酸性土壌を中和化します。植物の成育に必要な苦土(マグネシウム)と石灰(カルシウム)を含み、土に混ぜると穏やかに作用。粒状と粉状があります。

Chapter 2 | 上手に育てるために知っておきたい 基礎知識

19

肥料

美しい花を咲かせ、病害虫に強い株を育てるためには、植物の栄養源である肥料が欠かせません。

01 肥料が必要なわけ

植物が育つにはさまざまな養分が必要です。植物は昼間、葉から空気中の二酸化炭素をとり入れ、太陽の光エネルギーと根から吸収した水分を利用して光合成を行い、炭水化物という養分をつくります。同時に土から得た養分もエネルギーに変えていきます。ところが家庭の庭や鉢植えなどの限られた土からでは、必要な養分を十分に吸収することはできないので、これを肥料という形で補います。

成育にもっとも必要なのが、「肥料の三要素」といわれるチッソ（N）、リンサン（P）、カリ（K）です。

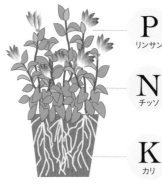

P リンサン
「花肥（はなごえ）・実肥（みごえ）」
植物の細胞をつくり、花や実、種、根の成長に大きく関係します。花を大きく色鮮やかに咲かせるため、花期を長く保つために必要です。

N チッソ
「葉肥（はごえ）」
草花の体、葉や根の成長に関係するタンパク質の成分。茎を丈夫にし、葉を大きく新鮮に保つ役割をしますが、過多にすると徒長することがあるので注意が必要です。

K カリ
「根肥（ねごえ）」
植物の生理作用に大きく関係します。草花を丈夫にし、がっちりした株づくりに力を発揮。不足すると病害虫の被害を受けやすくなります。

02 肥料の種類と特徴

肥料を成分で大別すると、牛・鶏ふんや動植物から作られた有機質肥料、石油や鉱石などの無機物を原料に化学的に製造された化成肥料(無機質肥料)とに分けられます。また、それら肥料の長所をいかす目的で組み合わされたのが配合肥料です。

効き方で分ければ速効性肥料と緩効性肥料の2種があります。緩効性肥料は緩やかな効果が長時間続く長所があり、発酵済みの有機質肥料やほとんどの化成肥料がこのタイプ。速効性肥料は与えてすぐに効果が出るタイプで、おもに液体肥料に多く見られます。ただし、効果は長くは続かないのでこまめに与える必要があります。

配合肥料

有機配合
チッソ分が豊富な菜種油かすに、骨粉を配合してリンサン分を高めた肥料／日清ガーデンメイト

特選有機配合肥料
有機質肥料と無機質肥料を混合。お互いの長所を生かした肥料／日清ガーデンメイト

有機質肥料

完熟堆肥（たいひ）
家畜のふん、落ち葉や草などを積んで腐熟させた代表的な天然肥料。有害物質や悪臭がなくなり、安全な状態まで分解された完熟タイプを選びましょう。

牛ふん
カリウム含有量が多く、持続効果大。

鶏ふん（けいふん）
速効性で各栄養素がバランスよく含有。

骨粉（こっぷん）
家畜の骨が原料。リンサン成分が多い。

油かす
菜種などから搾油したあとの搾りかす。チッソ成分が多い。

化成肥料

粒状

マグァンプK
植物の植えつけや植え替え時に、元肥として混ぜ込むだけ。約1年間効果が持続／ハイポネックスジャパン

フローラマック-B
長く効果が持続する元肥・追肥の決定版／日本ガーデンセンター共同機構

固形

プロミック
鉢土の上に置くだけで約2か月間安定した効果が持続／ハイポネックスジャパン

エードボールCa
植物が丈夫に育つカルシウム配合。土の上に置くだけの肥料／住友化学園芸

ミラクルボール
土に埋め込むだけでバランスよい効き目が長期間持続。あらゆる植物に使用可能／日本ガーデンセンター共同機構

液状

マイガーデン液体肥料
いろいろな植物に使える、土の潤いを保つ液体肥料／住友化学園芸

ハイポネックス キュート
薄めずそのまま株元にひと押しするだけ。手も汚れず手軽で便利／ハイポネックスジャパン

花や野菜の肥料アンプル
各種栄養素をバランスよく配合。そのまま土にさすだけのアンプルタイプの肥料／ハイポネックスジャパン

与える量の目安

肥料は種類によって重さが違い、少量を与える場合「ひとつまみ」と表記されていることがあります。これは(親指と人差し指の)指先でつまんだ量、0.5〜1g(一円玉が1g)が目安。一定量を与えるときはティースプーン(小さじ)すりきりが約5g、山盛りが約10g。ひと握りという表現は、片手で軽く握ってつかむ量で約20〜30gをさします。

03 肥料の与え方

肥料は与え方によって「元肥」と「追肥」とに分けられます。植物を植えつけるときに基本的な栄養を土に与える意味を持つのが元肥。これにはゆっくりと時間をかけて効果が持続する遅効性、緩効性の肥料を使います。この元肥は時間とともに植物に吸収されたり、水とともに鉢底から流れ出て減少していきます。そこで、成育途中に不足分を補うために与える肥料が追肥。その後成長がひと段落したとき、株の回復を図り、来シーズンに向けての活力を養うために与えるのが「お礼肥」で、これも追肥の1種です。

元肥

緩効性肥料を植えつけ時に混ぜ込みます。有機質肥料は効果が出るまで時間がかかるので、2〜3週間前に土に混ぜ込んでおきます。

追肥

液体肥料（液肥）　　固形肥料（置き肥）

成育状況に合わせて与えます。液体肥料は7〜10日に1回、固形や錠剤タイプの置き肥は30〜40日に1回が目安。葉の色が薄い、花が小さいなどは肥料切れのサイン。また、花後の宿根草や花木、球根などに施す肥料は、効き目の速い化成肥料を使います。

肥料が多すぎ（肥料過多）

- 先端部の伸長が止まる
- 開花が遅れる
- 葉全体がしおれる
- アブラムシなどが多発
- かび病にかかりやすい
- 葉の緑、土の表面に白い粉が出てくる
- 根の張りが極端に悪い

肥料が少ない（肥料不足）

- 花や実がつかなかったり、ついても小さい
- 全体の伸びが悪く、やがてとまる
- 葉の色が薄くなり、ひどくなると落葉する
- 地上部が貧相な割に根が伸びすぎ

対処法
水をたっぷり与えて余分な肥料を洗い流し、除去できる置き肥はとり除きます。しおれが回復しない葉は切りとります。

対処法
肥料が少ないなりにバランスをとって成長しているので、急に与えると逆効果。普通より薄い液肥を少しずつ与え、葉色が回復するのを待ちます。

Point

薄める液肥の使用法

薄めて使うタイプの液肥は、植物の種類や目的に応じて水で薄めて使用します。原液は付属のキャップで正確に計りましょう。1mℓを1ℓのペットボトルの水で薄めれば1000倍に、2ℓボトルなら2000倍になります。
いつも使うじょうろや水差しに目安となる水量の位置に目印を付けておくと、いちいち計らなくても希釈倍率がわかって便利です。

── column

肥料の成分表示

肥料の袋や箱に記載されているN-P-K= 6-10- 5などの表示は、肥料の成分量の割合を示す重量パーセント（％）で、数字が大きいほど成分が多いことになります。

例えばチッソ（N） 6 ％とは、肥料100g中にチッソ成分が6g含まれていることを示します。この表示を見て、用途や植物に応じた最適な配合バランスの肥料を選びましょう。

04 肥料を与える状況と目安

肥料は植物の成長に合わせて、バランスよく与えます。与えすぎても不足しても植物は健全に育ちません。大まかな知識として、以下の状況の場合、与えるべき（○）か不要（✕）かを一覧にまとめました。

状況	可否	説明
成長期	○	植物が大きくなるためには栄養が必要です。特に春先など活発に成長するときは、追肥を与えるようにします。
開花期	○	植物はかなりの栄養を開花に使い、消耗します。花を長く楽しむためにも定期的に追肥を与えるようにします。
開花後	○	開花後の植物は栄養不足になりがちです。1年草の種をつけさせたいと思っている場合は、とくに多めに与えます。
切り戻し後	○	その後の成長を促し、株を充実させるためには栄養が必要です。効き目が緩やかなものを与えます。
植え替え後	✕	植え替え時は新しい土に元肥を施しています。直後の追肥は、まだ根に傷がついていたり株が弱っているので逆効果。1〜2週間後から与えるようにします。
病害虫の被害にあったとき	✕	早く元気になるようにと、肥料を与えるのは厳禁。適切な対処をして株が回復したら、少しずつ与えるようにします。
宿根草の休眠期間	○	地上部が枯れていても来シーズンまたきれいな花を咲かせるためには栄養が必要。ただし、冬のあいだは与えすぎると肥料焼けを起こすことがあるので、控えめに与えます。
球根植物の地上部が枯れているとき	○	地上部は枯れていても、土の中で充実した球根を育てるために成長を続けているので栄養が必要です。
植物の元気がなくなったとき	✕	原因を調べるのが最優先。元気のない株にすぐに肥料を与えると逆に弱ってしまうことがあります。水は足りているか、病害虫の被害がないかなどを調べて処置してから、必要ならば肥料を与えるようにします。

種まき

種まきの最大のポイントは適切な時期に、種に合った方法でまくこと。
種の性質、大きさ、まく場所などによってまき方はさまざまですから注意が必要です。

01 種まき時期と発芽条件

種にはそれぞれまくのに適した時期があり、その後も一定の条件を満たした環境でなければ健全に発芽して成育することができません。

春にまく(春まき)

春の訪れとともに種まきシーズンがやってきます。発芽適温の時期が長く、ソメイヨシノの開花後の4月中旬から6月いっぱいまで種まきができます。発芽後の苗を育てるのが温暖な時期に当たるので、失敗が少なく初心者向き。一般に発芽適温20℃くらいの草花。25℃以上の熱帯性の草花は、温度が上がる5月以降に種をまきます。

種まき後約10日で発芽するペチュニア。

秋にまく(秋まき)

秋の種まき適期は短く、ヒガンバナが開花する9月上旬から10月上旬まで。発芽適温15〜20℃。時期が早すぎると暑さのために発芽できなかったり、成長が早すぎて途中で凍害にあうこともあります。逆に種まきが遅れると、成育条件が悪くなるなどの心配もあります。

ヤグルマソウの発芽。こぼれ種でもよく育つ。

発芽条件

温度

種にはそれぞれ発芽適温があります。一般に、春まきは八重桜が散るころの20℃前後、秋まきは彼岸ごろの15〜20℃が適期といわれます。発芽日数がきても発芽しないようなら、適正温度が保たれていない可能性が大。鉢植えは条件を満たす場所に移動して、発芽温度を保つ工夫をしましょう。

水

水も発芽に欠かせない要素。種に水分がしみ込んで膨張すると、中の細胞が働きはじめます。種は水に含まれる酸素を吸収しながら成長し、やがて種皮を破って発芽、発根をはじめます。そのため、発芽までは土が適度に湿っている状態を保つことが大切。だからといって水浸しにしたのでは、呼吸ができなくなって腐ってしまいます。まわりの湿度も高い方が発芽はスムーズ。種をまいた容器を湿らせた新聞紙で覆い、ときどき霧吹きで水を与えるのもよいでしょう。

光

光は発芽を促す大切な要因です。とくに日光を好む好光性の種は、種まきのときにほとんど覆土(土をかけること)を必要としません。逆に、日光が当たると発芽しない嫌光性の種は、できるだけ光が当たらないよう厚めの覆土が必要になってきます。

覆土をしない種	厚めの覆土が必要な種
カランコエ、カンパニュラ、キンギョソウ、ジギタリス、ストケシア、ダリア、ナデシコ、ベゴニア、ワスレナグサなど	ケイトウ、シザンサス、ジニア、センニチコウ、ニゲラ、ハゲイトウ、ハナビシソウなど

02 種の大きさと種類

種は1粒の大きさが1cmを越える大きなものから1mm以下のごく小さいもの、丸いものから細長いもの、皮がかたいもの、やわらかいものとさまざま。それぞれの形態や性質にあった種のまき方があるので、必ずそれにあった方法で行いましょう。

種の大きさ	まき方・育て方	おもな草花
大粒 (直径105mm)	直まき向き。移植を嫌うものもあり、成長後の大きさに合わせて間引きながら育てるので間隔をあけてまきます。覆土は種の直径の2〜3倍が目安。	アスター、アサガオ、オシロイバナ、キンセンカ、ジニア、スイートピー、ヒマワリなど
中〜小粒 (直径5〜1mm)	管理がしやすい箱まき向き。ある程度の数をすじまきにして、成長してから移植します。覆土は種が土に隠れるくらい薄めが目安。	サルビア、ストック、ナデシコ、ニチニチソウ、パンジー、ルピナスなど
細粒 (直径1mm程度)	細かい種はかなりの数をピート板などの表面に重ならないようにまき、基本的に覆土はなし。発芽まで水やりなどで種が流れないように注意。	キンギョソウ、ジギタリス、デージー、ビオラ、ペチュニア、ロベリアなど
変わった形	丸や三角以外の上下がわかりにくい形の種は、水平に置いて軽く覆土すると失敗が少ない。まき方は種の大きさに準じます。	クレマチス、コスモス、マリーゴールド、ローダンセなど

Point

よい種かどうかをチェック

よい種とは、傷やひび割れ、虫食いがないもの。ボウルなどに水を張り、静かに種を入れてみて浮かび上がってくるものは、中が空なので芽が出ることはありません。沈んだよい種だけを選びましょう。

03 種まき方法、まき方いろいろ

種まきには、どのようなまきをするかによってすじまき、点まき、ばらまきに分けられます。また、まく場所で分けると、最終的に育てたい場所に直接まく直まきと、いったん育苗箱やポットなどにまいてある程度の大きさまで育ててから植えつける方法などに分けられます。

まき方で分けると

すじまき

まく場所に割り箸や板などで浅くすじ(溝)をつけ、すじに重ならないように種をまきます。列に沿って発芽、成長するので、管理がラク。

点まき

成長後に合わせて間隔をとったまき穴に1粒か数粒ずつまきます。最終的に株間をとって育てたい場合。大きめの種向き。

ばらまき

種をパラパラと均一にまきます。細かい種や、多めにまいて間引きしながら育てる場合におすすめ。

まく場所で分けると

直まき

移植を嫌う種類などに使う方法で、育てる花壇や鉢に直接まきます。種の大きさによってばらまき、すじまき、点まきのいずれかにし、直まきはそのまま育てるので、あらかじめ土に元肥を混ぜ込んでおきます。

箱まき(育苗箱)

育苗箱、平鉢などを利用する方法で、発芽後は間引きしながら小苗まで育て、3号ポットなどに移植します。一度にたくさんの苗を作るときに便利。まき方はすじまきかばらまきで、覆土は光を好むか嫌うかによって厚さを変えます。

ピート板

箱まきの変形で極小の種の場合によく使われます。ピートモスを圧縮したピート板に水を含ませてから種をばらまき、基本的に覆土はしません。発芽後は箱まきと同様、株間を広げて育苗し、移植してさらに大きく育てます。

ポットまき

大きな種や移植を嫌う種類によく使われます。3〜4粒ずつ2〜3号ポットに点まきし、発芽したらよい苗を残して間引き、本葉4〜6枚の苗に育てて鉢や花壇に植えつけます。苗の根土はそのままつけて植えつけます。

04 箱まき、その後の管理

発芽までは土を乾かさないようにしますが、発芽したら水をやりすぎないように注意します。混み合った部分は間引き、本葉が3〜4枚になったらポットなどに移植します。苗が落ちついたら薄めの液肥を水やり代わりに与え、しっかりとした苗に育ったら花壇や鉢に植えつけます。

発芽

早いもので3〜4日、遅いものでは約1か月ほどかかります。発芽がばらつく種類もあるので、出そろうまでは辛抱強く待つこと。発芽したら徐々に日当たりのよい場所に移し、土の表面が乾いたら、芽をつぶさないように注意しながら静かにたっぷり水を与えます。

キンギョソウは約1週間で発芽。

間引き

発芽後、葉が触れ合って混み合ってきたら、丈夫な苗を選んで育てるために間引きをします。残す苗を傷つけないように、ピンセットで苗の地際をつかんでそっと引き抜きます。幼い苗は乾燥、過湿に弱いので、土の湿り具合には十分な注意が必要です。

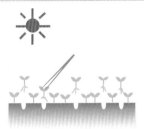

混み合った苗をピンセットでこまめに間引きます。

移植

本葉が3〜4枚になったら、植えつけるまででしっかりした苗に育てるためにいったんポットや小鉢などに移します。スプーンやピンセットを使っていねいに掘り上げ、培養土の入ったポットに移します。このとき肥料を与えると肥料焼けを起こすことがあるので、苗が落ち着いてから追肥する方が安心。

苗の根をていねいに掘り上げます。

倒れないようにそっと株を固定。

目の細かいじょうろで水やりをするか、ポットの底を水を入れた容器に浸して底面吸水します。2〜3日は直射日光や風の当たらない半日陰で乾燥に注意しながら管理。その後は日当たりのよい場所に移し、1週間後から2000倍に薄めた液肥を与え、植えつけ時期まで育てます。

植えつけまで丈夫な苗に育てます。

P.24 植えつけへ

Point

葉のバランスが悪い｜徒長してヒョロヒョロ｜健全｜緑色が薄く弱々しい

間引きのコツ

苗が密集しすぎていると根を張るスペースが共有され、健全に育たなくなってしまいます。直まきの場合は、間引きは特に大切な作業です。

間引きは一度に行うのではなく、発芽後に葉どうしが触れ合ってきたら随時行い、最終的に必要な本数だけ残すようにします。タイミングをはずさないことも大切。間引きが遅れると苗は間伸びし、そうなるともとには戻らないからです。

間引きはずんぐりとした平均的な苗を残し、ひ弱なもの、ヒョロヒョロと長く伸びすぎているもの(徒長)、左右の葉が不ぞろいのもの、発芽が他より極端に遅れたものなどをとり除きます。株間をあけるのが目的なので、たとえ健全な苗でも混み合っていればどちらか一方は間引きます。

植えつけ

苗や球根を最終的に育てる場所に植えることを「植えつけ」といいます。
苗は枯れた葉や黄色くなった葉をていねいに除いてから、元肥入りの新しい土で植えつけます。
なお、寄せ植えの植えつけはP.140、花壇への植えつけはP.180の詳しい解説をご覧ください。

植えつけ方

草花の苗

┌─ 用意するもの ─┐
* 苗(ノースポール)
* 鉢(5号素焼き鉢／苗の根鉢よりひとまわり大きい鉢を準備)
* 鉢底ネット
* 鉢底石
* 培養土(元肥入り)
* 土入れ
* ハサミ
* 割り箸
* じょうろ

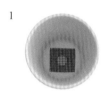

1 鉢穴より少し大きめの鉢底ネットを敷き、土の流出や害虫を防ぎます。

2 水はけと通気性をよくするために、鉢の深さ1/5程度の鉢底石を入れます。

3 培養土を鉢に1/3〜1/2深さまで入れます(元肥入りでない場合は緩効性肥料を適量混ぜ込みます)。

4 苗をポットからとり出します。指で株元をはさみ、ポットの鉢穴に他方の指を入れて押し出すとラク。

5 基本は根鉢をくずさないようにしますが、根が張っている場合は、底中央から少し根をほぐします。

6 苗の株元が鉢縁よりやや低くなるように鉢の中央に置き、根鉢と鉢のすき間に培養土を入れます。

7 割り箸などで突き込んで土を奥まで入れ、土が沈んでできたくぼみにさらに土を足します。

8 土の表面が鉢縁より約2cm下になるように土をならします(この部分をウォータースペースといいます)。

9 たっぷりと水を与え、2〜3日は半日陰で管理します(ただし、植えつけ時期が晩秋から冬の場合は暖かい日なた)。

●植えつけ後の管理

苗が落ち着いたら日当たりと風通しのよい場所で育て、約2週間後から必要に応じて追肥を与えます。

苗木

鉢植えの場合、苗木の植えつけは草花の苗とほぼ同じです。適する土、元肥で苗木の大きさに合った鉢に植えつけたら、鉢の縁に沿って軽く土を押さえ、苗木の株元がまわりの土よりやや高くなるようにするのがポイントです。

根鉢の周囲を割り箸や竹ベラなどで3割程度ほぐします。

風などで倒れないように、根が定着するまで支柱を立てます。

球根

本来、球根は種類によって植えつける深さは違いますが、鉢植えの場合は限られたスペースで花を楽しむことが最優先。植えつけ時期と目安の個数を守ったうえで、3つのポイントに注意しながら植えつけましょう。

Point **1**

深さのある鉢を選ぶ

限られたスペースの中で根が十分伸びるよう、できるだけ直径に対して深さのある鉢を選びましょう。苗の植えつけと同様、鉢底ネットの上に鉢底石をセットし、培養土を多めに鉢の2/3〜3/4深さまで入れます。

Point **2**

球根の上下をまちがえない

球根らしい球根の場合はとがった方を上にすれば間違いありませんが、乾燥していていびつな形をしたものは必ず確認しましょう。塊状のものや横に長いタイプは、必ず芽がついている方を上にします。

Point **3**

浅植えが基本

限られた深さでできるだけ根が深く張るよう、上のスペースは節約。球根の先がかくれる程度の土をかぶせます。植えつけ後、2〜3日たってから水を与え、その後は表面が乾いたら忘れずに水やりをします。

チューリップ
5号鉢に3球

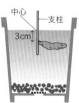

中心 支柱
3cm

ダリア
5号鉢に1球

多めにあける
深めに植える

フリージア
5号鉢に5球

日常の管理

正しい管理とちょうどいい手入れをすれば、
草花はそれに応えて元気に育ちます。

水やり

●水やりは「土の表面が乾いたらたっぷり」が基本

水の与え方は「土の表面が乾いたらたっぷり」が基本です。土の乾き具合は季節や温度によって変わってくるので、春、秋、冬は午前中に1回、夏は朝夕の涼しい時間に2回与えるようにします。温度の上がる夏の日中に水を与えると、コンテナのなかで熱湯状態になって、根を傷めてしまうことがあるので避けましょう。逆に冬は午後遅くに水をやると、温度の下がる夜中に凍ってしまうことがあるので注意が必要です。

●水やりの方法

鉢植えの場合、土の表面が乾いたら鉢底から水が流れ出るまでたっぷりと与えます。こうすることで水を補給すると同時に、根の酸素呼吸を促します。ですから、水は植物の根元に静かに与えることが大切なポイント。
花壇に植えた植物は鉢植えに比べて地中に広く根を張り、水分吸収効率がよくなっています。自然の恵みの雨も降るので、あまりひんぱんに水やりを行う必要はありません。ただし、種まき、植えつけ直後や晴天が続いて土が乾ききっているときなどは水やりが必要になります。

基本	鉢植え	花壇	葉水(はみず)	底面吸水
鉢底から水が流れ出るくらいたっぷりと与えます。	与えにくい寄せ植えの根元は、じょうろのはす口をとって、葉や茎を押さえながら与えます。	与えるときは土がえぐれないように注意して、株間と葉にたっぷりと与えます。	夏、空中湿度を高める働きと葉につく害虫防止をかねて、夕方涼しくなってから葉全体に勢いよくかけます。とくに葉裏もていねいにかけると、より効果的。	鉢穴、鉢底から吸水させる方法。鉢の底に水を入れるような専用容器(底面吸水鉢)もあり、シクラメンなどによく使われます。

× 花や葉がびしょびしょになるような水やりはNG。

摘芯(てきしん)

●しっかりした株に育てるために

成長がおう盛な時期に、新しく伸びる新芽の部分を摘みとる作業を「摘芯」といいます。せっかく育った大切な新芽を切りとることになるのでなかなか勇気のいることですが、節の詰まったスタイルのよい株に育てるためには欠かせない作業です。摘芯することで開花はやや遅れますが、茎数がふえ、つく花数もぐっと多くなります。こんもりと茂って株全体に咲く花は、摘芯を繰り返したごほうびです。

摘芯しなかった株

ペチュニア
ペチュニアは性質上、先端に花がつきます。摘芯を2〜3回繰り返し、こんもりとした株に仕立てるのが理想。

摘芯した株

©タキイ種苗

Point

芽を残して切る

ぐんぐん育って勢いのある茎を、芽先の下で葉を数枚つけて切ります。切りとった部分はさし芽に利用しましょう。

●摘芯による茎のふえ方

—印は摘芯をする箇所

25

花がら摘み

●花を長く楽しむために

咲き終わった花をひとつずつ摘んでいく作業を「花がら摘み」といい、開花期間中もっとも大切な手入れとなります。咲き終わった花は、エネルギーを成長ではなく、結実(種づくり)の方に使います。こうなると植物は老化への道をたどり、花が咲かなくなってしまうので、花を長く楽しむためには花の子房部分から摘みとって種をつくらせないようにする必要があります。
また、傷んだ花びらにかびや害虫がつくのを防ぐためにも、花がら摘みは欠かせない作業です。

●花がらの摘み方

咲き終わった花は、花びらの部分だけではなく、花首(花のつけ根)の部分からしっかりつまむように摘みとることが基本です。花のつき方によって、摘みとる場所は違ってきますが、どの花も咲き終わって完全に枯れて見苦しくなる前に、早め早めに行うことを心がけましょう。

支柱立て

●草丈の高い植物をサポート

植物が折れたり倒れたりするのを防ぐために、支柱を立てます。成長に合わせて立てる場合と、植えつけ時に行う場合があります。必ず茎や枝と支柱を数か所支柱側で結びとめておきます。市販のビニールタイ(ビニタイ)やクリップタイプのものが便利ですが、紙ひもや麻ひもなどの天然素材を使ってもよいでしょう。

基本

花びら部分だけではなく、花のつけ根部分からしっかりつまむように摘みとります。

小花が房状に集まって咲く花

ゼラニウムやバーベナ、ワスレナグサなど

一部が咲き終わるごとにその花首から摘みとります。

個々の花がほぼ全部咲き終わったら、房ごとつけ根で切りとります。

茎から葉のない花茎が伸びる花

パンジー、ビオラ、サイネリアなど

分かれた花茎のつけ根で切りとります。花茎がやわらかいものは爪先で折りとることもできます。

花茎が長く伸びる花

ガザニア、ポピー、ガーベラ、シクラメンなど

伸びた花茎に花がひとつだけつくものは、つけ根から切りとります。

穂状に咲く花

サルビア、セージ、キンギョソウなど

下から順に咲き進むのでそのつど花がらを摘み、全部が咲き終わったらつけ根で切りとります。

球根花

スイセン、チューリップ、フリージアなど

花首から切り、茎葉は光合成で球根を肥らせるために残しておきます。

ビニタイや麻ひもで支柱と茎を8の字にゆるく結びます。

クリップタイプは接合部分を開いて、支柱側でU字型に固定し、茎を支えます。

誘引(ゆういん)

●つる性植物を美しく仕立てるために

つる性やほふく性(這うように伸びる性質)の植物を、支柱やトレリス、フェンスなどに絡ませることを「誘引」といいます。これらの植物は、アサガオのように自分で巻きつくもの、クレマチスのように巻きひげを出すもの、アイビーのように吸着根ではりつくもの、ほふく性で下垂するものなどいろいろなタイプがあります。
アサガオ、クレマチスなどのタイプは支えをたよりに絡みついて伸びていくので、必ず誘引します。つる性植物はこまめに絡めるほどきれいに仕立て上がり、しかもそれが刺激となってよりよく伸びるので、まめにビニタイやひもでとめることがポイントです。

スクリーン

目隠しや日陰をつくる緑のカーテンなどは、ワイヤーやひもなどを格子状に渡して、つるタイプや巻きひげタイプの植物を這わせます。一定の高さまで誘引し、直角に広げれば棚にもなります。

トレリス

トレリスは用途を考えながらを選び、植物の表情をいかしながら誘引します。目隠しや風よけにするときは目の細かいタイプにつる性植物を這わせます。格子の大きいものなら比較的ラクに誘引できます。

アーチ

つるの伸びが早いもの、強い剪定が必要ないもの、花つきがよいものがアーチに向く植物。一方からだけでなく両サイドから登らせるのが早く仕立てるコツ。

ハンギングバスケット

つるの成長が早く、花期が長いものが育てやすく、管理もラク。すぐに伸びて横にも広がるので、5号サイズに3株くらいを目安に植えましょう。

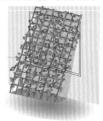

切り戻し

●茎葉を短く切り詰める作業が必要

よい環境が保たれ、手入れが適切であれば、植物はおう盛に成長します。ときには成長がよすぎてスペースからはみ出したり、樹形や草姿が悪くなってしまうこともあります。開花期の長い植物は、葉茎ばかりが縦に伸びることにエネルギーを使い、花つきがだんだん悪くなってしまうこともあります。また、植物にとって過ごしにくい季節を迎える前は、少しでもエネルギー消費を控えるために株を保護する必要があります。こんなときは、一度茎を短く切り戻します。植物にとって切ることが刺激となり、その後は再び勢いよく成長します。
この作業を花木の場合は「剪定」といい、適期に伸びすぎた枝や不要の枝を切り詰めます。

●切り戻しの目的／効果

開花期間をのばす・再び花を楽しむ
— 印は切り戻しの位置

ペチュニア
ひょろりと細く長く伸びすぎた茎は、1/2〜1/3を残して短く切り戻します。成育おう盛なので開花中でも大丈夫。

葉のつけ根のすぐ上でカット。残す茎に葉がついていることが大切

切ったわきから新しい枝が伸び、花芽がつきます。

マーガレット
花後の7月下旬に草丈の1/2〜1/3まで切り詰めれば、秋にはまたたくさんの花を咲かせます。

ゼラニウム
茎が伸びたときは随時行い、新芽が出るころに基部（根元近く）だけを残すほど大きく切り戻します。

乱れた草姿を整える

アメリカンブルー
成長のよいほふく性やつる性の植物は、草姿が乱れたらそのつど切り戻してバランスよく整えます。

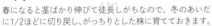
パンジー
春になると茎ばかり伸びて徒長しがちなので、冬のあいだに1/2ほどに切り戻し、がっちりとした株に育てておきます。

戸外で冬越しする

センテッドゼラニウム
少しでも霜や寒さに当たる面積を減らすために、一番下についていた葉の位置で切り戻します。

一見枯れてしまったように見えますが、上手に冬を越して春にはまた新芽を出して花を咲かせます。

植え替え

●長く植物を楽しむために

鉢植えの植物が大きくなりすぎた場合や、長い期間同じ容器で育てている場合は植え替えが必要です。宿根草や花木は何年も成育しますが、1〜2年同じ鉢で育てていると、根が容器スペースいっぱいに広がり、成育が妨げられてしまいます。必ず新しい土と元肥を用意し、同じ鉢を使う場合は、よく洗ってから植え替えましょう。植え方は、植えつけ（→P.24）のプロセスと同様です。

鉢底から根が出ている
土が固まり、水はけが悪い
根が土を持ち上げている

Point
病害虫予防を忘れずに！
いくら土を新しくしても、古い株に害虫がついていることもあるので、害虫予防のために土に薬剤を混ぜ込んでおくと安心です。

株を大きくしたい場合
葉、茎、枝のバランスのよい植物に育てたいなら、少しずつ大きくしていくことが大切。

黒くなったり腐っている根はとり除きます。

ひとまわり大きい鉢に、新しい土で植え替えます。

たっぷりと水を与えます。

株を大きくしたくない場合
植物を同じくらいの大きさに保ちたいなら、根と鉢をカットして同じ大きさの鉢に植え替えます。

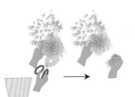
根を1/4程度切りとります。

株の1/4を切り戻します。

同じ大きさの鉢に、新しい土で植え替えてたっぷりと水を与えます。

季節に応じたスペシャルケア

植物は四季の移り変わりの中で、激しい気温差、雨や日照りにもじっと耐えながら成育しています。
苛酷な環境を植物が元気に乗り切れるよう、季節に応じたケアも心がけてあげましょう。

01 梅雨

雨は植物にとって大切な自然の恵みですが、梅雨の時期はダメージを受けることもあります。植え場所の水はけが悪いと土が過湿気味になり、根腐れを起こしやすくなります。とくに初夏に植えつける場合は、植えつけ前に花壇は深く掘り起こし、腐葉土やパーライトなどの改良用土を混ぜて水はけのよい土をつくっておきます。過湿に弱いものは高く盛り土をした花壇に植えてもよいでしょう。

少しでも風通しがよくなるよう枝葉を刈り込み、草花の根元も間引いて整理。切り戻しや花がら摘みはこまめに。

ベゴニア
梅雨時にはうどん粉病や灰色かび病が多発。

成育スペースが限られている鉢植えで、鉢中に水が滞るのはタブー。水やりをして水がスッとしみ込まないようなら、すぐに用土を替えること。水はけのよい土は、基本用土にパーライト、川砂、ピートモスなどを多めに配合します。

また、梅雨の時期は高温多湿になることから病害虫が発生しやすくなります。密に植わった株は整理し、茎や枝をすかして風通しをよくすることを心がけます。鉢の置き場は常に通風を確保するため、風の通り道にはものを置かないようにします。また、鉢を直接地面に置くとナメクジの温床になるので、台やスタンドを上手に利用して、鉢の底部分の通風にも気を配りましょう。

02 夏

日本の夏は高温多湿で、ほとんどの植物にとってすごしにくい季節です。暑さでダメージを受けさせないためにも、梅雨が明けたらすぐに夏越しの対策を行いましょう。

夏に特に気をつけなければならないのが、水やり。盛夏の水やりは「朝は少なく、夕方たっぷり」。朝に多く与えすぎると、日中の熱により土中の水分が熱湯になって逆効果。気温が上昇してからの水やりも同じ理由で株を傷めるので、水やりは早朝に。午後にしおれた感じになっても、夕方水を与えればすぐに回復します。また、追肥は一時ストップ。夏バテしている植物に肥料を与えると、それを根は十分吸収できず、根腐れの原因になってしまいます。

床面にウッドデッキやすのこを敷き、二重鉢に。内側の鉢には直射日光が当たらないので、土の温度上昇が防げます。

コンクリートの照り返しを直接コンテナに受けない工夫が大事。

室外機よけは熱風が逃げるように、少し間隔をとって設置。

夏のベランダ、特にコンクリートの場合は、強い日ざしと照り返しで日中は非常に高温になります。熱がたまった空間は夜間も温度が下がりにくく、植物にとっては苛酷な環境。幸い、鉢植えは移動がかんたん！　直射日光の苦手な草花の鉢は、日ざしの強い日中だけでも半日陰に移動しましょう。移動が困難な大型の鉢には、日よけが必須。西側に大きめのコニファー類を配置したり、フェンスにつる性植物を絡めてやわらかな日陰をつくるのも一案です。

03 台風

台風による強風と湿度で植物はかなりのダメージを受けますが、天気予報などで情報をキャッチし、事前に準備をしておくと被害は最小限に抑えることができます。

草丈の高いものにはしっかりと支柱を立てて倒れるのを防ぎ、茂った茎葉は刈り込んで風の抵抗を減らすようにします。

台風通過後、全体に勢いよく水をかけて汚れを洗い流します。

鉢は室内に一時的にとり込むのが理想ですが、移動できないものはワイヤーやひもでフェンスにくくりつけるか、数個をひとつにまとめて地面や床にはじめから倒しておきます。安全のためにハンギング類は必ずとりはずし、風を避けられる軒下や室内に移しておきます。

小さい鉢はまとめて段ボール等に入れて風の当たらない軒下などに移動。ビニールシートをかけて縛っておくと安心。

台風の通過後は、まず庭やベランダの掃除をかねて植物のチェック。折れてしまった茎や花などはもとには戻らないので、傷んでしまった部分を早めに切りとります。落ちた葉やそのままにしておくと病害虫の原因になるので、必ずきれいにとり除きます。汚れが激しいときは全体にシャワーのように勢いよく葉水をかけて、泥やゴミを洗い流します。

04 冬

寒さに強い(耐寒性のある)草花や花木は、花壇に植えたままで冬越しすることができます。少しでも寒さや霜に当たる面積を小さくし、株への負担を少なくするために思い切った切り戻しをします。切り戻し後は、株元を守るために腐葉土やワラ、ピートモスなどのマルチング資材で覆っておきます。

ベランダ
手すりにビニールシートや不織布をとめて防風、防寒。

鉢は発泡スチロールなどの箱にまとめます。

すのこ(ダンボールでも効果大)。

下部もすきま風が入らないように固定。

切り戻した株元をマルチング。

ゼラニウム、ランタナのように寒さに弱い植物は、花壇でそのまま冬を越すことはできないので、10月上旬に掘り上げて鉢に植え替え(鉢上げ)、北風の当たらない南側の軒下や室内に置き、春まで乾燥ぎみに管理します。

冬期のベランダやテラスは、日中は暖かいのですが、夜間冷え込む日にはそれなりの防寒対策が必要です。霜の害は少ないのですが、土の量が少ない分、植物の根に直接寒さが伝わってしまうので、表土にマルチング材を敷き詰めるか、鉢と鉢カバーのすき間に発泡スチロール片やパーライトを詰め込むと効果的です。柵タイプのベランダは寒風が通り抜けるので、厚手のビニールシートをかけて防風しましょう。寒さに弱いものは夜間だけでも室内にとり込むとよいのですが、移動できない場合は、ダンボールをかぶせてカバーするだけでもかなりの保温効果があります。

病害虫の予防と対策

大事に育ててきた植物を病害虫から守るには予防とこまめな観察で早期発見を心がけ、まず病気か害虫か、被害の原因を調べることが大切。そのうえで早め早めの対処を行いましょう。

主な病気とその対策

病気の原因はおもにかび（糸状菌）、バクテリア（細菌）、ウイルスに大別されます。そのうちもっとも多いのが、うどん粉病をはじめとするかびによる病気で、全体の80%にあたります。

症状が最初に出やすいのは、まだやわらかく小さくて弱い新芽や若葉、つぼみなどですが、軟弱な株は全体に病気が発生しやすくなります。日ごろから葉の裏などもよくチェックし、植物が出すサインを見逃さないようにしましょう。

さび病

症状　葉裏に小さないぼ状の斑点ができ、はじけて灰色の粉が飛び散り、やがて枯死してしまいます。植物によって白や褐色のいぼ状斑点、黒さび状の斑点などさまざまな種類があります。／発生時期　4〜10月／予防と対策　1〜2月ごろ、冬期の害虫駆除に効果的な石灰硫黄合剤を1〜2回散布しておくと、発生をかなり予防できます。育てる場所の風通しをよくする環境改善も大切です。被害にあった部分は切りとって、株を殺菌します。／かかりやすい植物　ナデシコ、キク、ツツジ、バラ、ブルーグラスなど

キク

黒斑病（こくはん）

症状　かびの寄生によって下葉から順に不規則な黒い斑点ができ、枯れ上がって落葉します。黒斑性の病気は代表的な黒点（黒星）病をはじめ多くの種類があります。／発生時期　4〜10月。気温が24〜28℃で雨の多い時期／予防と対策　多湿になると発生しやすくなるのでこまめに切り戻しを行い、常に風通しのよい栽培環境にすることが大切。菌は葉についたまま冬を越してまた春に活動するので、感染した株は冬のあいだに処分し、かびに効く殺菌剤を散布しておきます。／かかりやすい植物　カーネーション、キク、バラ、ホウセンカ、果樹全般など

バラ

白絹病（しらきぬ）

症状　茎の地際やまわりの土の表面に白い網状のかびが広がります。やがて成育が悪くなり、下葉から枯れて株全体が立ち枯れ状態になります。／発生時期　6〜8月。高温多湿の時期／予防と対策　株を枯死させながら菌核をつくり次の草花に伝染していくので、被害にあったすべての株を抜きとり、焼却処分します。菌糸は地表で生き続けているので、処分後ただちに土壌殺菌剤を散布し、植えつけ前に「天地返し」（→P.179）の作業をしましょう。／かかりやすい植物　アイリス、ガーベラ、キク、ジニア、スイートピー、ダリア、パンジー、ヒマワリ、ボタン、ヤグルマソウなど80種以上の植物

ヒマワリ

軟腐病（なんぷ）

症状　根元から根にかけて悪臭を発しながら溶けるように腐ります。やがて株全体も弱って、株元から褐色の腐敗が広がります。球根植物は土中から球根の基部にかびが寄生して発病。／発生時期　4〜10月。とくに高温多湿の時期／予防と対策　菌は刃物で切ったり害虫に食害された植物の傷口から侵入します。切り花として利用する花は特に注意が必要で、必ず清潔な刃物を使いましょう。植えつけ前、掘り上げ後の球根を消毒するなど、常に予防を心がけます。

／かかりやすい植物　アイリス、ジニア、スイセン、チューリップ、プリムラ、ヒヤシンス、ベゴニア、ユリなど

スイセン

灰色かび病

症状　ボトリチス菌が原因で花や葉ににじむような病斑が現れ、全体に広がって腐敗します。その後病気に侵された部分に灰色のかびが発生します。／発生時期　3〜7月、9〜11月。真夏と真冬を除き年間にわたり発生／予防と対策　日当たりや風通しが悪かったり、密に植えて蒸れたりするとあっという間に被害が広がります。花がらや枯れた葉はこまめにとり除き、侵された部分を発見したらすぐに切りとりましょう。温室やフレーム内も要注意。／かかりやすい植物　鉢花、花木、洋ラン、観葉植物など、ほとんどの植物

シクラメン

うどん粉病

症状　新芽や若葉、茎、花茎がうどん粉をまぶしたように白くなります。菌はその植物特有の病原菌で、ほかの植物にはつきません。／発生時期　4〜10月。気温、夜間の温度が高い時期／予防と対策　白い胞子で伝染していきますが、発生初期なら比較的かんたんに治せる病気なので、10日おきに薬剤を散布しましょう。チッソ肥料の与えすぎを避け、成育をよくするカリ肥料を多めに与えましょう。／かかりやすい植物　ほとんどすべての植物。その中でもバラ、ベゴニア、キクなどが代表的

ベゴニア

モザイク病

症状　植物の細胞の中に入り込んだウイルスが増殖し、葉や花にモザイク状のしみをつくります。また、株が萎縮してねじ曲がったり、葉が縮んで変形、落葉することもあります。／発生時期　3〜10月。アブラムシによって伝染／予防と対策　媒体になるアブラムシの対策が何より大切。早期退治に効く薬剤を使います。粒剤は効果が現れるまでやや時間がかかるので、早めに散布を行います。発病した株は抜いて処分。作業中のナイフやハサミ、手の消毒なども忘れずに。／かかりやすい植物　アジサイ、アサガオ、アネモネ、キンギョソウ、サルビア、ゼラニウム、ペチュニア、パンジー、プリムラなど120種類以上の植物

ペチュニア

炭そ病

症状　風や雨露に運ばれる胞子が葉について、円形や不整形の斑点や斑紋をつくり、それが広がって落葉します。病原菌は各々の植物特有のもの。／発生時期　梅雨時、秋の長雨の時期／予防と対策　雨がかからない風通しのよい場所にコンテナを移動したり、雨後に湿気がこもらないように注意し、殺菌剤を予防的に散布します。侵された部分は、見つけしだいすぐに切りとって焼却処分します。／かかりやすい植物　アジサイ、シクラメン、ツツジ、ツボサンゴ、カキやリンゴなどの果樹全般

ツボサンゴ

紫…かびが原因で起こる病気
緑…バクテリアが原因で起こる病気

おもな害虫とその対策

害虫は、発生してから駆除することが多くなります。一般的な駆除方法は殺虫剤の散布ですが、むやみな薬剤使用は植物への薬害も心配。数が少ないときはピンセットや手で捕殺する方法で十分対応できます。

害虫は植物の養分を吸いとり食害するだけでなく、ときにはスス病を誘発したりモザイク病を媒介したりします。害虫の数が少ない場合や小さいうちはつい見落としがちですが、早めの駆除を心がけましょう。

アブラムシ

被害　緑色や黒色をした虫が大量に発生し、若い茎葉や新芽、花に群がって液汁を吸って植物を弱らせます。またウイルスを媒介し、モザイク病、軟腐病をはじめ多くの病気を誘発します。発生時期　春と秋／予防と対策　薬剤には比較的弱いので、ほとんどの殺虫剤で退治できます。アブラムシは黄色が好きなので、近くに黄色を置かないようにし、逆に嫌いなアルミホイルなどの光るものを敷いておくと寄りつきにくくなります。／つきやすい植物　草花から花木、野菜、果樹まであらゆる植物。バラ、キクなどが代表的

パンジー

ネキリムシ

被害　新芽が出たころ、地際の茎の根元を食いちぎられて株が倒れてしまいます。昼間は土中に潜伏しているので、株のまわりを少し掘ると発見できます。／発生時期　5〜10月／予防と対策　株の周囲の土中に丸まった茶色の虫がいたら、見つけしだいつまんで捕殺します。植えつけ前の土にオルトラン粒剤、発生後は誘殺剤を散布するのが効果的。／つきやすい植物　キク、キンセンカ、サルビア、ジニア、ナデシコ、パンジー、ヒマワリなど

パンジー

センチュウ

被害　ネマトーダとも呼ばれる線形で微細な虫で、肉眼では見えません。根の組織内に入り込んで、養分を吸収してしまいます。根にこぶができるものもあります(ネコブセンチュウ)。／発生時期　春〜秋／予防と対策　センチュウが発生した株は焼却し、土やコンテナは消毒し、連作を避けます。肉眼では見えないので、植えつけ前の予防散布が確実。マリーゴールドはコンパニオンプランツとしてセンチュウを防除する効果があるので、混植しておくのも有効。／つきやすい植物　アスター、インパチェンス、キンギョソウ、スイートピー、シクラメン、パンジー、ビオラ、ペチュニアなど

シクラメン

青…植物を食害する害虫
赤…植物を吸汁する害虫

カイガラムシ

被害　一部の草花とほとんどの花木に発生します。枝や幹、葉に寄生して植物を弱らせ、さらにスス病などを引き起こす原因にもなります。／発生時期　一年中／予防と対策　見つけしだいブラシや割り箸などでこすり落として捕殺します。堅い殻をかぶっているものは薬剤が効きにくいので、殻のない5〜9月の幼虫の時期に専用の殺虫剤を散布するのが効果的。日ごろから整枝、剪定で風通しをよくしておきましょう。／つきやすい植物　ウメ、サクラ、カトレア、クチナシ、クレマチス、ツツジ、ドラセナ、バラ、洋ラン、ゴムノキなどの観葉植物など

ウメ

アザミウマ

被害　スリップスという体長約2mmの小さい虫がつぼみや花に侵入して害を与えます。花びらが薄い花ほど被害が大きく、斑点やシミができて開花しないこともあります。／発生時期　夏／予防と対策　花粉を好んで食べることから、花がらも発生源になりやすいのでこまめに摘みとることが大切。できるだけ風通しのよい場所で管理し、植物に適した薬剤を選ぶのが重要です。／つきやすい植物　カンナ、キンギョソウ、グラジオラス、バラ、ペチュニア、マリーゴールドなど

ペチュニア

ナメクジ・カタツムリ

被害　湿った場所を好む軟体動物。昼間は物陰に隠れ、夜間現れて若葉やつぼみなどを食害します。不規則な食い跡と、はった跡が白い粘液として残るのが特徴。／発生時期　3〜11月。室内では一年中／予防と対策　見つけしだいの捕殺が最も確実。数が多い場合はペレットなどの誘引剤かビールや米のとぎ汁を夜間置いて誘引し、出てきたところを捕殺します。湿りがちで害虫が隠れそうな隅や石の下など、ときどきチェックしてみましょう。／つきやすい植物　カラー、パンジー、ビオラ、プリムラ、マリーゴールド、洋ランなど

ハダニ

被害　肉眼では見えにくく、葉裏につく虫。初期は白い斑点くらいですが、吸汁が進むと葉が色あせて成長が止まる症状になることもあります。／発生時期　3月〜10月／予防と対策　専用の殺ダニ剤での早期発見、早期防除が大切。高温、乾燥を好むので、夏やベランダでのコンテナ栽培は注意が必要。風通しをよくし、潜んでいる葉裏にときどき水を強くかけましょう。／つきやすい植物　アゲラタム、アサガオ、シクラメン、スイートピー、バラ、パンジー、プリムラ、ベゴニア、マリーゴールドなどほとんどの植物

バラ

ヨトウムシ

被害　「夜盗虫」はチョウやガの幼虫をさす総称。幼いうちは群れになり、成長すると昼間は物陰や土中に潜み、夜に葉を食害します。／発生時期　春、秋／予防と対策　成虫のチョウやガが飛んできて卵を産みつけるため、なかなか予防は困難ですが、産卵のかたまりは見つけ次第早期処分します。幼いうちは昼夜問わず葉裏に潜んで食害するので、早めに殺虫剤を散布しましょう。／つきやすい植物　キンセンカ、ケイトウ、サイネリア、ジニア、スイートピー、デージー、プリムラ、マリーゴールドなど

カーネーション

薬剤の種類と使い方

さまざまな病害虫に対処するために、いろいろな薬剤が必要になります。
家庭用の園芸薬剤は、早く分解して毒性が消えるようにつくられていますが、
間違った使い方をすると効果が出ないばかりか植物を傷めてしまうこともあるので、とり扱いには十分注意しましょう。

	種類		特徴	ポイント
そのまま使用できるタイプ	エアゾール剤		ガスなどの噴射剤で噴射。狭い範囲やポイント使いができます。防虫と殺菌の両方に効果のあるものが便利。	植物の至近距離から噴霧すると噴射剤の気化熱で冷えすぎて植物を傷めてしまうことがあるので、必ず植物から30cm以上離して使います。過剰噴霧に注意。
	スプレー剤		霧吹きで噴射するタイプ。狭い範囲の病害虫防除に便利です。	至近距離でも冷害が出ません。薬剤を使わずデンプンなどで害虫を窒息させるタイプもあります。薬液量が限られているので、広範囲には不向き。
	ストレート液剤		シャワータイプなので、まきたい場所に直接確実に散布できます。	室内での使用はできません。
	粉剤		散布した跡がはっきりわかるので、分量確認がかんたん。効果はゆっくり長期間持続します。	散布時に風などで飛散する恐れがあるので、吸い込まないようにマスクを着用しましょう。1ヶ所に固まると薬害を起こすので要注意。
	粒剤		そのまま根元に散布するので、手軽に使えます。効果は長時間持続します。	土が湿っているときの散布が効果的で、均一にまくのがコツ。草丈の高い植物には不向き。
	ペレット剤		ナメクジ、ネキリムシなど、昼間隠れて夜間活動する害虫に有効。害虫の餌としておびき寄せるタイプ。	ぬれたりかびが生えると効果が落ちるので乾燥した場所で使用しましょう。ペットなどの誤飲に注意。
希釈するタイプ	乳剤・液剤類		必要な量だけ薄めて使えるので経済的。広範囲の散布に便利。散布には噴霧器を使用。	高濃度で使用すると薬害を引き起こすことがあるので、希釈濃度を守ることが大切。希釈後の保存はできないので必要量をそのつど作ります。
	水和剤		使用分ずつ分包されていて希釈しやすい製品が多く、比較的使いやすい。	薬剤の効果を安定させるために展着剤＊の使用をおすすめします（他のポイントは上記乳剤・液剤類と同様）。

＊**展着剤** 殺菌剤、殺虫剤など粉末の薬剤を水に溶かすときに加える補助剤。薬剤を均一に分散させ、薬剤と葉の接着を高めて効果を持続させる働きがあります。

●そのまま使えるタイプ

希釈の手間がいらずそのまま使えるので便利。小さな花壇やベランダなど少量を使用する場合に向きます。ガスといっしょに薬剤が噴射されるエアゾールタイプはパワーがあり、離れた害虫に直接噴霧するには最適。スプレーはノンガスタイプ。そのほかにも植物や病害虫の種類、用途によって使い分けられるようさまざまなタイプがあります。

●水で薄めて使用する希釈タイプ

少量の薬剤で必要量を作れるので経済的。広範囲の使用に向いています。粉状の水和剤と液体の乳剤、液剤が主ですが、それぞれ希釈方法が異なるので注意しましょう。散布には噴霧器やスプレーなどの器具が必要です。散布する量に応じた大きさの器具を選び、使用後はきれいに水洗いしておくことが大切です。

周囲への薬剤の飛び散りを防ぐ工夫が必要。小型のコンテナは大きなビニール袋に入れ、まわりを覆った中で散布しましょう。

逆さに噴射できるスプレータイプは葉裏にも散布しやすい。

広範囲の薬剤散布を行うときは、サングラス、マスク、手袋、長靴などで完全防備！ 隣家に声をかけ、家の窓を閉め、洗濯物などはとり込んでおきましょう。

Point

薬剤量に注意！

Aの1000倍液とBの500倍液をひとつの溶液として作る場合、水1ℓに対しA 1mℓ、B 2mℓを使用します。

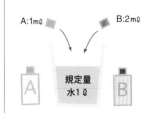

A:1mℓ   B:2mℓ

規定量
水1ℓ

A   B

ふやし方

草花を育てる楽しみのひとつに、
丈夫に育てた自慢の苗をどんどんふやすということがあります。

さし芽・さし木

●植物の一部分を切りとって土にさす

成長期にある植物の茎や葉、枝先などの部分を切りとって土にさして発根させる繁殖方法で、草花の場合を「さし芽」、花木の場合を「さし木」といいます。これらはよい親株と同じ苗を一度にたくさんふやすときに最適な方法。さし芽(木)に使う枝を「さし穂」といい、草花の場合は若い新芽の部分を切りとって利用するので、成長期に行う手入れの摘芯や切り戻しをかねて行うこともできます。さし木は前年の若い枝か、今年の枝が固まりかけた部分を使います。いずれも節の詰まった充実したさし穂が適しています。さし芽(木)の適温は、一般に15〜25℃といわれます。

●さし穂のつくり方とさし方

1
勢いがよく、傷んでいない新芽部分を10〜15cmほどの長さに切りとり、さし穂にします。

2
切った部分の下半分の葉を摘みとります。残した葉が大きい場合は半分の大きさにカットします。

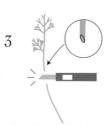

3
水分を吸収する面積が広くなるように、ナイフなどの鋭い刃物で切り口を斜めに切り直します。長さを7〜8cmにすると扱いがラク。

4
水を入れた容器にさし穂の切り口をつけ、30分ほど水あげします。葉を濡らさないように注意。

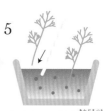

5
バーミキュライトや赤玉土(小)などを容器に入れて湿らせ、割り箸などでさし穴をあけてさし穂をさします。

●その後の管理

乾燥しないように注意し風の当たらない半日陰で管理すると、通常2〜3週間で発根。手で軽く揺さぶってみて手応えがあれば発根しているので、根を傷めないようにていねいに掘り出し、ポットや小鉢に植え替えて育てます。

ペチュニア
若い茎を上葉2〜3枚残して下葉をとり除き、7cm前後のさし穂をつくります。

バジル
花芽のない若い枝を上葉4〜5枚残して下葉をとり除き、7cm前後のさし穂をつくります。

ゼラニウム
茎が腐りやすいので7cm前後のさし穂は水あげをせず、切り口をよく乾燥させてから土にさします。

Point

発根剤をつけると発根率UP!
水あげしたあと、さし穂の切り口に発根剤をつけると発根率がよくなります。園芸店などで購入できますが、なければそのままさしてもかまいません。

根伏せ

●茎の一部を地面に埋めて根を出させる

根元からたくさんの茎や枝を伸ばしている植物の、茎や枝を地面に誘引し一部を土に埋めて発根させる方法。数か月後に土に埋めた枝から発根したら親株から切り離して掘り上げ、新しい株として植えつけて育てます。

ブラキカム

ワイヤーをU字に折り曲げて茎を固定。

園芸用のやわらかいワイヤーで、根伏せする茎を土に固定します。

茎の上に土を多めにかけて水を与えると、埋めた部分から発根します。

葉ざし

●葉を土にさすだけで発根

多肉植物などの葉を土にさして発根させる方法。大きく元気に育った葉を選び、葉のつけ根を清潔なナイフで切り口がまっすぐになるように切り、葉と葉がふれ合うくらいの密度でさします。適期は春か秋。

ベゴニア

ベゴニアの葉のつけ根部分を切り分けます。

用土はバーミキュライトが最適。斜めに立てるように、下部1/3くらいを土にさします。

株分け

●1株を分けて数株にふやす

大きく育った株を掘り上げ、根を切り分けていくつかの株にする方法です。宿根草や一部の樹木で行うポピュラーなふやし方のひとつ。

長期間成長する植物は毎年新たな芽を出します。株分けをすると新芽のひとつひとつを成長させることができ、また刺激を受けることでより成長が促されるので、ふやす目的がなくても2～3年に一度は植え替えのときに株分けし、リフレッシュさせましょう。株分けを行う時期は常緑のものは春か秋、落葉性のものは休眠期が一般的です。

Chapter 2 上手に育てるために知っておきたい 基礎知識

Point

ついでに株をリフレッシュ！

株についた古土はていねいに落とし、古い根、伸びすぎた根、腐った根ははさみで切ってとり除き、同時に古い茎、傷んだ葉も整理します。

●株の分け方

1

鉢から根鉢をとり出すか、土からていねいに掘り上げ、傷んだ根はとり除きます。

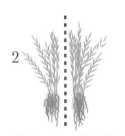

2

必ず根をつけて2～3芽を1株とし、手でそっと根をほぐしながら分けるのが基本。手で割くのがむずかしい場合は、ナイフ等の鋭利な刃物で切り分けます。

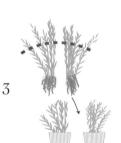

3

それぞれ茎葉を1/2ほどに切り詰め、根を広げるように植えつけます。

プリムラ

適期は9月中旬から10月上旬。根と葉をバランスよく2～3株に分けます。

スズラン

適期は10月。繁殖芽（花芽、葉芽）を4～5芽ずつつけて地下茎を切り分けます。

分球

●球根のおもなふやし方

自然分球

チューリップやムスカリ、スイセンのように自然に分かれて子球ができるものは、ていねいに手で割り分けます。花壇に植えっ放しでも丈夫に育つムスカリなども、数年に一度は掘り上げ、分けてから植え直しましょう。

子球　親球　子球

掘り上げたときに子球ができていたら、親球からはずします。あまりに小さいもの、扁平だったりフカフカしているものは植えても花が咲きません。

切断分球

カラーやカンナなどの根茎は数年たてば大きく育つので、芽をつけてナイフで切り分けてふやすことができます。大きく育ったものをそのままにしておくよりも、一度分けてから植え直した方が球根も刺激を受け、よりよい成育が期待できます。

芽

必ず芽をつけて切り分けます。消毒した清潔な刃物を使い、切り口を乾かしてから植えつけます。

種の採取

●種のとり方

花後に種を採取するとき、すべての花がらを残すのではなく、一部だけを残します。ヒマワリやアサガオなどの大きな種は枯れた花やサヤからとれます。パンジーやビオラ、ペチュニアなどの細かい種はとりにくいので、花を紙袋などに包んでおくとよいでしょう。

ナスタチウム

種をつけやすいので、大きな花を残しておきます。果実が熟して茶褐色になったら採種します。

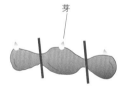

アサガオ

花後につく丸い果実が秋に茶色に枯れて、ガクが反り返ってきたら採種のタイミング。

ヒマワリ

株全体が十分に枯れてから採取すると完熟した種がとれます。ひとつひとつはずして、日陰でよく乾燥させます。

摘みとり、日陰で乾燥させてから種をとり出します。採取した種の寿命は一般的には2～3年ですが、アサガオは5年程度とやや長め。

Point

種の保存方法

採取した種は日陰の風通しのよい場所で乾燥させ、種類ごとに分けて封筒や保存袋、プラスチックケースなどに入れます。このとき種名、採取日などを書いたラベルをつけておくと便利。まとめて缶や密封容器に入れ、冷蔵庫などの低温で乾燥した場所で保管します。種は低温で湿度30％位の状態になると休眠状態になりますが、種にも寿命があるので、できるだけ次の適期にまきましょう。

Chapter 3

一年中、花に囲まれて暮らしたい！

ガーデニングにおすすめの
四季の花

日本の四季に合わせて、長く楽しめる花や
その季節らしい花をピックアップ。
育て方のポイントもご紹介しているので、
その季節に最適で自分の好きな花を見つけて、
さぁはじめましょう。

植物の種類と特徴

植物にはたくさんの種類がありますが、それぞれの特質を知っておくと、
花を選び、実際に育てるときに大変役立ちます。ここでは、はじめてでも比較的育てやすく、
花期が長くてたくさん咲く花を中心にご紹介します。

1・2年草

種まきから1〜2年以内に開花し、その後は枯れてしまう植物群。枯れたあとはこぼれ種でふえるか、種を再びまかない限り今期咲いて終わりです。草花の種類は多く、花色や花姿も多彩で、花期が長いのも特徴です。季節ごとに好きな花を選び、楽しみながら短期間で育てることができるのでおすすめです。

パンジー

ノースポール　ペチュニア

宿根草（しゅっこんそう）

暑さ、寒さなど成育に不適な環境になると、茎や芽、根の一部を残して成長を停止しますが、次の開花期前になると再び成育をはじめ、何年も生き続ける草花。四季を通じて地上部が枯れないものを「多年草」と区別する場合もあります。まさに季節を告げる草花で、翌年もまた花を咲かせたときの喜びは格別です。

クリスマスローズ

 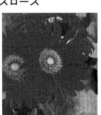

デルフィニウム　ガーベラ

球根花

暑さ、寒さなど成育に不適な環境になると、根や茎、葉の一部が肥大して球根として養分を蓄え、地上部が枯れて休眠します。芽が出れば肥料を与えなくても花を咲かせるので、育て方はかんたん。誰からも愛される魅力をもった花たちが多いのも特徴。土の中の球根も育てるという意識をもてば、何年にも渡って楽しむことができます。

チューリップ

スイセン　クロッカス

花木（かぼく）

主に花や果実を観賞する目的で育てられる樹木の総称。常に緑を保ち続ける常緑樹と、冬や乾期に葉を落として休眠する落葉樹に分かれます。花木の手入れで一番重要なのは、次の花芽がいつ、どこにできるか理解したうえで、適期に剪定（せんてい）を行うことです。

ミニバラ　アジサイ　クレマチス

グリーン

観用植物やコニファーなど、葉の色や模様、形、草姿が観賞の対象になる植物の総称。半日陰や日陰（はんひかげ）でも育つ丈夫なものが多く、四季を通じて長期間楽しめます。単体でも観賞価値は高く、花との寄せ植えの脇役としても欠かせない存在です。

アイビー　ホスタ　ワイヤープランツ

春から秋まで長く楽しめる花

草花がもっとも華やぐ春から暑い夏を越し、
涼風吹く秋までしっかり咲き続ける花々

Index

ガーベラ

Gerbera

しゅっこんそう
宿根草

別　名：オオセンボリ、ハナグルマ
分　類：キク科
原産地：南アフリカ
花　色：赤 桃 橙 黄 白

月	1	2	3	4	5	6	7	8	9	10	11	12
開花期												
種まき												
市販苗の植えつけ												
ふやし方				株分け								

10℃以上を保てば一年中開花する大輪花

大きな鮮やかな花と濃い緑色の葉とのコントラストが美しいガーベラ。花壇には高性種が適し、鉢植えには「ポットガーベラ」と呼ばれる矮性(小型)種が向いています。園芸店に鉢花が並ぶのは春か秋が中心。最近は品種改良が進み、豊富な花色に加え、八重咲き、半八重咲き、花びらが細くとがったスパイダー咲きなど多種多彩な花があります。成育温度は15〜25℃で乾燥した環境を好みます。最低気温が10℃あれば一年中開花するほど花期が長い花です。

テディベア
©タキイ種苗
淡いピンクに黒い
花芯がかわいい

ゴールゲッター
©タキイ種苗
深いローズ系でシックな印象

長くきれいに咲かせるコツ

＊全草に日が当たるよう株元の枯れ葉を整理する

＊冬、鉢植えは室内の明るい窓辺に置く

＊鉢植えは毎年、花壇植えは2〜3年ごとに株分け

花の育て方

適地　日当たりのよい場所で夏は半日陰、梅雨時は雨が避けられる場所で、高温多湿に注意します。秋から株は休眠するので、戸外なら霜が当たらず0℃以下にならない場所で管理します。

種まき　発芽温度20〜25℃。4〜5日で発芽、4〜5か月で花が咲きます。

植えつけ・植え替え　開花鉢を購入した場合は春に、ひと回り大きい鉢か花壇に元肥を与えて浅めに植えつけます。ポット苗は購入後すぐに植えつけます。基本は根鉢をくずしませんが、根がからまりすぎている場合は、下1/3ほど切ってから植えます。

肥料　開花中は月に2〜3回は液肥で追肥し、春と秋に固形肥料を与えます。

花がら摘み　花がらは茎のつけ根から切りとって株全体に日光が当たるようにすると、その後の花つき、花色がよくなります。

ふやし方　大株になったら、春の植え替え時に株分けします。

Point

鉢花選び
葉や花が伸びすぎてないバランスのよい株を選ぶ

花数やつぼみが多い

葉や花が伸びすぎていない

全体のバランスがとれている

葉色が濃く、つやがある

花がら摘み
花色が悪くなってきたら花茎のつけ根から切りとる

茂りすぎた葉も整理して風通しをよくする

植え替え
成育おう盛なので成長に合わせて植え替えが必要

根鉢を1/2〜1/3程度切り落とす

ひと回り大きな鉢

深植えにならないように注意

株分け
大株になると株分けが必要。花壇植えも2〜3年に1度掘り上げて株分けすると、花つきがよくなる

割り箸で古い土を落とす

黄変した葉はとり除く

古い根は下1/3ほど切る

2〜3芽ずつ切り分ける

新しい土に根を広げて植えつける

ペチュニア

Petunia

1年草

別　名：ツクバネアサガオ
分　類：ナス科
原産地：中南米各地
花　色：赤 桃 黄 白 青 紫 混

月	1	2	3	4	5	6	7	8	9	10	11	12
開花期						■	■	■	■	■		
種まき			■	■								
市販苗の植えつけ				■	■	■						
ふやし方						さし芽						

多湿にさえしなければ誰でも咲かせられる丈夫な花

長い花期で花壇や寄せ植えを素敵に彩るペチュニア。とにかく多湿にさえしなければ、誰でも確実に花を咲かせることができる初心者向きの丈夫な花です。ただし雨が苦手なので、花壇植えには雨に強い品種を選ぶようにしましょう。真夏にいったん開花がとまることがありますが、それは高温多湿に弱いため。全体を軽く切り戻し、涼しくて風通しのよい場所に移してやると、すぐに開花がはじまります。

以前は、大輪種から小輪種まですべて「ペチュニア」と呼ばれていましたが、1990年に小輪の種類は「カリブラコア」として新しい属で独立しました。ペチュニアにはない鮮やかな花色が豊富で、雨に強いのも魅力です。

花びらが幾重にも重なる半八重咲き種

グリーンリップ ブルー
縁にグリーンが入る
小輪花で雨に強い
©Motomi Takemoto

©タキイ種苗

ドレスアップ ライム
八重咲き種

カリブラコア
こんもりと茂った株を埋め尽くすように咲く花

花の育て方

適地　日当たりと風通しのよい場所。雨が花に当たると傷むので、軒下などに移動させるためには鉢の方が管理しやすい。

種まき　発芽温度20℃と光が必要。種はかなり細かいのでピート板などに均一にまき、覆土はしません。底面吸水させれば、約10日間で発芽（→P.41）。発芽後は混んでいるところを間引き、本葉2〜3枚で移植し、6〜7枚で摘芯して枝数をふやしてから植えつけます。

植えつけ用土　腐葉土を多めに混ぜ込んだ水はけのよい土。多湿は避けましょう。

植えつけ　本葉6〜7枚に育った苗または市販のポット苗を使います。5号鉢に1株、花壇なら株間25cmが目安。寄せ植えも成長後をイメージして広めに間隔をとっておきます（→P.40）。

肥料　元肥として緩効性肥料を与え、その後は開花期間が長く肥料を好むので、10日に1回ほど薄い液肥を水やり代わりに与えます。

花がら摘み　花は次々と咲くので、花がらをこまめに摘んで蒸れないように管理します（→P.41）。

切り戻し　草姿が乱れたら切り戻しをすると、再び元気になって花つきがよくなります（→P.41）。

病害虫　春のアブラムシ、夏のヨトウムシやアオムシ、高温乾燥期のハダニ、株が疲れてくるころのうどん粉病などに注意し、定期的に薬剤散布します。

ふやし方　切り戻したときの若い枝をそのつど利用して、かんたんにさし芽でふやせます（→P.41）。

長くきれいに咲かせるコツ

＊開花中は肥料切れに注意する
＊次々と咲くので、花がらはこまめに摘む
＊夏に草姿が乱れたら1/3ほどに切り戻す

ギュギュ
縁が白く抜ける濃いピンクにペイン(脈)が入るキュートな花

©タキイ種苗

カラーワークス®
ストライプが星の形に入るユニークな品種

©サカタのタネ

©サカタのタネ

クリーピア®
育てやすさが自慢の中輪種は雨に強く、開花期間が長いのが特徴

真夏は直射日光とコンクリートの照り返しを避け、ウッドデッキの上で楽しみます。

屋根のある場所でスタンドの高い位置に飾れば、自然と垂れて日ざしの方向に揃って咲きます。

Veranda

Garden

立ち上がってこんもりと茂るタイプと(手前スタンド)、茎を長く伸ばし垂れ下がるタイプ(後部ハンギング)とを組み合わせて、立体感のある空間を数種のペチュニアで演出。

雨が直接当たらない日当たりのよい軒下は、ペチュニアにとってベストポジション。

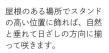

©サカタのタネ

ビューティカル®
ペチュニアとカリブラコアの属間雑種で、それぞれの長所をあわせもった中大輪花。雨による花の傷みが少なく、春から秋まで長期間咲き続けます。こんもりとした草姿で、寄せ植えにもおすすめ。属間雑種ならではの花色も魅力です。

Point

植えつけ

ウォールバスケットへの立体的な植えつけ方

壁やフェンス、軒下やベランダの手すりなどに下げたりかけたりして立体的な飾り方が楽しめます。狭いスペースに数株植えるので根鉢の余分な土を落として、下から順に植え込んでいきます。土は水はけのよい、軽めの土を使うとよいでしょう。植えつけ直後はバスケットにすき間が見えますが、おう盛に成長してすぐにこんもりと覆うように茂ります。

植え込む位置

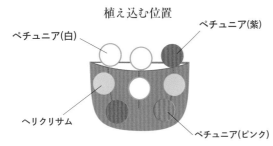

ペチュニア(白)
ペチュニア(紫)
ヘリクリサム
ペチュニア(ピンク)

用意するもの

＊苗(ペチュニア6株、
　ヘリクリサム2株)

\ Check! /

間のびせず締まった株で、咲いている花にしみがないかを確認！

＊ウォールバスケット
　(プラスチック・3-スリット／
　幅25×高さ23cmスポンジつき)+ヤシ繊維
＊培養土　＊元肥(緩効性肥料)　＊鉢底石
＊土入れ　＊ハサミ　＊じょうろ　＊割り箸

❶バスケットの準備
スポンジを3か所に貼りつけ、作業中くっつかないように土をまぶしておく。

バスケットのスリット部分にヤシ繊維を外側から内側に通す。

繊維がちぎれないように内側に引いたら、今度は外側に通す。

ヤシ繊維は細い棒状の部分をはさみで左右同じ分量になるようにする。

準備完了。ヤシ繊維は美観的な効果と、土の流出、乾燥防止のために使います。

❷鉢底石と土を入れる
鉢底石を底が見えなくなる程度入れ、切れ込みの下まで元肥を混ぜた土を入れる。

❸根鉢の土を少し落とす
ペチュニアの苗をポットからとり出し、スポンジに通しやすいように株元の土を落とす。

❹切り込みに通す
株元を切り込みの上から下ていねいにおろしていく。左右、中央の順に3株通す。

❺土を入れる
根鉢が隠れる程度に土を入れ、ヘリクリサムを左右に通して側面が完成。

❻上面を植える
上面にペチュニア3株をバランスよく植える。

❼土を足す
花や葉にかからないように注意しながら、すき間に土を足していく。

\ Advice /

水に浸しておいた水ゴケで上面の鉢土を覆うと、乾燥防止はもちろん、風や軽い衝撃で土がこぼれるのも防げます。

種まき

箱まきにして覆土はせず、乾燥しないように管理

発芽適温20〜25℃を守り、その地域の気温に合わせた時期に種をまきます。種はかなり細かいのでピート板などに均一にまき、覆土はしません。底面吸水などで湿度を保ちます。耐寒性があるので暖地では秋まきもできますが、育苗期間は冷え込むときの保温等のケアはもちろん、霜よけも必要なので、初心者には春まきをおすすめします。

ピート板はピートモスを圧縮したもの。乾燥しているのでたっぷり水を含ませてから使う。ペチュニアのように細かい種、光を好む種向き。

苗床がふくらんで、やわらかくなったことを指で確認。完全に給水するまで時間がかかるので、ここまでの作業は種まき前日に行ってもよい。

重ならないように種をまく。

約10日で発芽。発芽後は混んでいるところを間引き、本葉2〜3枚で移植、6〜7枚で摘芯してから植えつける。

ペチュニアはこぼれ種でもよく育つ。花壇に落ちた種から発芽して開花。

花がら摘み

花がら摘みをこまめにして長く咲かせる

ペチュニアやカリブラコアの咲き終わった花びらは、落ちずに縮れた状態で残ります。このような花がらは、見た目を損なうだけでなく病原菌が発生しやすいので、早めにとり除くようにします。また、風通しが悪くなると株元の葉が枯れやすいので、枯れた茎葉もこまめにとり除きます。

花茎のつけ根から切りとり、使用後のハサミは汚れを拭きとる。

枯れた葉はこまめに手で摘みとる。

\ Advice /

ハサミは使用前、使用後に消毒などをして清潔にしておくと、病気の感染予防になります。

切り戻し

伸びすぎた茎は葉が落ちる前に切り戻す

株が老化すると花つきが悪くなります。枝が伸びて株元の花が少なくなってきたら、枝の切り戻しをすると新しい芽が伸びて、再び花を楽しむことができます。切り戻しのコツは、株の1/3くらいを残して切ることです。

切り戻し前 茎が長く伸びて草姿が乱れてきた株。

切り戻し後

葉のつけ根のすぐ上で切る。残す茎に葉がついていることが大切。

わきから新しい茎が伸びてくる。

1/3ほどに切り戻すと、新しい茎が伸びてまた花が咲く。葉が落ちて枯れた茎はつけ根から切って風通しをよくする。

ふやし方

若い枝をさしてかんたんに株をふやせる

摘芯や切り戻しをしたときの枝をさし芽に利用して、お気に入りの株をふやしましょう。さし穂をつくって清潔なさし芽用土にさし、水やり後は半日陰で管理。発根したら日なたに出して育てます。

葉2〜3枚を残して7cm前後のさし穂をつくり、水あげをする。

ゼラニウム

Pelargonium

宿根草
(しゅっこんそう)

別　名：テンジクアオイ
分　類：フウロソウ科
原産地：南アフリカ
花　色：赤 紅 桃 白 混

月	1	2	3	4	5	6	7	8	9	10	11	12
開花期				▨	▨	▨	▨	▨	▨	▨	▨	
市販苗の植えつけ			▨	▨	▨	▨	▨					
ふやし方				▨	▨			さし芽				

次々と咲く鮮やかな花は育てやすい鉢植え向き

ベランダや窓辺を飾る花として人気のゼラニウムは、南アフリカに自生する数種の原種を交配して作られた園芸種で四季咲き性。苗はほぼ一年中出回っていますが、春に植えつけると長い期間花を楽しむことができます。

一番ポピュラーなのは茎がまっすぐ上に伸びるゾナル系で、葉に円を描くような帯状の斑(ふ)が入る品種もあります。葉に切れ込みが入り、這い性で垂れるタイプはアイビーゼラニウム系でハンギングバスケット向き。ハーブの仲間として扱われるセンテッド系は香りが豊かですが、春から初夏に咲く一季咲き性。それぞれ草丈50cm以上の高性種から20cm以下の矮性(わいせい)(小型)種まであり、花は一重や八重をはじめ、ユニークな花形も多々あります。

©Abduisaiam Haykai

アイビーゼラニウム
アイビーの葉に似た、革質で光沢のある葉をもち、茎が下垂する

パンジーゼラニウム
花姿や配色の感じがパンジーに似ている

星咲き種 スターテル
星形のやや小ぶりな花を咲かせる

モミジバゼラニウム
葉の形や色が紅葉の風情をかもしだす

斑入りの品種は花が咲かない時期も美しい葉が楽しめる

花の育て方

適地	日当たりのよい場所で、雨の当たらない軒下。盛夏は涼しく直射日光が当たらない半日陰(はんにちかげ)、冬は日の当たる窓辺で5℃以上を保てば一年中花が楽しめます。置き場所を選ぶため、管理しやすい鉢植えがおすすめです。
植えつけ用土	水はけのよい土。乾燥ぎみに管理します。
植えつけ	春にポット苗を購入して育てるのが一般的。4号鉢に1株が目安。垂れるタイプはハンギング向き(→P.43)。
肥料	元肥(もとごえ)として緩効性肥料(かんこうせいひりょう)を与え、開花中は月に1回程度固形肥料か1000倍液肥を追肥。冬の休眠中は休止します。
水やり	多湿が苦手なので、鉢土の表面が完全に乾いてから水を与えるくらいで大丈夫。鉢皿にたまった水は必ず捨てることが大切。
摘芯	植えつけ後、新芽が伸びはじめたら茎の先端を摘みとることでわき芽が出て、株がこんもり茂ります。
花がら摘み	咲き終わった花ごとに摘みとり、すべて咲き終わったら花茎のつけ根からとり除きます。(→P.43)
切り戻し	草姿が乱れてきたら、3月か9月に高さ20cmくらいに刈り込みます。
病害虫	春から初夏にかけて次々と花が咲く時期は灰色かび病が発生しやすいので、黄変(おうへん)した下葉、伸びすぎた茎は随時整理し、風通しをよくしておきます(→P.43)。カイガラムシなどの害虫は殺虫剤で駆除します。
ふやし方	春と秋がさし芽の適期。葉のついた枝先を切りとって切り口を乾燥させ、湿ったバーミキュライトにさして発根するまで半日陰で管理します(→P.43)。

長くきれいに咲かせるコツ

＊日当たりがよく、雨の当たらない場所で育てる

＊摘芯をくり返し、こまめに花がらを摘む

＊株元の風通しをよくし、灰色かび病などの病害虫を予防する

Point

植えつけ

茎を傷めたり折らないように注意！

ゼラニウムの茎は、十分に水を含んでいるとポキッと折れやすくなります。ポットから出すときや植え込むときに傷めないように、ていねいに扱いましょう。植えつけ時はやや乾燥した状態にしておくと扱いやすくなります。

\ Check! /
葉が黄変、株元が落葉していないかをよく見て！

花びらにしみや害虫の被害がない

黄変した葉がない

株全体ががっちりした印象

株元の葉が落ちていない

茎がまっすぐ長いタイプは、株元を指でしっかりはさんでていねいにとり出す。

長く楽しむ寄せ植え

\ Advice /

小さい花がらをこまめに摘み、草姿が乱れたら随時切り戻しましょう。

春から晩秋まで

濃いピンクのゼラニウムと淡いアイビーゼラニウムをメイン素材に、グリーンをバランスよく配したハンギングバスケット。

春から秋まで

寄せ植えたゼラニウム、ナスタチウム、ペチュニアはどれも多湿を嫌うので、雨の当たらない場所で乾燥ぎみに管理すれば、長く花を楽しめます。

花がら摘み

1花ずつ摘み、最後は花茎のつけ根から折りとる

咲き終わった花ごとに摘みとり、すべて咲き終わったら花茎の元からとり除きます。ゼラニウムの茎は十分に水分を含んでいるとポキッと折れる性質なので、手でかんたんに折りとれます。ハサミを使う場合は清潔なハサミを用い、切り口から細菌が繁殖するのを防ぎます。

花びらが落ちやすいので早めに摘む。

すべての花が終わったら、つけ根から折りとる。

病害虫

茎葉を間引き、風通しをよくして病気を予防

ゼラニウムは高温多湿が苦手。放任していると奔放に茎葉が伸びて株が蒸れたり、株元近くの葉が枯れたりして、灰色かび病などの病気を引き起こす原因にもなります。こまめに枯れ葉をとり、伸びすぎた茎は切り詰めましょう。

とり除く茎を持って少し下に下げるとかんたんに折れる。

不要な茎や枯れ葉をとって株元がすっきり。風通しをよくしておく。

ふやし方

さし穂は切り口を乾燥させてからさす

さし芽は、さし穂を水あげしてからさすのが一般的ですが、ゼラニウムは逆で、1～2日日陰に置いて切り口を乾燥させてからささないと腐ってしまいます。

若い枝先を切りとり、下葉を除いて切り分ける。

切り口を斜めに切り、7～8cmのさし穂の切り口を日陰で乾かす。

湿らせたさし芽用土に1～2節さして埋める。2～3日は半日陰、その後日なたに移すと約3週間で発根する。

クリサンセマム

Chrysanthemum

1年草

別　名：パルドサム(ノースポール)、ムルチコーレ
分　類：キク科
原産地：北アフリカ
花　色：※ ⓦ

月	1	2	3	4	5	6	7	8	9	10	11	12
開花期	■	■	■	■	■	■				■	■	■
種まき									■			
市販苗の植えつけ	■	■	■	■						■	■	■

丈夫でたくさんの花が咲く、育てやすさが魅力

クリサンセマムはキク科キク属の総称ですが、一般に多く育てられているのはパルドサムとムルチコーレ。白い一重の花びらに黄色の花芯をもつパルドサムは草丈20cmほどで、「ノースポール」の通称でも親しまれています。日光を好み、寒さにも比較的強く、花期が長いのも特徴。花後に10cmくらいで切り戻すと、また花が咲きます。黄花のムルチコーレは過湿や寒さにやや弱いので冬は霜よけをして、できるだけ室内かビニールハウスで管理します。

ノースポール
小さなマーガレットのようなパルドサム種「ノースポール」。真夏には枯れてしまうが、こぼれ種やさし芽でかんたんにふえて、秋からまた花が楽しめる

©Motomi Takemoto

黄花品種 ムルチコーレ
アルジェリアが原産地で、寒さにやや弱い

長くきれいに咲かせるコツ

＊日当たりと風通しのよい場所で育てる
＊アブラムシを発見したらすぐに薬剤で対処
＊花がらをこまめに摘み、チッソ分肥料を控える

花の育て方

適地　日当たりと風通しのよい場所。日当たりが悪いと茎が長く伸びて、下の方の葉が枯れることがあります。

種まき　9月中旬から下旬が適期ですが、発芽温度15〜20℃なので、残暑の厳しい年や暖地は少し遅らせます。種が細かいので箱まきにし、底面吸水させます。発芽したら混み合う部分を間引き、パルドサムは本葉が2〜3枚、ムルチコーレは6〜8枚になったらポットに移植します。パルドサムは10月、寒さに弱いムルチコーレは翌年の3月に植えつけます。

植えつけ用土　腐葉土を多めに混ぜ込んだ水はけのよい土。

植えつけ　鉢植えは5号鉢に1株、花壇なら株間を15〜20cm以上あけて植えつけます(→P.45)。

肥料　元肥として緩効性肥料を与え、その後は月に1〜2回、1000倍液で追肥します。

水やり　土が乾きはじめたら早めに与えますが、冬は乾燥ぎみに管理します。ムルチコーレは多湿に弱いので特に注意します。

摘芯　本葉6〜8枚のころに伸びる茎の先端を摘むと、わき芽をふやしてこんもりと茂ります。

花がら摘み　花がしおれはじめたら、わき芽の上で切りとります(→P.45)。

病害虫　春先にアブラムシがつきやすいので早めに防除します(→P.45)。

長く楽しむ寄せ植え

早春から初夏まで
浅く大きめの鉢にネモフィラを中心に据え、ムルチコーレをナチュラルな感じに植えつけます。

Point

植えつけ

ゆっくり効果があらわれる
緩効性の元肥を施す

鉢はある程度大きなものを選び、土の容量を多くすることが大切。土の量が多ければ、それだけ多くの肥料も蓄えられるからです。一般に草花は、はじめに施す肥料である元肥が成長に直接作用するので、長期間一定の効果がある緩効性の化成肥料を施します。

＊ポット苗
＊鉢(5号素焼き鉢)　　　　＊培養土　　＊元肥　　　　　　＊鉢底ネット
　　　　　　　　　　　　　　　　　　　　(緩効性肥料)　　＊鉢底石

＊土入れまたは小型シャベル　＊ハサミ　＊じょうろ　＊割り箸

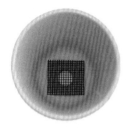    

❶鉢底ネットを敷く
鉢穴よりやや大きめの鉢底ネットを穴の上に置き、土の流出や害虫を防ぐ。

❷鉢底石を入れる
水はけと通気性をよくするために、鉢の深さの1/5〜1/6程度の鉢底石を入れる。

❸土と元肥を入れる
培養土を鉢の1/3〜1/2の深さまで入れ、元肥を適量混ぜ合わせる(元肥入り培養土の場合は必要ない)。

❹苗をとり出す
軽く指先で株元をはさみ、ポットの底穴に他方の指を入れて押し出すときれいにとり出せる。

❺根を軽くほぐす
根が回っている場合は、根鉢をくずさないように少し根の先端をほぐす。

❻株元の高さを調節
根元が鉢の縁よりやや低くなるように鉢の中央に置き、苗が傾かないように注意しながら、根鉢と鉢のすき間に培養土を入れる。

❼土を入れる
割り箸や棒などで土をつついて、土が少し沈んでできたくぼみにさらに土を足す。

❽水を与える
土の表面が鉢の縁より約2cm低くなるように土をならし(この部分をウォータースペースという)、鉢底から流れ出るくらいたっぷりと水を与える。

植えつけ後の管理

2〜3日は半日陰で管理し(植えつけ時期が秋から冬の場合は、暖かい日なたに置く)、苗が落ち着いたら日当たりと風通しのよい場所で育てる。

花がら摘み

こまめに摘みとる
ことが肝心

長期間花を楽しみたい場合は、咲き終わった花がらをこまめに摘みとります。ノースポールはこぼれ種でもよくふえますが、早くから種をつけると株が弱るので、初夏の最後に咲いた花がらを残すのがおすすめ。すぐに発芽し、また花が楽しめます。

花びらがしおれてきたら、わき芽の上で切りとる。

病害虫

アブラムシを予防、退治する

病気はほとんど心配ありませんが、アブラムシがつきやすいのが難点。毎日水やりのときなどに観察し、見つけたら初期の段階でオルトラン粒剤などを散布して駆除しましょう。

オルトラン粒剤
/住友化学園芸

淡赤褐〜淡緑色の、1〜2mm程度のアブラムシが群生して吸汁する。葉裏、新芽をよく観察して早期に防除する。

キンギョソウ

Snapdragon

1年草

別　名：スナップドラゴン、アンテリナム
分　類：ゴマノハグサ科
原産地：地中海沿岸
花　色：赤 桃 橙 黄 白 紫 混

月	1	2	3	4	5	6	7	8	9	10	11	12
開花期					■	■	■	■	■	■	■	
種まき												
市販苗の植えつけ			■	■						■	■	
ふやし方				さし芽					■	■		

ふんわりとした愛らしい花は形も色も多種多様

長い花穂につくふくらんだ花が、パクパクと口を開けた金魚のように見えることからついた名前。外国でも動物の名前がついており、イギリスではドラゴン、フランスではライオンの口という名前がついています。花壇や切り花向きの高性種(70〜80cm)、丈夫で花色豊かな中性種(40〜50cm)、縁どりや寄せ植え向きの矮性種(30cm以下)、花つきがよく横に広がる這い性のものまで、さまざまな品種があります。花の最盛期は春ですが、花がらをこまめに摘んで結実させなければ、秋にまたたくさんの花が咲きます。

フローラルシャワー
四季咲き性が強い、草丈約20cmの矮性(小型)種

© サカタのタネ

© サカタのタネ

ソネット
草丈約40cmでボリュームのある花穂が魅力。花もちがよいので切り花も楽しめる

長くきれいに咲かせるコツ

＊初心者には丈夫で多彩な中性種がおすすめ
＊花がらは早めにとり除き、花後は花穂を切りとる
＊高温多湿時の灰色かび病に注意する

ランピオン
クリーピングタイプ(ほふく性)。花が鉢の縁からこぼれ落ちるように咲き広がる

花の育て方

適地	日当たりと風通しのよい場所。夏の高温多湿と直射日光は避けます。寒さに強く、屋外で冬越しできます。
種まき	種はとても小さく、そのまま戸外でいても上手に発芽しないので、必ず室内でピート板か平鉢にまき、覆土はしません。底面吸水させ、半日陰で管理します。ビニールなどで覆って温度を保つと発芽率が高くなります(→P.47)。
植えつけ用土	土の酸性を嫌うため、花壇はあらかじめ苦土石灰を混ぜ込んだ土に腐葉土を多めにすき込んでおきます(→P.47)。
植えつけ	花つき苗を、鉢なら4〜5号鉢に1株、プランターなら3〜4株が目安。花壇は株間を20〜30cmとって植えつけます。
肥料	植えつけるまで(育苗中)に月に3〜4回2000倍液肥を与えます。元肥には緩効性肥料を与え、開花期間中は月に1〜2回、1000倍液肥を追肥します。
摘芯	苗は冬のあいだに摘芯しておくと、わき芽が伸びてしっかりとした株に育ちます。
花がら摘み	花は花穂(花房)の下から咲くので、咲き終わったらひとつずつていねいに摘んで結実させないようにします。花後に花穂の下を切りとると、その下からわき芽が伸びて再び開花します。採種する場合は果実が茶色に変わるころに切りとります。
病害虫	春、ヨトウムシに葉を食べられやすいので、虫が活動する夜に捕獲します。その他、灰色かび病やアザミウマ、アブラムシにも注意します(→P.47)。

Point

種まき

箱まき→間引き→移植→育苗

キンギョソウの種は細かく、そのままではまきにくいので、種まき用土をふるいにかけて落とした極小粒の土と種を混ぜ合わせてから、まき床に均一にばらまくと発芽しやすくなります。種が吹き飛ばないように、まき床の土にはたっぷりと水を含ませておきましょう。

発芽

キンギョソウは発芽適温20℃前後。約1週間で発芽する。

\ Advice /

寒冷地では春まきがおすすめ。好光性なので土はかぶせません。

間引き

混み合った部分の苗をピンセットなどでこまめに間引く。

移植

本葉2〜3枚になったら苗の根をていねいに掘り上げ、3号ポットに1本ずつ移植。用土は赤玉土小粒7：腐葉土3の混合土か市販の種まき用土。

育苗

2〜3日は風の当たらない半日陰で乾燥に注意しながら管理。その後は日当たりのよい場所に移し、1週間後から2000倍液肥を与える。

植えつけ用土

花壇は土の酸性を中和してから植える

キンギョソウは土の酸性を嫌うので、あらかじめ苦土石灰を1㎡あたり100gほど散布しておきます。さらに腐葉土を多めに混ぜ込み、元肥として基準量の緩効性肥料を施してよく耕しておきます。

花壇の表土全体がうっすら白くなるくらいまいて土を中和する。

腐葉土、その上に効果がゆっくりあらわれる緩効性肥料をまいて、全体を混ぜ合わせながら耕す。

病害虫

病害虫を発見しだい、薬剤で対処する

高温多湿時に灰色かび病が発生しやすいので風通しよく管理し、発見したら殺菌剤を散布します。アブラムシなどの害虫には殺虫剤が有効です。

アザミウマ

好天が続くとアザミウマ（スリップス）という体長2mmほどの虫が多発。花びらのつけ根に潜み、吸汁するため花びらに茶褐色の斑点が現れ、見苦しくなる。被害花はすぐに摘みとる。

長く楽しむ寄せ植え

春から晩秋まで

色が豊富なキンギョソウはグリーンと組み合わせただけでもカラフルな寄せ植えに仕上がります。管理がラクで初心者にも育てやすいので、大型コンテナで楽しみましょう。

春から晩秋まで

上面のキンギョソウは次々に咲くので、そのときどきでメインがピンクになったり黄色になったりします。側面のアリッサムとリシマキアが花色をいっそう引き立てます。

ナデシコ

Pink

1年草・宿根草(しゅっこんそう)

別　名：ダイアンサス
分　類：ナデシコ科
原産地：温帯全域
花　色：赤 紅 桃 白 紫 混

月	1	2	3	4	5	6	7	8	9	10	11	12
開花期			■	■	■	■	■	■	■	■	■	
種まき				■	■				■	■		
市販苗の植えつけ			■	■	■				■	■		
ふやし方			■ さし芽 ■	■	■				■	■		

秋の七草としても古くから親しまれる花

ナデシコの仲間は多く、中国原産のセキチク、ヨーロッパ原産のビジョナデシコ、これらの変種や種間交配された品種が世界中に300種以上あります。日本ではカワラナデシコ、シナノナデシコなど数種類が自生してきました。寒さに強く、とても育てやすいので、初心者の方におすすめの花。なかでもとりわけ暑さ、寒さに強く何年も生きられるものが宿根(しゅっこん)ナデシコ。セキチク、ビジョナデシコ、カワラナデシコ、ハマナデシコなど、矮性(わいせい)で四季咲き性のものに人気があります。

©photogirl7.1.

カワラナデシコ
日本自生種、山野草

ベルフィー
コンパクトな株にたくさんの花が咲く矮性(わいせい)種
© サカタのタネ

フジナデシコ
宿根草(しゅっこんそう)

長くきれいに咲かせるコツ

* 葉に黄ばみがなく株全体がしっかりした苗を選ぶ
* 蒸れないように風通しのよい場所で育てる
* 花後、株元から10cmくらいで切り戻す

花の育て方

適地	日当たりと風通しのよい場所で育てます。
種まき	育苗箱にすじまきし、軽く覆土して雨の当たらない日なたで管理すると約1週間で発芽。本葉が2～3枚のころに移植します。苗で越冬するので、冬は霜よけかフレームに入れて管理。
植えつけ 用土	水はけのよい土。土の酸性に弱いので、花壇は苦土石灰を混ぜて改良しておきます。
植えつけ	花壇は株間を20cm以上、高性種はさらに広くとって植えつけます。
肥料	元肥(もとごえ)として緩効性肥料(かんこうせいひりょう)を与え、開花期に月に3回程度、1000倍液肥を追肥します。
水やり	過湿にすると根腐れを起こすので、土が完全に乾いてから与え、乾燥ぎみに管理します。
花がら摘み	梅雨時の高温多湿に弱いので、花がらはこまめに摘みます。
病害虫	春にアブラムシ、7月ごろからヨトウムシ、タバコガが発生することがあります。
ふやし方	若芽を5～6cm切りとり、下葉を落として水あげしてバーミキュライトにさせば、3週間ほどで発根します。

Point

種まき
発芽適温15～20℃

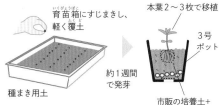

育苗箱(いくびょうばこ)にすじまきし、軽く覆土

種まき用土

約1週間で発芽

本葉2～3枚で移植

3号ポット

市販の培養土+元肥(もとごえ)(緩効性肥料(かんこうせいひりょう))

植えつけ
5号鉢に1本を目安に植える

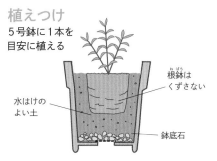

根鉢(ねばち)はくずさない

水はけのよい土

鉢底石

花がら摘み
花の咲き方によって摘み方が違う

花茎が長いタイプ

わき芽の上で花茎ごと切りとる

茎の先端にまとまって咲くタイプ

隣のつぼみを落とさないように注意しながら、咲き終わったものから順に手で摘みとる

切り戻し
伸びすぎた茎を半分に切り詰め、こんもりとした草姿に育てる

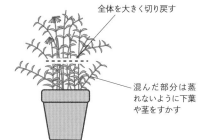

全体を大きく切り戻す

混んだ部分は蒸れないように下葉や茎をすかす

バーベナ

Verbena

1年草・宿根草

別　名：ビジョザクラ
分　類：クマツヅラ科
原産地：ブラジル、中南米
花　色：(赤)(桃)(白)(青)(紫)(混)

月	1	2	3	4	5	6	7	8	9	10	11	12
開花期					▨	▨	▨	▨	▨	▨	▨	
種まき			▨	▨								
市販苗の植えつけ				▨	▨							
ふやし方					株分け					▨	▨	

可憐な小花は晩秋まで咲き続ける

カラフルな小花をまとまりよく咲かせるバーベナは夏の暑さに強く、とても丈夫で育てやすい花。バーベナは本来、宿根草ですが、栽培上ビジョザクラなど寒さに弱い品種は1年草扱いで、耐寒性の強い「ハナデマリ」「タピアン」「ファンシーパフェ」などは、宿根バーベナとして区別されます。育てやすさに加え、開花期間が長いのも特徴で、春から晩秋まで健気に咲き続けます。さらに冬でも温室やフレームに入れて15℃以上を保つと、よく花を咲かせます。

ハナデマリ
「花手毬」。こんもりとまとまって咲く

ファンシーパフェ
縁の濃いピンクがかわいい

タピアン
葉の細裂が特徴

花の育て方

種まき　種の表面に発芽を抑える物質があるため、ガーゼに包んで4～5時間水に浸してもむように洗うか、一晩水に浸してから種をまくとよく発芽します。育苗箱の清潔で湿らせた土にばらまき、薄く土をかけて新聞紙で覆い、そのまま一昼夜置いてから水を与えます。本葉4～6枚で植えつけます。

植えつけ用土　水はけのよい土。土の酸性を嫌うので、花壇は1㎡あたり100g程度の苦土石灰で中和させておきます。

植えつけ　横に這う性質(ほふく性)のものは密に植えずに株間をとります。

肥料　開花期間が長いので月1～2回リンサンとカリ分の多い薄めの液肥を与えるか、2か月に1回固形肥料で追肥します。

水やり　土が乾きはじめたらたっぷり与えます。夏の高温時は水切れしないよう早めに。

花がら摘み　花がらはこまめに摘み、伸びた枝は半分まで切り詰めて蒸れを防ぎます。

病害虫　ハダニが発生します。ハダニは乾燥した環境を好むので、葉水をかけて水のシャワーで葉裏まで洗い流します。

長くきれいに咲かせるコツ

＊日当たり、風通し、水はけのよい場所で育てる

＊1年草は、夏は遮光して半日陰で管理する

＊花後は半分くらいに切り戻す

Point

種まき
種は急激な吸水を嫌う性質があるので、湿った土からゆっくり吸水させる

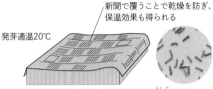

発芽適温20℃

新聞で覆うことで乾燥を防ぎ、保温効果も得られる

清潔な種まき用土に多めにばらまき、軽く覆土する

植えつけ
ほふく性の品種は、寄せ植えでは鉢の縁に植えると効果的

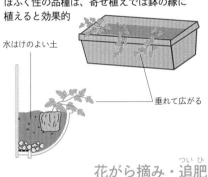

水はけのよい土

垂れて広がる

花がら摘み・追肥
次々と咲く小花をこまめに摘みとり、花後に追肥する

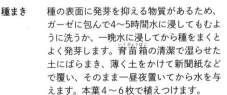

房全部が咲き終わったら新芽の上で切りとる

チッソ分が多いと葉ばかり茂るので、リンサン、カリ分の多い薄めの液肥を与える

切り戻し
伸びすぎた茎を半分ほどに切り詰め、こんもりとした草姿に育てる

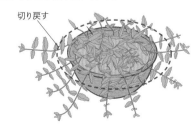

切り戻す

アゲラタム

Floss Flower

1年草

別　名：カッコウアザミ
分　類：キク科
原産地：熱帯アメリカ
花　色：桃 白 紫

月	1	2	3	4	5	6	7	8	9	10	11	12
開花期				■	■	■	■	■	■	■	■	
種まき				■	■							
市販苗の植えつけ				■	■	■	■					
ふやし方			株分け	さし芽	さし芽	さし芽						

茎の先に咲く
ふんわりとした紫小花

ギリシャ語で「不老」を意味するアゲラタムは、その名の通り開花期間がとても長い花。花色はやわらかなパステル調の控えめな雰囲気で、寄せ植えでは他の花を引き立てる名脇役。乾燥に強くとても丈夫で、草丈が低く、よく分枝して広がるので、ハンギングバスケットなどにもおすすめです。真夏の暑さで花は一時休みますが、切り戻すと再び秋に開花して霜が降りて枯れるまで長い期間咲き続けます。

―― 長くきれいに咲かせるコツ ――

＊ひとかたまりが咲き終わったら花茎をわき芽の上で切る
＊チッソ分の少ない追肥を与える
＊夏に切り戻して株を休ませる

Point

追肥

開花期間が長いので、ゆっくり効果があらわれる緩効性の肥料を置き肥する。

花の育て方

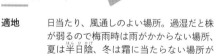

適地	日当たりのよい場所で、夏は半日陰。
種まき	種が小さいので箱まきかポットまきにします。種が重ならないようにばらまきしてごく薄く覆土し、底面吸水させます。
植えつけ	横に広がって育つので密植せずに株間を20〜30cmとり、水はけのよい土に元肥としてリンサンやカリ分の多い緩効性肥料を与えて植えつけます。
肥料	チッソ分の少ない肥料を2か月に1回株元に与えます。特に幼苗のころのチッソ分過多は、茎や葉ばかりが育って花が咲かないので注意します。
水やり	花や葉に水をかけないように与えます。
花がら摘み	花茎の先に多数まとまって次々と咲く小花は、咲き終わると茶色に変色するのでこまめに摘みとり、ひとかたまりが終わったらわき芽の上で切りとります。
ふやし方	さし芽がかんたんですが、よい株を残したいときは保温して越冬させ、2月下旬から3月に株分けします。

ガザニア

Treasure Flower

1年草・宿根草

別　名：クンショウギク
分　類：キク科
原産地：南アフリカ
花　色：赤 桃 橙 黄 白

月	1	2	3	4	5	6	7	8	9	10	11	12
開花期				■	■	■	■	■	■	■	■	
種まき									■	■		
市販苗の植えつけ				■	■	■						
ふやし方					さし芽	さし芽	さし芽		株分け	株分け		

インパクトのある花は
晴れた日中に開く性質

太陽に向かってまっすぐ大きな花を咲かせます。鮮明な花色の基部に入る模様が勲章に見えることから「勲章菊」の別名があります。花は晴れた日中によく開き、雨や曇りの日、夕方以降は開かない性質をもっています。丈夫でとても育てやすいのですが、高温多湿と極端な寒さに弱いので、育てる場所には注意が必要です。

少し渋めの
赤花種

―― 長くきれいに咲かせるコツ ――

＊育てる場所に注意する
＊高温多湿と極端な寒さを避ける
＊晴れた日の日中に花びらを確認して花がらを摘む

Point

花がら摘み

天気のよい日中に、花びらの先が乱れてきたものを茎のつけ根から切りとる。

花の育て方

適地	日当たり、風通しのよい場所。過湿だと株が弱るので梅雨時は雨がかからない場所、夏は半日陰、冬は霜に当たらない場所が望ましい。
種まき	発芽適温15〜18℃。秋に箱まきして、本葉が2〜3枚のころに3号ポットかプランターに移植し、室内かフレームで冬越しさせます。種まき用土は赤玉土と砂を適量混ぜた、清潔で水はけのよいものを使用します。
肥料	元肥に緩効性肥料を与え、その後は真夏以外月に2〜3回、1000倍液肥を追肥します。チッソ分の多い肥料は控えめに。
水やり	土の表面が乾いたらたっぷり与えますが、過湿は禁物。乾燥に強い性質です。
花がら摘み	咲く直前の花と咲き終わった花がらは一見似たように見えるので、晴れた日中に花つきを確認します。花びらの先が乱れてきたものは花がらなので、早めにハサミで切りとります。

キャッツテール
Cat Tail

しゅっこんそう
宿根草

別　名：サンデリー
分　類：トウダイグサ科
原産地：西インド諸島
花　色：赤

月	1	2	3	4	5	6	7	8	9	10	11	12
開花期					■	■	■	■	■	■	■	
市販苗の植えつけ												
ふやし方					さし芽							

猫のしっぽのような 赤い花が人気

猫のしっぽのようにふわふわとした長さ5〜7cmの花序をつけるのでついた流通名で、正式名は「アカリファ・ヒスパニオラエ」。草丈が低く、鉢からこぼれるように花をつけるので、寄せ植えやハンギングバスケットなどに向いています。強い光を好み、暑さにも強いので、真夏でも戸外のコンテナガーデンに使え、温度さえあれば一年中咲き続けます。

長くきれいに 咲かせるコツ

＊できるだけ日に当て、冬は室内で管理
＊花がらをこまめに摘む
＊水は乾いたらたっぷり与え、ときには葉水をかける

花の育て方

適地　日当たりのよい場所。冬は5℃以上必要なので、室内の窓辺などの明るい場所に移します。

植えつけ　水はけのよい土に元肥を与えて植えつけ、できるだけ暖かい場所で育てます。

肥料　元肥に緩効性肥料を与え、その後は夏の成育中のみ置き肥か、月に2〜3回、1000倍液肥を追肥します。チッソ分の多い肥料は花つきが悪くなるので注意します。

水やり　土の表面が乾いたらたっぷり与えます。乾燥には弱く、乾かすとすぐ下葉が枯れ込みハダニがつきます。ときどき、葉水も必要。冬は控えめに与えます。

花がら摘み　終わった花は早めに摘みとります。

切り戻し　茎が伸びて草姿が乱れたら、随時刈り込みます。

植え替え　大株になったり根が回りすぎたら、4月ごろに大きめの鉢に植え替えます。

ふやし方　さし芽でふやしますが、発根には高温が必要。

ネメシア
Nemesia

しゅっこんそう
1年草・宿根草

別　名：ウンランモドキ
分　類：ゴマノハグサ科
原産地：南アフリカ
花　色：赤 桃 橙 黄 白 青 紫

月	1	2	3	4	5	6	7	8	9	10	11	12
開花期				■	■	■	■			■	■	
種まき										■		
市販苗の植えつけ			■	■								
ふやし方										さし芽		

成育おう盛、 よく分枝して花がふえる

パステルカラーの繊細な花が花茎の頂部にたくさんつく美しいネメシア。成育おう盛でどんどん枝分かれして多くの花をつけます。1年草は秋に種をまき、春から花を楽しむのが一般的。最近は宿根性のタイプも品種が豊富で人気がありますが、高温多湿の夏を上手に越すことが一番のポイントです。

©Motomi Takemoto

ニモ カーマイン
© タキイ種苗

長くきれいに 咲かせるコツ

＊日当たりのよい場所で管理する
＊苗が幼いうちに摘芯して枝数をふやす
＊梅雨時は雨に当たらない場所で管理する

花の育て方

適地　日当たりのよい場所。日当たりが悪いと間のびしたり花色が悪くなるので注意しましょう。高温多湿が苦手なので、雨に当てないこと、風通しのよいことも大切。寒さに弱いので、鉢なら冬は室内にとり込んで管理します。

種まき　秋に、平鉢か育苗箱にばらまいて薄く覆土し、軽く土を押さえて水を与えます。本葉が5〜6枚のころに3号ポットかプランターに移植します。

植えつけ　水はけのよい土に4号鉢なら1株、花壇なら株間15cmが目安。

肥料　元肥に緩効性肥料を与え、植えつけ1か月後から月に1回、1000倍液肥を追肥します。

水やり　花に水がかからないように注意してたっぷり与えます。

摘芯　苗が幼いうちに先端の芽を摘むと枝がたくさん出て草丈も低くなり、花数もふえます。

切り戻し　花数が少なくなってきたら茎を半分ほどに切り戻すと、秋からまた開花します。

バコパ

Bacopa
宿根草(しゅっこんそう)

分　類：ゴマノハグサ科
原産地：南アフリカ
花　色：桃 白 青 紫

月	1	2	3	4	5	6	7	8	9	10	11	12
開花期			▨	▨	▨	▨	▨	▨	▨	▨	▨	
市販苗の植えつけ			▨	▨	▨				▨	▨		
ふやし方			株分け		さし芽							

這(は)うように育ち、一年中小花が咲く

小さな葉で這(は)うように育ち、一年中小花を散りばめたようにたくさん咲くので、寄せ植えの縁どりをはじめ、単独でこんもり育てるハンギングなどさまざまなアレンジができる重宝な花。苗は一年中出回っていますが、成育おう盛な春の苗を選びましょう。花期の長い花ですが、夏に一時開花が止まることがあります。蒸れないうちに早めに切り戻すと、秋からまた花を咲かせます。

— 長くきれいに咲かせるコツ —

＊成育おう盛な春の苗を選ぶ
＊ひとつひとつの花がらをこまめに摘む
＊梅雨時の高温多湿時、全体の1/2に切り戻す

エンジェルリング
葉にライムグリーンの斑が入る
©Motomi Takemoto

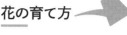

花の育て方

適地　1年を通して日当たり、風通しのよい場所。高温多湿が苦手なので、梅雨時はできるだけ雨に当てないようにし、夏は半日陰で涼しく管理します。寒さには比較的強いのですが、霜に当てないようにして乾燥ぎみに育てます。

植えつけ　這うように広がるので株間をとります。花壇や鉢の縁、ハンギングバスケットが最適。

肥料　元肥に緩効性肥料を少量与え、春から秋にかけて薄めの液肥で月に2回ほど追肥します。1度に多く与えすぎると花つきが悪くなるので注意。

摘芯　こまめな摘芯が分枝を促し、こんもりと茂る株に育てるコツ。

花がら摘み　花びらは自然に散ることはなく、茎に残って茶色に変色していきます。ひとつひとつが小さな花なので大変ですが、手でこまめに摘みとります。

植え替え　3〜5月が適期。古い土を1/3ほど落としてひと回り大きめの鉢に植え替えます。

ふやし方　春に株分けやさし芽でかんたんにふやせます。

ロベリア

Edging Lobelia
1年草・宿根草(しゅっこんそう)

別　名：ルリチョウソウ
分　類：キキョウ科
原産地：南アフリカ
花　色：桃 白 青 紫

月	1	2	3	4	5	6	7	8	9	10	11	12
開花期					▨	▨	▨	▨	▨	▨		
種まき									▨			
市販苗の植えつけ			▨	▨								
ふやし方						さし芽						

春風に揺られ蝶が舞うように咲く小花

「瑠璃蝶草(るりちょうそう)」の和名の通り、小さな羽を広げたようなかわいい小花が無数に咲き、繊細な雰囲気が漂う花。群植すれば見応えがあり、他の花と寄せ植えればメインの花を引き立てる名脇役にもなります。中高性種、矮性(わいせい)(小型)種、垂れるタイプに分けられますが、ロベリアの主流は草丈10〜20cmで横に広がって育つ矮性(わいせい)タイプ。茎が枝分かれして自然にコンパクトなドーム型に茂ります。

— 長くきれいに咲かせるコツ —

＊花壇は株間を十分とって蒸れないように管理する
＊高温多湿時は水やりを控え半日陰(はんひかげ)へ
＊花が終わりかけたら1/2に切り戻す

長く楽(たの)しむ
寄せ植え

春から晩秋まで
ロベリアと葉の明るいグリーン、ブルーサルビアとの組み合わせは、夏は涼しく管理することがポイント。

花の育て方

適地　日当たりと風通しのよい場所で育て、盛夏は涼しい半日陰(はんひかげ)へ移します。晩秋から冬はフレームか室内で育てますが、日中はなるべく光に当てます。

種まき　種は非常に小さいので平鉢かピート板にまき、覆土(ふくど)はせずに底面吸水させます。発芽後は数回に分けて間引きし、本葉3〜4枚で3号ポットに移植します。

植えつけ　市販苗は購入後すぐに水はけのよい土に植えます。広がって育つので花壇なら20cm以上の株間をとります。

肥料　元肥(もとごえ)に緩効性肥料を与え、植えつけ後1か月から月に3回ほど薄めの液肥で追肥します。

水やり　乾燥も過湿も嫌うので、毎日少量ずつこまめに与えます。

病害虫　春先のアブラムシやアオムシに注意。過湿にすると白絹病、灰色かび病が発生するので、株元の風通しをよくしておきます。

切り戻し　大株になったものは夏が来る前に半分ほどに切り戻して風通しをよくすると、秋からまた花が咲きます。

ミニバラ

Miniature Rose

落葉低木
または常緑低木

分　類：バラ科
原産地：北半球各地
花　色：赤 紅 桃 黄 白 青 紫 混

月	1	2	3	4	5	6	7	8	9	10	11	12
開花期					▒	▒	▒	▒	▒	▒	▒	
市販苗の植えつけ	▒	▒	▒	▒						▒	▒	▒
ふやし方						さし木						

草花感覚で初心者でも十分楽しめるコンパクトなバラ

ミニバラは、原種の突然変異で生まれた「ミニチュアローズ」のなかでも花径が2〜6cmと小さく、樹高が50cm程度で樹形もコンパクトなバラの総称。極小輪タイプからパティオローズと呼ばれる花径6cm前後のもの、房咲きのポリアンサローズやつる性まで、バラエティー豊かです。花つきのよい四季咲き性が多く、なかには年に何度も咲くタイプもあります。丈夫で寒さに強く扱いやすいのでバラ初心者でも十分楽しめ、適切なケアをすれば何年も花を咲かせます。

©Motomi Takemoto

©Motomi Takemoto

花が大きめの品種はさまざまな花形や花色が楽しめる

ポリアンサ系 レオネ ラメッシュ
愛らしいカップ咲きで房状に咲く

©Seiichi Hatano

ミニつるバラ
グリーン アイス
鉢に植えれば枝垂れるように咲き、白から徐々に薄いグリーンに変わる花色も楽しめる

長くきれいに咲かせるコツ

* 病害虫や雨に強い丈夫な品種を選ぶ
* 水と肥料が切れないように注意する
* 咲き終わる前になるべく早く摘みとる

1〜2mにもなる品種は誘引しても楽しめる
©Motomi Takemoto

花の育て方

適地
日当たりと風通しがよい戸外。雨が花に当たると傷むので、軒下などに移動できる鉢植えの方が管理しやすい。ベランダは雨の当たらない場所で、鉢と鉢との間隔をとって風通しがよくなる工夫をします。

植えつけ用土
水はけのよい土。市販の培養土は肥料が入っていないものを選びます。

植えつけ
3〜11月の成育期は根鉢をくずさずにひと回り大きな鉢に植えるのが基本（→P.54）。休眠期の12〜2月の鉢苗は根鉢をくずし、古土を落として根を軽くほぐしても大丈夫。植え替えも同様の方法で行います。

肥料
成長期は月に1回、鉢の縁に置き肥するか、週に1回程度水やり代わりに薄めの液肥で追肥します。肥料を好むので肥料を切らさないようにしますが、株が小さいので施しすぎは厳禁（→P.55）。

水やり
鉢土の表面が乾いたら、鉢底から水が流れ出るまでたっぷり与えます。土が乾きすぎないようにこまめにチェックします。

花がら摘み
花が終わりかけたら早めに、軽い剪定をかねて花から2〜3節下を切りとります（→P.55）。

病害虫
春先から11月ごろまでの黒点（黒星）病と、梅雨時から夏にかけてのハダニに注意します（→P.55）。

剪定
1〜2月に、樹高の1/2〜1/3を目安に、やや中心が高くなるように切り詰めます（→P.55）。

植え替え
鉢植えは1年もすると根詰まりして土がかたくなるので、年に1回休眠期の12〜2月に新しい土で植え替えます（→P.55）。

ふやし方
初夏に花のついている枝を切りとり、2節ずつに切り分けてさし穂をつくります。30分ほど水あげをし、十分吸水させたさし木用土にさし、雨の当たらない軒下などで水切れに注意して管理すると、約1か月で発根します。

植えつけ

根鉢はくずさないようにして植える

ポット苗か鉢植えの開花株を購入して植えつけるのが一般的。3〜11月の成育期は根鉢をくずさずに植えるのが基本です。5号鉢以上の鉢苗は、そのままの鉢で花が終わるまで楽しんでから植えつけ(植え替え)てもよいでしょう。小さめの品種は他の草花との寄せ植えも楽しめます。花壇植えの場合は、植え穴を大きめに掘り、腐葉土や堆肥を入れてよく耕してから植えましょう。

用意するもの

* ポット苗or鉢苗
* 鉢
  (植えてあるポットや鉢よりひとまわり大きいもの)
* バラ専用培養土
* 鉢底ネット
* 鉢底石
* 土入れまたは小型シャベル
* ハサミ
* じょうろ

ハイポネックス バラ専用培養土は赤玉土、ピートモス、パーライトなどを配合したバラに適した土。自分で配合する場合は赤玉土6:腐葉土4を目安に水はけのよい土をブレンドする。

つぼみがたくさんある

花やつぼみにアブラムシなどがいない

葉と葉の間が間のびしていない

根元がグラグラしない

ポット苗

株元の葉が落ちていない

底穴から根が出ていない

\ Check! /
葉に黒い斑点やアブラムシがついていないことを確認

新しい花枝が伸びてつぼみがついている

鉢苗

全体に締まって色つやがよい

葉数、枝数が多く、勢いがある

共通

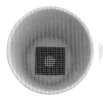

鉢穴よりやや大きめの鉢底ネットを穴の上に置く。これで土の流出や害虫を防ぐことができる。

水はけと通気性をよくするために、鉢の深さの1/5〜1/6程度の鉢底石を入れる。

土を鉢の1/3〜1/2の深さまで入れる。

ポット苗

黄色くなった葉や枯れた枝などがあればていねいにとり除いてから、苗をポットからとり出す。

根鉢をくずさないように注意しながら、株元が鉢縁より1〜2cm低くなるように鉢の中央に置く。すき間に土を足し、たっぷりの水を与える。

鉢苗

株元を持ち、根鉢をくずさないように注意しながら鉢から株をとり出す。

株元が鉢の縁より1〜2cm低くなるように鉢の中央に置く。

すき間に土を足し入れ、土の表面を平らにならし、たっぷりの水を与える。

春から晩秋まで
ミニバラ2株の両側に垂れて広がる2色のバコパを植え、高低のリズムをつけました。

長く楽しむ寄せ植え

春から秋まで
同系色のネメシアと、ミニバラの葉色を引き立てるイエローリーフを配した寄せ植え。

\ Advice /
株間をとらずに寄せ植えたり、他の植物と密植すると病害虫がつきやすくなるので注意!

秋から初夏まで
極小輪のミニバラはパンジーと同じくらいの大きさで、葉っぱの間からかわいい顔をのぞかせます。

肥料

成長期は適量をこまめに施す

春から秋の成長期は切らさないように追肥しますが、ミニバラは株が小さいので施しすぎには注意しましょう。

月1回が目安。鉢縁に効果がゆっくりあらわれる肥料を施す。

土の上に置くだけで1～2か月効果が持続するバラ専用置肥。／ハイポネックスジャパン

1週間に1回、水やり代わりに薄めた液肥を与えると効果的。／ハイポネックスジャパン

病害虫

ハダニと黒点病が大敵！

日当たりと風通しがよく、雨の当たらない場所で管理して、病害虫の被害から守りましょう。防除には定期的な薬剤散布も効果的です。

樹高が低い分、病気の原因になりやすい水や土のはね返りを防ぐため、株元をマルチングすると安心。

黒点病、うどん粉病などの予防、治療効果をかね備える「フローラガードAL」はそのまま使えるスプレータイプ。／ハイポネックスジャパン

かかりやすい病気と害虫

黒点病（こくてん）
葉に黒色の斑点があらわれ、黄変して落葉する。発病した葉はつけ根からとり除き、すぐに処分。

うどん粉病
茎葉、花に白い粉をまぶしたようなかびが発生する。水をかけて洗い流し、風通しをよくする。

ハダニ
夏の高温乾燥期に多発し、葉裏に群生して吸汁。被害葉はかすれる。葉を勢いよく水で洗い流し、乾燥させない。

アブラムシ
特に春と秋に多く、新芽やつぼみに群生して吸汁し、病気を媒介する。薬剤のほか、ハケなどで払い落とすのも有効。

剪定（せんてい）

冬に、樹高の1/2～1/3を目安に切る

ミニバラはどこを切ってもそれなりに花が咲くので、あまり神経質にならなくて大丈夫。枯れ枝や混み合った部分を切ってから、樹高の半分くらいの高さで中心がやや高くなるように刈り込みます。

剪定前（せんてい）。まだ葉が残っているが、思い切って切り詰めると次のシーズンも美しく咲く。

ていねいに剪定（せんてい）する場合は一芽一芽、芽を見ながら、外側を向いたよい芽があればその上をハサミで斜めに切っていく。

株全体の形を整えたら剪定（せん）終了。かなり短めに切り詰めてもよい。

植え替え

古土を落として新しい無肥料の土に植える

鉢植えのミニバラは成長を促すために、劣化した土から新しい土に植え替えることが重要です。植え替え後は、寒さよけに鉢土を腐葉土（ふよう）などでマルチングしておくとよいでしょう。

\ Advice /

植え替えできない場合は、鉢土の表面に新しい土を足して固形肥料を置き、たっぷりの水を与えるだけでも株はかなり元気になります。

鉢から株をとり出し、根鉢の底から土をほぐすようにして落とす。

極端に乾燥していたり、枯れた根、細かい根がとれない場合は水に浸してもよいが、洗いすぎは厳禁。

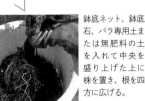

鉢底ネット、鉢底石、バラ専用土または無肥料の土を入れて中央を盛り上げた上に株を置き、根を四方に広げる。

根と根のすき間にもていねいに土を入れて植え、鉢縁に置き肥してたっぷりの水を与える。

花がら摘み

花が咲き切る前に花がらを切る

咲き終わった花は早めに切りとるのが、次の花を美しく咲かせるポイントです。切る位置はあまり神経質にならなくても大丈夫。花下2枚目くらいの葉の上で切ります。花が大きめ(6cm前後)のタイプは花枝の半分くらいで切りましょう。

葉の上で切ると、そこからわき芽が出て約30日後に花が咲く。

房咲きの場合は、咲き終わった順に花のつけ根から花がらだけを切る。

©Motomi Takemoto

初夏から秋まで長く楽しめる花

眩しいほどくっきりとした花色が
夏の日ざしを浴びて輝き、
色あせることなく秋まで咲き続ける花々

Index

インパチェンス

Busylizzy

1年草

別　名：アフリカホウセンカ
分　類：ツリフネソウ科
原産地：熱帯アフリカ
花　色：赤 桃 橙 黄 白 紫

月	1	2	3	4	5	6	7	8	9	10	11	12
開花期						■	■	■	■	■	■	
種まき				■	■							
市販苗の植えつけ					■	■						
ふやし方						さし芽						

鮮やかな花色で初夏から秋まで咲き続ける人気花

インパチェンスはラテン語で「我慢できない」の意味。熟してすぐに種を弾いてしまう性質のため花言葉は「短気」。英名で「touch-me-not」（私に触れないで）という呼び方もあるようです。

草丈20cmくらいでこんもりと茂り、日なたから半日陰、日陰でもよく育ってたくさんの花が咲き、長い期間花盛りを楽しめるのが最大の特徴。花色も豊富で、微妙に異なる色彩が揃うのでグラデーションも楽しめます。

鉢花でよく見かける「ニューギニアインパチェンス」はいわゆるインパチェンスとは別種。より暗い光の下でも花を咲かせるため、室内の鉢花として楽しめる

巨大輪系 テンポスカーレット

©タキイ種苗

花の咲き方いろいろ

一重咲き
一番オーソドックスな咲き方。花がめいっぱい開き、花色が鮮やかなものが多い

シーシェルインパチェンス
黄色系の花の形が貝殻（sea shell）に似ていることからつけられた名前

八重咲き
花びらが幾重にも重なってボリュームたっぷり

八重バラ咲き
八重咲きのなかでもバラをイメージさせるゴージャスな花形

花の育て方

適地　日なたから半日陰、日陰でも咲きますが、できれば明るい場所で育てます。花や葉を弱らせないために、真夏は直射日光を避けた半日陰へ移します。

種まき　発芽適温20～25℃。1mmほどの細かい種なので平鉢やピート板に種が重ならないようにまき、覆土はしません。乾燥させないように底面給水し、半日陰で管理すると約10日で発芽。本葉が2～3枚になったら3号ポットに移植して苗を育てます。

植えつけ　花壇への植えつけは梅雨時が最適。株が広がるので花壇は株間を20～30cmとり、鉢は大きめを選びます。

肥料　元肥に緩効性肥料を与え、開花期間が長いのでカリ、リンサン分の多い液肥を月に1～2回与えます。

水やり　乾燥を嫌うため1日1回、真夏は朝夕たっぷりと与えます。花に水がかからないように、株元に静かに注ぎます。

摘芯　草丈が10cm以上になったら、茎の先端を摘んでわき芽をふやします（→P.59）。

花がら摘み　花は自然に落ちますが、葉についたり土の上で腐ったりするので、早めに摘んだ方が安心です（→P.59）。

病害虫　春先のハダニ、アブラムシ、過湿による灰色かび病の発生に注意します（→P.59）。

切り戻し　草姿が乱れたときや花後、全体の半分くらいに切り戻します（→P.59）。

ふやし方　花芽のついていない枝を切ってさすとかんたんに発根します（→P.59）。

長くきれいに咲かせるコツ

＊草丈が10cm以上になったら摘芯する

＊夏の直射日光は避けて半日陰へ

＊花後は1/2に切り戻す

© サカタのタネ

© サカタのタネ

半日陰でも丈夫に育つので、樹木の株元や日陰がちな場所でもインパチェンスは大活躍！ 鮮やかな花色はアクセントとしても輝きます。

夏の暑さにも負けず大きく育ち、鉢植えでも大株に成長するサンパチェンス。ボリュームたっぷりの花で華やかに演出。

Garden

サンパチェンス®

サカタのタネが開発したインパチェンスの新品種。真夏の強い日ざしに耐え、雨風にも強く丈夫で、春から秋まで長期間美しい花を咲かせ続けるのが魅力です。コンパクトな草姿の姉妹品種「サンパティオ®」シリーズも仲間入りしました。

左：サンパチェンス
右：サンパティオ

© サカタのタネ

Veranda

過酷な真夏のベランダでは、スタンドを使って床面より高く飾ると風通しがよくなり、花数も多くなります。

インパチェンスの単種植えでこんもり茂ったハンギングバスケット。育ち方が同じなので手入れがかんたん、初心者にもおすすめの寄せ植え。

58

Point

摘芯
てきしん

茎の先端を摘んで枝数をふやす

茎の先端を摘みとり、わき芽を育てる「摘芯」という作業をすると、枝数がふえ、形もきれいに丸くまとまります。ポイントははじめる時期。株がまだ十分成長していないうちに行うと株が弱ってしまうので、しっかり根づいて新芽が10cmほど伸びたことを確認してからにしましょう。

新芽が8〜10cm伸びたころが適期。

花がら摘み

葉についた花がらもとり除く

インパチェンスは、咲き終わった花は自然に落ちるので花がら摘みをしなくてもよさそうですが、落ちた花がらが腐って病気の原因になることがあるので、こまめにとり除いておく方がよいでしょう。特に、葉に花びらが貼りついていることがあるので、放置しないでとり除くようにします。

咲き終わった花は、落ちる前に手で摘みとる。

落ちた花びらが、水やりや雨が原因で葉に貼りついてしまうことがある。放置すると病気を誘発するのでこまめにとり除く。

切り戻し

長く咲かせるために株をいったん休ませる

草姿が乱れた株は随時切り戻しをすることで、新しい茎葉を伸ばして形が整います。また、夏の花後に半分ほどに切り戻すと株は元気をとり戻し、再び秋に花を多くつけるようにもなります。

\ Advice /

ハサミは消毒などをした清潔なものを使うと、病気が感染するのを予防できます。

サンパチェンス®の切り戻し

切り戻し前
7月半ばから8月10日までが夏の切り戻しの適期。

©サカタのタネ

枝の半分くらいを目安にハサミを入れる。わき芽の出ている節の上を切るとボリュームアップする。

©サカタのタネ

切り戻し後
切り口から病原菌が入って腐ることがあるので、できるだけ雨や水に当てない。液肥を月2〜3回追肥し、夏は半日陰で管理し、株の回復を待つ。

©サカタのタネ

病害虫

「風通しのよい日なたで育てる」が原則

乾燥は苦手ですが、過湿になると灰色かび病が発生しやすくなるので、水はけと風通しをよくして予防します。また、日陰でも育つとはいえ、あまりに暗いと徒長ぎみになって育ちが悪くなります。葉がポロポロと落ちて病気も発生しやすくなるので、春と秋はできるだけ日当たりがよい場所で育てましょう。春先のハダニは、ホースやじょうろの水などで勢いよく洗い流し、殺ダニ剤を散布します。

灰色かび病
水はけや風通しが悪いと斑点が発生し、その部分が溶ける。薬剤で対処する。

ふやし方

春のさし芽がかんたん

適期は5〜6月。新芽がついた枝を7〜10cm切り、下葉をとり除いて斜めにカットします。1時間ほど水あげしたら、割り箸などで穴をあけたバーミキュライトにさします。乾燥を避けて日陰に置くと、2〜3週間で発根します。

さし穂の切り口に発根剤をつけると、根づく率が高くなる。

クレマチス

Clematis

常緑低木
または落葉低木

別　名：テッセン
分　類：キンポウゲ科
原産地：中国、日本、ヨーロッパ
花　色：赤 紅 桃 橙 白 青 紫

月	1	2	3	4	5	6	7	8	9	10	11	12
開花期				■	■	■	■	■	■	■	■	
市販苗の植えつけ		■							■	■		
ふやし方		株分け とり木			さし木							

世界各地で愛されている美しいつる性植物

日本原産のカザグルマ、中国から江戸時代に渡来したテッセン、ヨーロッパに渡ってから改良された園芸品種など、クレマチスには多くの品種があります。草丈は3〜4mの高性種から30cmくらいの矮性種まであり、花形は広がって咲くものをはじめ、釣り鐘形、壺形などがあります。咲き方も一季咲きと四季咲きに大別され、開花時期も早咲きから遅咲きまでさまざま。また、性質によって前年の枝に花を咲かせる旧枝咲き、春に伸びた新しい枝に花を咲かせる新枝咲き、前年の枝から新しい枝が伸びて開花する新旧両枝咲きのタイプがあります。タイプによって剪定などの手入れが少し異なるので、必ず入手時にラベル等で確認しておきましょう。

©Motomi Takemoto

パテンス系
もっとも一般に見られる花形。旧枝咲きで一季咲き

モンタナ系
十字の花が特徴の多花性。旧枝咲きで一季咲き

フロリダ系
「テッセン」が有名。新枝咲きで四季咲き

インテグリフォリア系
つる性が多いなかで、珍しい株立ち性の四季咲き

花の育て方

適地
真夏に西日が当たらない、日当たりと風通しのよい場所。夏、葉は十分日に当て、株元は半日陰に。根元に敷きワラなどでマルチングして遮光と地温の上昇を防ぎます。

植えつけ用土
水はけ・水もちのよい弱アルカリ性の土を好むので、花壇は苦土石灰をまいて土を中和し、大きめの穴を掘って腐葉土を多めにすき込んでおきます。

植えつけ
花壇は1mの株間をとり、芽が動き出す3月上旬までに植え穴に根を広げて、1〜2節埋まるくらい深めに植えつけます。鉢植えともに支柱を立て、つるを絡めます（→P.62）。

肥料
成育中は月に2回ほど薄い液肥を与え、10月と3月に固形肥料を株元に施します。鉢植えの元肥は緩効性肥料。

水やり
乾燥を嫌うので土が乾きかけたらたっぷり与えますが、過湿にならないように注意します。

病害虫
立枯病は枯れた部分を切りとり、センチュウの予防には土壌消毒を行います。春先のアブラムシやハダニのほか、ナメクジやカタツムリの食害にも注意が必要（→P.63）。

ふやし方
花が終わった直後に新しい枝を2〜3節切り、バーミキュライトなどにさすと2〜3週間で発根します（さし木）。また、長いつるを少し折り曲げて地中に埋めると、そこから発根します（とり木）。

剪定
夏の花後に枝を切り、形を整えて誘引し直します。品種によって適した方法で行います（→P.63）。

長くきれいに咲かせるコツ

＊夏の西日が当たらない場所で育てる

＊夏の乾燥を避ける水やりとマルチング

＊花後に適切な剪定をする

ラプソディ
四季咲き大輪

ジョン ファクスタブル
四季咲き中輪

ジャックマニー スーパーバ
四季咲き大輪

ダッチェス オブ エジンバラ
一季咲き大輪八重咲き

Veranda

伸縮性のトレリスを利用すればベランダでも自在に誘引でき、大きく育てられます。

©Motomi Takemoto

©Motomi Takemoto

ベランダでは育てやすい小型の品種を選び、支柱やあんどんで仕立てます。

©Motomi Takemoto

©Shingo Suzuki

Garden

クレマチスの多くはつる性。庭のフェンスやトレリス、壁などに絡めてさまざまな仕立て方と多彩な花姿を楽しみます。

©Shingo Suzuki

©Motomi Takemoto

©Seiichi Hatano

Point

植えつけ・植え替え

株元の節が少し埋まるように深植えにする

クレマチスは節から新芽を伸ばし、その芽からも発根する性質をもっています。直根性で根の再生力が弱い分、少し深く植えることで、新たに出た芽からも根が出て根づきやすくなります。

花壇植えはフェンス近くなどに植え、つるが絡まるようにします。ポット苗を鉢植えする場合は、植えつけ後に支柱を立ててつるを仮どめしておき、つるが伸びはじめたら絡めるようにバランスよく誘引します。すでにつるが伸びている鉢苗の場合は、植えつけ時にトレリスや支柱をいっしょに埋め込み、すぐに誘引します。

つるが折れていない

葉がいきいきとしている

葉が白っぽくなっていない

鉢 苗

\ Check! /
葉に斑点や白いしみがなく、枝が折れていないことを確認！

❶鉢の準備
購入時に植わっている鉢よりひと回り大きな鉢に、鉢底ネット、鉢底石をセットし、培養土(元肥入り)を少なめに入れる(→P.24)。

❷鉢苗の準備
ある程度成長している鉢苗は支柱などに茎葉やつるが巻きついているので、ていねいにはずす。

支柱を抜きとる。このとき枝を折らないように注意する。

鉢から株をとり出す。抜けない場合は鉢の上部または側面をたたくとよい。

鉢を傾けてそっととり出す。このときも枝が折れやすいので注意する。

❸株の高さを調節
準備した鉢の中央に根を広げ、少し深めに株を置く。

株元1～2節まで土に埋める

❹土を少し入れる
培養土を根鉢の2/3程度の高さまで入れる(写真は手前に他の草花を寄せ植えている)。

❺トレリスをさして土を足す
株の後方にトレリスを設置。まわりから培養土を足して安定させる。

\ Advice /
つるが短い場合は仮支柱を立てていったん仮どめしておき、つるが十分伸びたらトレリスまで導いて誘引します。

❻つるを誘引する
つるをトレリスに絡めるように誘引。花の多くは上向きに咲くので、開花株の場合は花が見えやすいようにつるを誘引するのもポイント。

麻ひも等でつるを固定する。

寂しい株元をハクリュウなどのグリーンで飾るのも一案。

花がら摘み

咲き終わった花を切りとる

咲き終わった花をそのままにしておくと種をつけるので、株の勢いが弱くなってしまいます。枯れた葉とともにハサミでこまめに切りとりましょう。

「ロウグチ」の花が終わったところ。

花茎のつけ根からハサミで切りとる。

枯れた枝や葉はこまめにとり除き、病気の発生を予防する。

病害虫

春先から発生する害虫と立枯病に注意

立枯病は5〜9月に発生する、つるなどが枯れてしまう病気です。枯れた部分は切りとり、殺菌剤を散布します。春先のアブラムシやハダニは殺虫剤で駆除します。

発生しやすい害虫

アブラムシ
新芽などに群生して吸汁する。

ナメクジ
昼間は物陰に隠れて夜に食害する。湿った場所を好むので、鉢は風通しのよい場所に置き、鉢底を直接地面につけないように置く工夫をする。

ナメクジなどに食害された花。誘殺剤をまいて捕殺する。

剪定(切り戻し)

品種に適した方法で枝やつるを整える

クレマチスはギリシャ語で「蔓」の意。その名の通り、おう盛につるを伸ばすのでシーズンが終わるころにはごちゃごちゃになっています。ていねいにほぐして枝を切り、形を整えて誘引し直します。冬の剪定は枯れたつるや弱い枝だけにします。特に旧枝咲きと新旧両枝咲きは、秋以降むやみに枝を短く切り詰めたりしないことが大切です。

代表的な系統とその特徴

系統	咲き方	開花時期・特徴	株姿	性質	代表品種
パンテス系	一季咲き	春早い時期に咲く	つる性	旧枝咲き	カザグルマ
フロリダ系	四季咲き	遅めの時期から開花	つる性	新枝咲き	テッセン
モンタナ系	一季咲き	早めの時期に咲く。多花性	つる性	旧枝咲き	エリザベス
ラルギノーサ系	四季咲き	遅めの時期から開花。大輪花	つる性	新旧両枝咲き	ザ プレジデント
インテグリフォリア系	四季咲き	遅めの時期から開花。釣り鐘形	株立ち	新枝咲き	花島
冬咲き系*	冬咲き	下向きに咲く白花が多い	つる性	新枝咲き	アンシンエンシス

*近年冬に咲く品種も出現。夏は休眠して秋から成育を開始する

新枝咲き： 冬に地上部が枯れて春に伸びた新しい枝に花を咲かせる。遅めの時期から開花。四季咲き
旧枝咲き： 地上部がそのまま残って前年の枝に花を咲かせる。春早い時期から開花。一季咲き
新旧両枝咲き： 前年の枝の節から新しい枝が伸びて開花する。中間の時期から咲く。四季咲き

夏の剪定は6月ごろに行う。

旧枝咲き
花首の1節下で切り戻す
つるをのばして秋までくり返し咲く花を楽しみながら、来年の枝を育てる

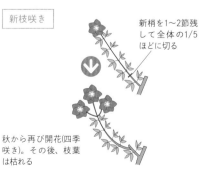
新枝咲き
新梢を1〜2節残して全体の1/5ほどに切る
秋から再び開花(四季咲き)。その後、枝葉は枯れる

サルビア

Sage

1年草・宿根草（しゅっこんそう）

別　名：ヒゴロモソウ
分　類：シソ科
原産地：熱帯　亜熱帯
花　色：赤 桃 橙 白 青 紫 混

月	1	2	3	4	5	6	7	8	9	10	11	12
開花期						▨	▨	▨	▨	▨		
種まき				▨	▨							
市販苗の植えつけ					▨	▨						

鮮やかな花色で夏の花壇を彩る定番花

サルビアという名前はラテン語の「治癒する」（ちゆ）を意味する「サルベオ」に由来したもの。約500種の園芸品種があるといわれ、早咲き、遅咲き、高性種から矮性（わいせい）（小型）種までさまざま。以前は夏の花壇を彩るおなじみの赤花品種「スプレンデンス」が一般的でしたが、最近は涼しげな青色の花をつけるファリナセア（通称「ブルーサルビア」）や、草丈が高めで長い花穂とサーモンなどの花色が印象的なコクシネアなど、寒さに強い宿根性のある品種も人気が高まっています。また、葉に香りがあるものはセージと呼ばれ、薬用ハーブとしても利用されています。

©Kanonn

ファリナセア
「ブルーサルビア」の名でも親しまれ、人気が高い

葉に香りがあるものは宿根性のハーブで「セージ」と呼ばれる

スプレンデンス
赤の代表品種は寒さに弱いので1年草

©Motomi Takemoto

©タキイ種苗

コクシネア
花茎が長く草丈が高め。サーモンなどの花色もある

花の育て方

適地	日当たりと水はけのよい場所。
植えつけ用土	用土を入れた育苗箱かピート板にばらまきにし、薄く覆土します。濡らした新聞紙などで覆い、水切れしないよう管理すると7〜10日で発芽。混み合った部分を間引いて、約3週間後、本葉2〜3枚になったら花壇か鉢に植えつけます。
植えつけ	水はけのよい土に元肥として緩効性肥料を十分に与えて植えつけます。花壇なら30cmほど株間をとり、鉢植えなら5号鉢に1株が目安（→P.65）。
肥料	成育期間中は8月を除き月に1〜2回、1000倍液肥を与えます。花期が長いので肥料切れにならないように注意します。
水やり	乾きすぎると花が落ちてしまうことがあるので、夏の高温期は土が乾く前に早めに与えます。
摘芯	草丈が10cmくらいになったころに、摘芯してわき芽を伸ばすと、開花枝が多くなります。
花がら摘み	先端の花まで咲き終わったら、花穂ごと切りとります（→P.65）。
病害虫	ひどく乾燥するとアブラムシやハダニが発生します。水切れにならないようにして予防し、発生したら薬剤を散布します。
切り戻し	夏に株の1/3ほど切り戻して固形肥料で追肥すると、秋にまた花が咲きます（→P.65）。

長くきれいに咲かせるコツ

＊草丈10cmのころに摘芯する
＊水切れ、肥料切れに注意する
＊夏、1度咲いたあとに1/3ほど切り戻す

Point

植えつけ

根が回っているものは先をほぐしてから植えつける

サルビアの根は成育おう盛なので、ポットの根鉢を抜いたときに根がポットいっぱいに張り（根が回っているという状態）、がっちり固まっていることがあります。このようなときは、根の先を軽くほぐして、長い根は切ってから植えつけた方が、新しい土に根を伸ばしやすくなります。

× ポットの底穴から細い根が長く出ている苗は、根が回っているので避ける。

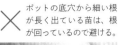

\ Check! /
根詰まりしていないかポットの鉢穴を見て確認！

株元を指で挟むように持ち、他方の指で底穴を押すようにしてとり出す。草丈が高いものは茎を折らないように注意する。

ポットからとり出したら、根鉢が固まり、底に根が巻いている状態。

根鉢の底からハサミで十文字に切り込みを入れる。

グルグルと巻いている根の部分をとり除き、先端を少しほぐして新しい根を伸ばしやすくする。

- つぼみがある
- 節と節のあいだが間のびしていない
- 葉がいきいきしている
- 株がグラグラしていない
- 株元の葉が落ちていない
- 病気や害虫がいない
- 根詰まりしていない

花がら摘み

先端の花まで咲き終わったら花穂ごと切りとる

穂状に咲く花は、咲き終わると自然にパラパラと散ります。先端の花まで咲き終わったら花茎のわき芽の上で、手で折りとるかハサミで切りとります。

咲き終わった花が落ちてしまった花穂。

わき芽の上で切りとると、わきから新しい花穂が伸びて再び花が咲く。

切り戻し

1/3ほど切り戻して固形肥料を追肥する

真夏になると草姿が乱れ、株も弱ってくるので、1/3ほど切り戻して花を休ませ、混み合う部分は少し茎をすいて風通しをよくします。固形肥料を追肥しておくと、秋からまた次々と開花します。

花が咲き終わった株。株元が混んで風通しが悪く、下葉が一部枯れている状態。

花穂を切りとり、混み合う部分をすいて、全体を1/3ほど切り戻す。

初夏から秋まで
くっきりとした紫色の花で統一した寄せ植え。草丈のあるブルーサルビアと、低いバーベナ、ペチュニア、斑入りのアイビーの高低が粋で、趣きのあるコンテナに仕上がっています。

長く楽しむ 寄せ植え

初夏から秋まで
濃淡のピンクの花を、中心が高くなるようにシンメトリー（左右対称）に植えつけています。サーモンピンクのコクシネアの長い花穂で動きをもたせるのがポイント。手前のランタナの色の変化も楽しみ！

ベゴニア・センパフローレンス

Wax Begonia

1年草・宿根草(しゅっこんそう)

別　名：四季咲きベゴニア
分　類：シュウカイドウ科
原産地：ブラジル
花　色：赤 桃 白

月	1	2	3	4	5	6	7	8	9	10	11	12
開花期					■	■	■	■	■	■	■	
種まき			■	■	■	■						
市販苗の植えつけ				■	■	■	■					
ふやし方					さし芽							

四季を通じて楽しめる丈夫でかわいい花

ブラジル原産のベゴニアをもとにしてつくられた園芸品種の総称で、初夏から秋まで咲き続けるのが特徴。寒さには比較的強く、強い霜に当てなければ2〜3℃まで耐え、暖かい暖地や室内で上手に冬を越せば宿根草として楽しむことができます。20℃前後あれば四季を通じて花をつけるところから「四季咲きベゴニア」とも呼ばれています。丈夫で育てやすく、草丈が低くて扱いやすいので、鉢でも花壇でもアレンジがしやすいかわいい花です。花を楽しむだけでなく、明るいグリーンや銅葉、斑入り葉のものなど、葉をいかした組み合わせも楽しめます。

アンバサダー シリーズ
花茎が長く草丈が高め。サーモンなどの花色もある

©サカタのタネ

エンペラー
比較的早い開花と大きな花が魅力

©サカタのタネ

セネタ
成育おう盛で花つきのよさが特徴

©サカタのタネ

花の育て方

適地 日当たりのよい場所を好みますが、半日陰でも十分育ちます。夏は強い日ざしで葉焼けが起きやすいので涼しい半日陰で管理。冬は日当たりのよい窓辺などに置けば花を咲かせます。

種まき 種は微細なのでピート板などにまいて覆土はせず、ぬれた新聞紙などで覆い、底面吸水で乾燥を防いで管理します。本葉が2〜3枚開いたら3号ポットか平鉢などに移植して育て、葉が混み合ってきたら植えつけます。

植えつけ 4〜5号鉢に1株、花壇は15cmの株間をとります。

肥料 元肥として緩効性肥料を与え、開花中はリンサン、カリ分の多い1000倍液肥を月2〜3回与えます。花期が長いので肥料切れに注意。

水やり 土の表面が乾いたらたっぷり水を与えます。乾燥ぎみに管理しますが、夏は鉢の水切れに注意します。

摘芯 新芽が10cmくらい伸びたころ、摘芯してこんもりした形に整えます。

花がら摘み こまめにとり除くと花つきがよくなります（→P.67）。

病害虫 チッソ肥料が多いとうどん粉病が発生しやすくなります。土が常に湿っていると立枯病の原因になるので注意します（→P.67）。

切り戻し 伸びすぎたら、株の形を整えるようにときどき切り戻しをします。花壇植えの株を霜が降りる前に鉢に植え替えて室内にとり込む場合は、思い切って1/3程度まで切り戻します。

ふやし方 さし芽は茎を6〜7cm切り、下葉をとって30分ほど水あげし、赤玉土とバーミキュライト同量のさし芽用土にさします。発根してしっかりしてきたら3号ポットに移植し、1000倍液肥を与えて育苗します。

長くきれいに咲かせるコツ

＊新芽が伸びたら茎先を摘芯する

＊花がらをこまめに摘み、ときどき切り戻して株の形を整える

＊冬場は暖かい窓辺等で管理する

Point

花がら摘み

こまめに摘んでこんもり育てる

花がらを一花ずつこまめにとり除くと花つきがよくなります。花茎が伸びている場合は、全体の形を整える切り戻しをかねて、2〜3節まとめてカットしてもよいでしょう。

必ず新しい芽の上で切る。

病害虫

被害部分を取り除き、早めに薬剤で対処

葉や茎に粉をまぶしたようにかびが広がるうどん粉病が発生することがあります。ふだんから風通しをよくし、チッソ肥料を控えるなどで予防しますが、発生した場合はすぐに被害部分をとり除き、殺菌剤を散布します。全体に広がった場合は、株ごと抜いて処分します。オンシツホコリダニは、殺ダニ剤で駆除しましょう。

うどん粉病

長く楽しむ寄せ植え

初夏から秋まで
3色のベゴニア・センパフローレンスでハンギングバスケット全体を覆ったアレンジ。ボリュームたっぷり、存在感抜群の寄せ植えは単種植えなので手入れがラク。

春から晩秋まで
淡いピンクと白のセンパフローレンスに2種のグリーンを組み合わせた寄せ植えは、長い花期と半日陰でも十分育つのが魅力。

ベゴニアの種類

ベゴニアはシュウカイドウ科ベゴニア属の植物で、2000種の原種とその数倍の交配種があるとされる、非常に変化に富んだ花です。分け方には諸説ありますが、姿や性質から以下の8つに分類され、流通しています。

木立性ベゴニア

球根ベゴニア
フォーチュン スカーレット
©サカタのタネ

レックスベゴニア

冬咲きベゴニア
ラブミー

エラチオールベゴニア

- **木立性ベゴニア**
  茎が直立し、地下に塊茎や球根をつくらない品種群。花は小さく多花性で房状に咲く

- **根茎性ベゴニア**
  地面に接した部分から根を伸ばす「根茎」という茎をもつ。原種は熱帯、亜熱帯の日当たりの悪い森林に自生する

- **球根性ベゴニア**
  地中に「塊茎(球根)」をつくるタイプ

- **球根ベゴニア**
  球根性から生まれた品種。豪華で大きな花を咲かせる

- **レックスベゴニア**
  根茎性ベゴニアの1種で、葉に美しい模様と色をもつ交雑種

- **センパフローレンス**
  ブラジル原産の野生種「センパフローレンス」をもとに、いろいろな交配によって作出された園芸品種の総称

- **冬咲きベゴニア**
  冬に咲くベゴニア。球根性ベゴニアの交配でつくられ、「クリスマスベゴニア」とも呼ばれる

- **エラチオールベゴニア**
  「リーガースベゴニア」とも呼ばれ、鉢花としてほぼ1年中開花を楽しめる

ダリア

Dahlia

春植え球根

別　名：テンジクボタン
分　類：キク科
原産地：メキシコの山岳地帯
花　色：赤 桃 橙 黄 白 混

月	1	2	3	4	5	6	7	8	9	10	11	12
開花期						■	■	■	■	■		
球根の植えつけ			■	■	■							
市販苗の植えつけ			分球	種まき								

多彩な花形と花色で初夏から初秋を彩る球根花

初夏から咲きはじめて猛暑に耐え、涼しくなるころに再び咲きはじめるダリアは、弾むような生命力を秘めた魅力的な花。ヨーロッパでは特に人気が高く、多種類の花でボーダーをつくるイングリッシュガーデンでもおなじみの花です。日本には江戸時代末期に「天竺牡丹」の名でオランダから渡来してから今日まで、夏を彩る花の定番となっています。ダリアは古くから品種改良が重ねられ、花色や花形、花の大きさ、草丈などが多種多彩。近年は種から育てた草丈の低い開花苗も人気です。

©F.D.Richards

花の咲き方いろいろ

ポンポン咲き
小輪八重咲き。花全体が、先が丸い筒状の花びらで覆われる

コスモス咲き
平たい花びらの一重咲き。基本の花びらは8枚

カクタス咲き
筒状の花びらが細くとがる八重咲き

デコラティブ咲き
平たい花びらが花の中心に向かって整然と並ぶ八重咲き

ガーデンダリア、ミニダリアと呼ばれる矮性種

花の育て方

適地　日当たり、水はけのよい場所を選びます。夏の高温多湿に弱いので涼しく管理します。

植えつけ　鉢なら5号鉢に1球、花壇なら8cmの深さで50cm間隔、が目安。3月下旬から5月上旬が適期。花壇は深さ、直径ともに30cmほどの植え穴を掘り、株間は広くとりましょう。鉢植えは草丈があまり大きくならない品種を選びましょう（→P.69）。

肥料　元肥を十分に与え、月1〜2回液肥か、1〜2か月に1回、化成肥料を株元に置いて追肥します。

水やり　乾燥させないようにしますが、過湿にすると球根や茎が腐るので注意します。

芽かき　発芽して数本の芽が出てきたときは、強い芽を1本だけ残し、ほかの芽はかきとります。

摘芯・切り戻し　大きい花を咲かせるためには、先端と地際（葉のつけ根）を3〜4節残してすべての芽を摘みとります。先端の花が咲き終わったら切り戻し、下に残した芽を伸ばして秋に花を咲かせます。多くの花を楽しみたい場合や小輪種の場合は、草丈が15cmぐらいで地際の芽を2〜3節残して先端の芽を摘みとり、花後にさらに切り戻します。

病害虫　うどん粉病やウイルス性の病気にかかりやすいので注意が必要です。病気を媒介する害虫を寄せつけないことも大切なので、薬剤散布で予防を心がけます（→P.69）。

掘り上げ・分球　霜が降りる前に掘り上げた球根は水洗いして、乾燥しすぎないようにピートモスなどに詰めて保存します。春に、ひと芽ずつつけて切断分球して植えつけます。

長くきれいに咲かせるコツ

＊大、中輪種は仕立てたいようにわき芽を摘みとる

＊小輪種は15cmで摘芯してわき芽を伸ばす

＊支柱を立てて茎を沿わせる

Point

植えつけ

芽が上になるように横向きに植える

3月下旬から5月上旬が適期。花壇はよく耕して深さ、直径ともに30cmほどの植え穴を掘って底に堆肥などの有機質肥料を入れ、20cmほど土を戻してよく混ぜ込み、さらに5cm土を戻します。球根は芽を上向きに置いて植えつけ、すぐわきに支柱を立てます。鉢植えの場合は、最低でも5〜6号鉢に1球(分球している1本)、大型種は8号以上に1球が目安。緩効性肥料を施し、芽が鉢の中央に位置するように、芽を上にして置いて植えつけます。大輪種はすぐそばに転倒防止の支柱を立てます。

\ Check! /

首がしっかりしていて、必ず芽がついているかを確認!

品種によって20〜30の植え穴を掘る。株間は大輪種60cm、中輪種50cm、小輪種40cmが目安。

植え穴の底にスコップ1杯分の堆肥や鶏ふんなどの有機質肥料を入れ、戻した土とよく混ぜ、その上に無肥料の土をのせ、球根に直接肥料が触れないようにする。

植えつけ後10〜20日で発芽。

芽が伸びてきたら支柱を立てる。

種から育てるダリアもある!

一般的なダリアは草丈がかなり高いので、どちらかといえば花壇向きですが、同じ品種を種から育てれば草丈50cmで開花します。特に矮性の品種を選べば、20〜30cmで大輪の花がラクに楽しめるものもあります。発芽適温は20℃なので、暖かくなった4〜5月が種まきの適期。平鉢などに種をばらまき、発芽して本葉が2〜3枚でポットに移植して育て、7〜8枚で5〜6号鉢に植えつけます。

植えつけ後1週間から10日で発芽。

ダリアの種

病害虫

ウイルス性の病気や害虫に注意

ダリアはうどん粉病やウイルス性の病気、害虫に弱いのが難点。元気に育っている株でも、花を切った茎をそのまま放置しておくと、切り口から水が入り、すぐに腐ってしまいます。また、アブラムシなどの害虫が病気を媒介することがあるので、害虫を寄せつけないことも大切。薬剤散布で早めに防除しましょう。

モザイク病
葉に濃淡が出てモザイク模様になる。発病した株は抜きとって処分する。

うどん粉病
葉や茎に白い粉をまぶしたようにかびが発生する。被害箇所をとり除き、風通しをよくして水洗いする。

多彩な花姿が
美しいダリア

富雅

群金魚

ダリノバ

©タキイ種苗　©タキイ種苗

センニチコウ

Globe Amaranth

1年草

別　名：センニチソウ
分　類：ヒユ科
原産地：熱帯各地
花　色：赤 桃 橙 白 紫

月	1	2	3	4	5	6	7	8	9	10	11	12
開花期						■	■	■	■	■	■	
種まき				■	■							
市販苗の植えつけ				■	■	■						

花もちがよく、色もあせない丈夫な花

真夏の暑さにも負けない丈夫な花。千日紅の名の由来は、花を乾燥させても千日間もの長い間、紅色が色あせないことから。日本には江戸時代の前期に渡来し、当時からドライフラワーとしても親しまれてきました。花に見えるカサカサした部分は苞で、中から小さな花をのぞかせて下から上へ咲き進んでいきます。とても乾燥しやすい性質をもっています。ドライフラワーに利用するときは、咲きはじめを茎ごと切りとり、葉を落として乾燥させます。

©サカタのタネ

パープル

ちなつ

小輪の花がマウンド状に咲き誇る、新しいタイプのセンニチコウ。乾燥にも強く、高温下でも花色がきれい。這うように広がるユニークな草姿で、花壇でも鉢植えでも楽しめます。

長くきれいに咲かせるコツ

＊植えつけ後1か月はあまり土を乾かさない
＊追肥する場合はチッソ分が少なめの肥料を施す
＊風通しよく管理する

花の育て方

適地　日当たり、水はけがよければ、土質は特に選びません。

種まき　適期は4〜5月。綿毛に包まれた種は湿った土と混ぜてもみほぐし、なじませてから箱まきにします。発芽したら本葉4〜6枚のころ、根を切らないように植えつけます。

植えつけ　5号鉢に1株、プランターには3株、花壇には20〜30cmの株間をとって植えつけます。ポット苗は春先から売り出されますが、寒さに弱いので5月になってから植えつけた方が安心。

肥料　元肥として緩効性の化成肥料を少量与えれば、その後は特に追肥は必要ありません。

水やり　植えつけ直後はあまり土を乾かさないようにしますが、その後は土が完全に乾いてから与え、乾燥ぎみに管理します。

切り戻し　7月ごろに茎を短く切って風通しをよくすると、秋の花つきがよくなります。

花がら摘み　咲き終わった苞から次第に色あせてくるので、早めに花茎の部分から切りとります。

Point

植えつけ
5月になってから植えつけた方が育てやすい

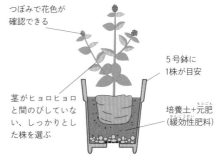

つぼみで花色が確認できる

茎がヒョロヒョロと間のびしていない、しっかりとした株を選ぶ

5号鉢に1株が目安

培養土＋元肥（緩効性肥料）

花がら摘み
色あせて変色してきたら種をつけてしまうので、早めに切りとる

わき芽を残して、花茎を切る

わき芽をふやす

ドライフラワー
満開になる前に切りとって葉を除き、風通しのよい場所で陰干しする

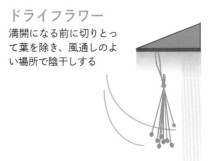

種の採取
採取用に花の大きな2〜3茎を残しておき、花茎から切りとって日陰でよく乾燥させる

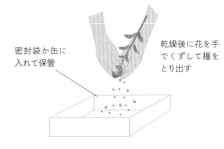

密封袋か缶に入れて保管

乾燥後に花を手でくずして種をとり出す

ポーチュラカ

Portulaca

<ruby>宿根草<rt>しゅっこんそう</rt></ruby>

別　名：ハナスベリヒユ
分　類：スベリヒユ科
原産地：インド
花　色：赤 桃 橙 黄 白

月	1	2	3	4	5	6	7	8	9	10	11	12
開花期												
種まき												
市販苗の植えつけ												
ふやし方					さし芽							

日光が大好き、乾燥にも耐える育てやすい花

太陽の光が大好きで、乾燥にも強いポーチュラカはマツバボタンの園芸品種。江戸時代から親しまれてきたマツバボタンに変わって、近年ではこの花が人気となっています。花は朝開いて午後にはしぼむ一日花で、曇りや雨の日も閉じてしまう性質です。花は一重と八重咲きがあり、一般には開花苗を購入して育てます。種はほとんどできないため、さし芽でふやします。

©田中十洋

サンちゅらか® キャンディーブーケ®
一般に、ポーチュラカは朝開いて午後にはしぼむ性質ですが、この品種は花が午後まで長く咲き続けるのが特徴。花数が多く、株を覆い尽くすほどおう盛に育ちます。

©サカタのタネ

花の育て方

適地　日当たりのよい場所。冬は室内の明るい場所に置き、最低温度5℃以上で管理します。寒冷地で庭植えの場合は、10月下旬に掘り上げて鉢に移して管理すると安心。

植えつけ　肥料分に富んだ水はけのよい土に、花壇なら株間を10〜15cmとり、鉢植えは5号鉢に1株が目安。花壇なら植えつけ後は水やり不要。

肥料　元肥として緩効性肥料を与えたら、追肥は鉢植えのみ。開花期間中に液肥を月1回与えると、晩秋までよく花を咲かせます。

切り戻し　伸びすぎた茎は随時半分くらいに切って整えれば、わき芽を出して若い茎がふえ、花つきがよくなります。花後は1／4程度まで大きく切り戻します。切った茎はさし穂として利用できます。

病害虫　アブラムシがつきやすいので、薬剤で防除します。

ふやし方　充実した枝先を6〜8cm切りとって下葉をとり、清潔な用土にさして<ruby>半日陰<rt>はんひかげ</rt></ruby>で管理。

Point

植えつけ
乾燥に強いのでハンギングバスケット向き

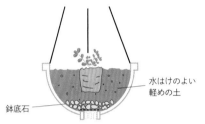

水はけのよい軽めの土

鉢底石

花がら摘み
そのままにしておくと灰色かび病などの原因になるので、早めに摘む

<ruby>追肥<rt>つい ひ</rt></ruby>
月1回、化成肥料を少量与える

茎を折らないように手で押さえながら株元に施す

切り戻し
1〜2か月に1回、半分ほど切り戻す

茎の先端に花を咲かせながら伸びるので、切り戻すとわき芽がふえて花つきがよくなる

長くきれいに咲かせるコツ

＊ 日当たりがよい植え場所、置き場所を選ぶ

＊ 花がらはこまめに摘みとる

＊ 1〜2か月に1回は切り戻す

マリーゴールド

Marigold

1年草

別　名：クジャクソウ、センジュギク、マンジュギク
分　類：キク科
原産地：メキシコ
花　色：赤 橙 黄 混

月	1	2	3	4	5	6	7	8	9	10	11	12
開花期						■	■	■	■	■	■	
種まき			■	■	■							
市販苗の植えつけ				■	■	■						
ふやし方					さし芽				■	■		

色鮮やかで明るい花は強健な性質

草丈が低く枝分かれの多いフレンチ種と、高性で大輪のアフリカン種がおもに栽培され、両種の交配種もあります。メキシカン種は細い葉がマット状にこんもり茂り、たくさんの花を咲かせます。どの品種も丈夫で育てやすいので、初夏から秋の花壇の定番花ともいえるポピュラーな花です。マリーゴールドには全草に独特のにおいがあり、ネコブセンチュウなどの害虫の防除に役立つものがあります。また、他の植物とお互いの成長を助け合うコンパニオンプランツとして、注目されています。

フレンチ種
別名
孔雀草（くじゃくそう）
草丈が低く、花も小さめで鉢植え向き

メキシカン種
花は小さく多花性で細い葉がマット状にこんもり茂る

アフリカン種
別名
万寿菊（まんじゅぎく）　千寿菊（せんじゅぎく）
成育おう盛でボリュームある花姿が特徴

花の育て方

適地	日当たりのよい場所。盛夏の高温はできるだけ避けます。
種まき	4～5月、育苗箱に種をばらまき、薄く土をかけてたっぷりの水を与えます。丈夫な苗を残して間引き、本葉2～3枚のころに根を傷めないようにポットなどに移植。草丈10cmになったら、根鉢をくずさずに植えつけます。
植えつけ	花壇なら株間を20～30cmとり、鉢なら5号鉢に1～2株を目安に植えつけます。
肥料	元肥として緩効性肥料を与え、その後は月に1～2回、1000倍液肥を追肥します。
水やり	夏に水切れが続くと下葉が枯れてハダニが発生しやすくなるので注意が必要。
摘芯	本葉7～8枚のころ摘芯すると、分岐の形がよくなって花数がふえます。
病害虫	比較的発生しにくいのですが、新芽につくアブラムシには殺虫剤を、乾燥するとつくハダニは葉水で予防します。
切り戻し	8月中～下旬に20cmくらいで切り戻すと新芽が出て、秋にまた花が楽しめます。

長くきれいに咲かせるコツ

＊早めに摘芯して枝数をふやす
＊盛夏は風通しよく涼しく管理する
＊夏の花後に大きく切り戻す

Point

種まき
育苗箱にばらまき、薄く覆土（ふくど）する

赤玉土小粒（あかだまつち）とバーミキュライト同量の種まき用土

植えつけ
茎を折らないように注意しながら、根鉢（ねばち）をくずさずに植えつける

\ Check! /
葉の色がかすれていないか、株元の葉が落ちていないか、白い線が入っていないかをチェック！

水はけのよい土
株間を十分とる

花がら摘み
花びらにハリがなく、しおれてきたらつけ根から切りとる

咲き終わっても花びらが散らず、株に残る。このまま放置すると病原菌が繁殖して病気になりやすい。

花茎の元から切りとる。

枯れた葉や茎もこまめにとり除く。

アメリカンブルー

American Blue
しゅっこんそう
宿根草

別　名：エボルブルス
分　類：ヒルガオ科
原産地：中南米
花　色：青

月	1	2	3	4	5	6	7	8	9	10	11	12
開花期						■	■	■	■	■		
市販苗の植えつけ				■	■							
ふやし方									さし芽			

青い小花と
銀色がかった葉が涼し気

草丈20cm前後で横に這うように茎を伸ばし、アサガオを小さくしたような青い小花を先端に次々と咲かせます。暑さと乾燥に強い性質をもち、盛夏の酷暑にも負けずに初夏から秋まで咲き続け、15℃以上あれば冬でも開花します。さし芽でかんたんにふやせます。

半つる性なのでハンギングバスケットや花壇の縁どりに最適。

長くきれいに
咲かせるコツ

＊成育期に1度摘芯する
＊花がらはこまめに摘みとる
＊花後は切り戻す

花の育て方

適地	光を好むので、日当たりのよい場所。11月ごろからは暖かい室内の窓辺などで管理すれば、冬でも花を咲かせます。
植えつけ	葉の色がよく、つぼみが多くついた苗を選び、水はけのよい土に植えつけます。
肥料	元肥として緩効性肥料を与え、開花中は月に2〜3回、1000倍液肥を追肥します。
水やり	成育中は土の表面が乾いたらたっぷり与えますが、冬は控えめにして乾燥ぎみに管理します。
摘芯	放置しておくと草姿がくずれてくるので、成育期に1度摘芯して株を整えます。
切り戻し	花後は切り戻してこんもりした草姿を保ちます。芽吹きもよく、どこからでも刈り込めますが、花つきをよくするにはある程度枝を伸ばす必要があるので、刈り込みすぎに注意。
ふやし方	秋に若い芽をさし穂にして水はけのよい用土にさすと、気温が高ければかんたんに発根します。

キバナコスモス

Orange Cosmos
1年草

別　名：キバナアキザクラ
分　類：キク科
原産地：メキシコ
花　色：赤 橙 黄

月	1	2	3	4	5	6	7	8	9	10	11	12
開花期						■	■	■	■	■	■	
種まき				■	■	■						
市販苗の植えつけ					■	■	■					

やせ地でもよく育つ
丈夫な草花

コスモスの仲間ですが、草丈は比較的低く、高性種でも1m、矮性種なら40cmくらいで花が咲きます。多花性で、野趣の強い半八重咲きが多く、先端に次々と花を咲かせます。おもな花色は鮮やかな黄色から橙色で、1966年に日本で作出された朱赤色の「サンセット」は世界的にも有名な品種になりました。

ディアボロ
目の覚めるような
赤花
©タキイ種苗

長くきれいに
咲かせるコツ

＊日当たりと水はけをよくする
＊草丈が50cmを越えたら支柱を立てる
＊花がらは早めに摘みとる

花の育て方

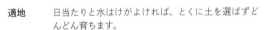

適地	日当たりと水はけがよければ、とくに土を選ばずどんどん育ちます。
種まき	発芽適温が高いため管理しやすいポットまきがおすすめ。3号ポットに3〜4粒点まきして、種が隠れる程度に薄く覆土します。
植えつけ	茎葉がよく茂るので株間をとって植えつけます。花壇なら株間を高性種は30cm、他は15〜20cm、鉢植えなら5号鉢に1株が目安。
肥料	元肥として緩効性肥料を少量与え、成育中は月に1〜2回、1000倍液肥を追肥します。やせ地でも育つ丈夫な草花なので、過肥にしないように注意します。
水やり	成育中は土の表面が乾いたらたっぷり与えます。水不足から下葉が枯れるので注意。
支柱立て	高性種は、草丈が50cm以上に伸びたら支柱を立てて安定させます。
花がら摘み	早めに花がらを摘むと、小柄で花が多い株に育ちます。
病害虫	春先のアブラムシと高温乾燥期のハダニは早めの薬剤散布で防除します。

ケイトウ
Cockscomb

1年草

別　名：セロシア、カラアイ
分　類：ヒユ科
原産地：熱帯アジア
花　色：赤 桃 橙 黄 紫

月	1	2	3	4	5	6	7	8	9	10	11	12
開花期							■	■	■	■	■	
種まき					■	■						
市販苗の植えつけ					■	■						

多彩な花姿と質感で晩秋まで花壇を彩る

日本の高温多湿の夏によく対応し、初夏から秋まで長期間花が咲き続けます。ベルベッドや毛糸のような質感で、花のように見える部分は茎が変形肥大したもので、実際の花は小さく目立ちません。花穂、花冠などの形によってトサカケイトウ、ヤリゲイトウ、羽毛ケイトウ、久留米ケイトウなどさまざまな種類があり、色も豊富です。

長くきれいに咲かせるコツ

* 立枯病予防のため清潔な用土を使用する
* 移植を嫌うので幼苗のうちに植えつける
* 夏の高温時はたっぷり水やりする

トサカケイトウ

©タキイ種苗
久留米ケイトウ
久留米有明（くるめありあけ）

©サカタのタネ
羽毛ケイトウ
きもの

花の育て方

適地　日当たりと風通し、水はけのよい場所。

種まき　多熱帯植物なので発芽には20〜25℃を必要とします（その土地の八重桜が終わったころが目安）。根がまっすぐ伸びる直根性で移植を嫌うので、管理しやすい3号ポットに5〜6粒点まきし、発芽したらよい苗を残して間引きます。気温が高くなる初夏なら直まきしても大丈夫。

植えつけ　種から育てた苗は幼いうちに植えつけます。花壇は30cm株間をとり、鉢植えは6号鉢に3株を目安にします。

肥料　花壇は完熟堆肥や腐葉土を多めに混ぜ込んで耕しておきます。鉢は元肥に緩効性肥料を与えれば、特に成育が悪くなければ追肥は必要ありません。

病害虫　立枯病を予防するために清潔な用土を使うようにします。ネコブセンチュウを防ぐには近くにマリーゴールド（→P.72）を植えると効果があります。アブラムシなどの害虫が発生したら殺虫剤をまいて駆除します。

ジニア
Zinnia

1年草

別　名：ヒャクニチソウ
分　類：キク科
原産地：メキシコ
花　色：赤 紅 桃 橙 黄 白 紫

月	1	2	3	4	5	6	7	8	9	10	11	12
開花期					■	■	■	■	■	■	■	
種まき				■	■	■	■					
市販苗の植えつけ				■	■	■	■					

ビビッドな花色と豊富な花形、長い花期が自慢！

ジニアは別名「百日草（ひゃくにちそう）」の名の通り、花期が長くとても丈夫。世界中で広く親しまれ、everybody's flower(万人の花)という愛称もつけられています。小さい一重咲きの花から花径15cmにおよぶ巨大輪種、ポンポン咲き、八重咲きなどさまざまな表情をもつ新品種も登場しています。ジニア・リネアリス(別名／ホソバヒャクニチソウ)もその仲間で、小さな一重の白、黄、橙花が濃く細い緑の葉に映えて、最近人気の高い花です。

長くきれいに咲かせるコツ

* 日当たりのよい戸外で育てる
* 花がらはこまめに摘む
* 咲き終わった茎は切り戻す

ジニア・リネアリス
開花期は秋。這うように広がるので、花壇の縁どりやハンギングなどに向く

花の育て方

適地　日当たりのよい場所。梅雨時は雨が避けられる軒下などに置きます。

種まき　発芽適温は高く20〜25℃。春から夏まで順次行えます。箱に3cm間隔のすじまきか、ポットに2〜3粒点まきし、間引いて1本にして育てます。5月以降なら直まきでも大丈夫です。

植えつけ　株間は高性種30cm、矮性種20〜25cm、5号鉢は1株を目安に。土が過湿になると株が弱るので水はけのよい土に植えます。

肥料　元肥として緩効性肥料を与え、開花中は月に2回、1000倍液肥で追肥します。

支柱立て　高性種にはしっかりとした支柱を立てます。

摘芯　太くしっかりとした株にするために、苗を植えたらすぐに摘芯してわき芽を出させ、花がついたら再び摘みとることをくり返し、あまり丈が高くならないように育てます。

花がら摘み　花期が長いので、どの品種もこまめに花がらを摘むことが大切。花の下の茎をつけ根から1〜2節残して切り戻すと、残した節から新しいわき芽が出て、再び開花します。

宿根アスター
しゅっこん

Frost Aster

しゅっこんそう
宿根草

別　名：シオン、クジャクソウ、ユウゼンギク
分　類：キク科
原産地：北アメリカ
花　色： 赤 桃 白 紫

月	1	2	3	4	5	6	7	8	9	10	11	12
開花期									▓	▓	▓	
種まき										▓	▓	
市販苗の植えつけ				▓	▓					▓		
ふやし方				株分け	さし芽							

小ぶりな花でも 存在感たっぷり、秋の風情

1年草のアスターとは別属の宿根性で、ヨメナやシオンと同属。もともと野生種のものもあり、概して寒さに強く、病気になりにくい性質です。どの品種も花径2〜3cmの小花を多く咲かせます。一重咲きや八重咲きがあり、大きい花房は色だけでなく濃淡の変化も楽しめます。初心者は苗を購入して育てるのがかんたんです。

長くきれいに 咲かせるコツ

＊茎が高くなったら支柱を立てる
＊蒸れないように混んだ部分を間引く
＊冬は株元の乾燥防止にマルチングする

シオン

クジャクアスター

クジャクアスター八重咲き種
アスティ

花の育て方

適地	日当たりのよい場所を好みますが、花壇は半日陰でも十分育ちます。
種まき	種が小さいので種が重ならないように箱まきにし、ごく薄く覆土します。本葉2〜3枚のころに移植し、育苗します。
植えつけ	春か秋に、緩効性の元肥を与えて株間をとって植えつけ、根づくまではたっぷり水を与えます。草丈の高くなる品種には支柱を立てて倒れないようにケアします。
肥料	鉢植えのみ月に1回、液肥で追肥します。花壇は2年目から、春に芽が出揃ったころ緩効性肥料を与えます。
水やり	過湿にすると根腐れになり、夏に乾くと葉に褐色の斑点が出るため、水やり加減に気をつけます。
切り戻し	成育おう盛で背丈が伸びて倒れやすくなるので、初夏に20cmくらいに切り揃えます。
ふやし方	2〜3年に1回は株分けして植え替えます。

ランタナ

Lantana

常緑低木

別　名：シチヘンゲ
分　類：クマツヅラ科
原産地：亜熱帯アメリカ
花　色： 赤 桃 橙 黄 白

月	1	2	3	4	5	6	7	8	9	10	11	12
開花期					▓	▓	▓	▓	▓	▓		
市販苗の植えつけ				▓	▓							
ふやし方					さし木					▓		

花色が黄色から赤へ 七変化していく魅力
しちへんげ

茎の先端にアジサイを小さくしたような花を咲かせながら成長していきます。花は咲きはじめから黄色、ピンク、赤と変化していき、それがひとつの花房の中で次々と変化していくため、「七変化」の和名があります。本来は熱帯性の花木なので、暖地以外は鉢植えで育てた方が管理はラクです。

長くきれいに 咲かせるコツ

＊暖地以外は鉢植えで育てる
＊開花中、肥料切れに注意
＊咲き終わった枝は2節残して切りとる

©Hyougushi

コバノランタナは寒さに強く、育てやすい小型種。半つる性なので鉢植えやハンギングバスケットの寄せ植えにも向く。

葉や茎がよく伸びて垂れるので釣り鉢も楽しめる。葉と茎が締まり、花やつぼみの多い開花鉢を選ぶ。

花の育て方

適地	夏の直射日光を好みます。暖地では戸外で冬越しできますが、関東以北は短く刈り込んで室内にとり込む方が安心。
植えつけ	元肥に緩効性肥料を与え、水はけのよい土に20〜30cmの株間をとって植えつけます。5号鉢なら1株が目安。
肥料	元肥に緩効性肥料を与え、開花中は10日に1回ほど薄めの液肥か、2か月に1回固形肥料を施します。
水やり	鉢土が乾いてからたっぷり与えます。夏の間も花を咲かせるので水切れに注意。
花がら摘み	花は咲き終わるとパラパラと散り、その後に果実をつけるので、早めに花茎の分かれ目から2節残したところをハサミで切りとります。
病害虫	オンシツコナジラミとカイガラムシに注意が必要です。
切り戻し	草丈を低く保ちたい場合は晩秋に全体を1/2に切り戻します。
ふやし方	今年伸びた枝先を10cm切ってさします。

75

秋から春まで 長く楽しめる花

秋から咲きはじめ、
厳しい冬の寒さを越えて春まで咲き続ける、
かわいらしさの中にしたたかな強さを秘めた花々

Index

パンジー／ビオラ

Pansy/Viola

1年草

別　名：サンシキスミレ
分　類：スミレ科
原産地：北ヨーロッパ
花　色：㊪㊙㊙㊙⚪㊙㊙㊙㊙

月	1	2	3	4	5	6	7	8	9	10	11	12
開花期	▓	▓	▓	▓	▓	▓				▓	▓	▓
種まき									▓			
市販苗の植えつけ										▓	▓	▓

秋から晩春まで楽しめる人気の花

欧州原産の野生のサンシキスミレを他の品種と交配して育成した園芸種。品種改良が重ねられ、年々花色や咲き方が豊富になり、オレンジ系や赤ピンクの花も多くなってきました。そのなかで花の大きいもの、一般に約5cm以上のものをパンジー、それ以下のものをビオラとして一応園芸上の区別がなされていますが、「小輪パンジー」なども作出され、花の大きさでの明確な区別は難しくなっています。
ビオラはパンジーよりも多花性で、野生種に近い分より丈夫で暑さに強いのが特徴ですが、どちらもほぼ同じ方法で育てられます。

パンジー

©Motomi Takemoto

ビオラ

花の育て方

適地　日当たりと風通しのよい場所。寒さに強いので冬もできるだけ戸外で育てますが、霜の心配がある場合は軒下に移動します。

種まき　発芽適温は20℃前後。残暑が完全に去った9月ごろ、ピート板などにばらまき、発芽までは涼しい日陰で1週間ほど管理します。本葉が出はじめるころに移植し、5～6枚になったら植えつけます。

植えつけ　基本は根鉢をくずさずに植えつけますが、根が回りすぎている場合は少し根をほぐしてから植えると、新しい土となじみやすくなります（→P.79）。

肥料　元肥として緩効性肥料を与え、その後は肥料を切らさないようにします。鉢植えは薄めの液肥を週1回程度、花壇は月1回固形肥料を追肥します。

水やり　土の表面が乾いたら与えますが、冬に水不足で枯れることがあるので、鉢植えは早めの水やりを心がけましょう。

花がら摘み　花弁の内側がしおれはじめたときが花がら摘みの目安。こまめに摘みとると花つきがよくなり、灰色かび病などの病気の予防にもなります（→P.79）。

病害虫　春先にアブラムシが発生したら、オルトラン粒剤などで対処します（→P.79）。

切り戻し　春になると苗が徒長しがちなので、冬のあいだに切り戻しておきます（→P.79）。

長くきれいに咲かせるコツ

* 冬もできるだけ戸外で育てる
* 種をつけないよう早めに花がらを摘む
* 冬に切り戻してがっちりした株に育てる

花の咲き方いろいろ

スタンダード
一般的な咲き方

フリル（フリンジ）咲き
花びらの縁がフリルのように波打つ

変わり咲き
1株のなかで花色の出方が1花ごとに変わるなど、色幅、変化のある咲き方

©サカタのタネ

よく咲くスミレ®
花径約4cmの中小輪タイプで、パンジーの華やかさとビオラの強さをあわせもつ品種

Pansy

パンジー

「パシオ®」シリーズ

オルキ ブルーシェード

ナチュレ マルベリー

「虹色スミレ®」シリーズ

「絵になるスミレ®」シリーズ

Viola

ビオラ

「ピエナ®」シリーズ

ペニー オレンジ

ブラックジャック

フローラルパワー ゴールドパープルウイング

フローラルパワースーパー ソフトピンク

オレンジジャンプアップ

Garden

冬の花壇は、寒さに強いハボタンやコニファーなどのグリーンと組み合わせて。

早春のボーダー花壇。アプローチに沿って、草丈の低い草花と組み合わせて植えつけます。

コニファーの緑とユリオプスデージーの銀葉が可憐なビオラを引き立てます。

Point

植えつけ

10月ごろ、深植えしないように

9月に入ると花つきのポット苗が出回りはじめ、かつては早春を彩っていた花が最近では秋から楽しむ花になりました。寒さがくる前の10月ごろに植えつけると、根がしっかり張って株が丈夫に育ち、春の花つきがよくなります（厳寒地では春）。

標準プランター（約65cm）は4〜5株、5号鉢は1株、花壇は株間15〜20cmが目安。苗の根が地面から出たり、葉や茎が土に埋まるほど深く植えたりしないように植えつけます。

根鉢の根がかたまっていないのがよい苗。ポットの穴から根が長くはみ出ているのは避ける。

\ Check! /

葉色がよく、茎がしっかりしているかを確認

徒長せず茎がしっかりとしていて葉色がよく、つぼみがたくさんついている苗を選ぶ。

パンジー

ビオラ

基本は根鉢をくずさないが、白い根が張っている場合は根鉢の底をハサミで少しカットし、外側から根の先端を軽くほぐす。

花壇

根鉢より大きめの植え穴を掘り、根がよく伸びるので15cm以上の株間をとる。

鉢植え

根鉢の株元の高さと土の高さ（鉢縁から約2cm下）が揃うように植える。

花がら摘み

花びらの縁が内側にしおれかけたら摘む

花びらの縁が巻き、内側にしおれはじめたら摘みとりのサイン。種ができないうちに早めに摘み、株の消耗を防ぎます。花茎のつけ根を持って横に倒すと、ポキッと摘みとれますが、乱暴に引っ張ると折れてしまうので、ていねいに摘みとります。春は特に株の成長が早く、一気に花数が多くなりますが、花もちは悪くなるので、こまめに摘みとって長く花を楽しみましょう。

ビオラ

花茎を手で摘みとる。

パンジー

つけ根から折りとる。

こぼれ種ビオラ
開花期が終わったビオラの花がらを摘まずにおくと、こぼれ種が落ちる。株を処分したあと土をそのままにしておくと、翌シーズンに発芽してかわいらしい草姿のビオラが咲くことがある。

切り戻し

春に徒長しないように、冬に1/2に切り戻す

春になると、ヒョロヒョロと茎ばかり伸びて徒長しがちで、株も倒れやすくなります。冬のあいだに混み合う箇所はすくようにし、1/2ほどに切り戻し、がっちりした株に育てておきましょう。

切り戻し後

切り戻しをせずにそのまま育てた株は、春に徒長ぎみになり花つきも悪くなる。

病害虫

春先のアブラムシに注意！

春先になるとアブラムシが発生しやすくなります。特にベランダなど、雨のかからない暖かいところではその被害がひどく、新芽、つぼみ、花びらや風通しの悪くなった葉の裏などについて、株をどんどん弱らせていくので、見つけしだいすぐに筆などで払い落とします。ひどくなると薬剤で対処するのが一般的ですが、むやみに散布すると有益な虫まで殺してしまうことがあるので、でたらめな薬剤使用は控えましょう。日頃から株をよく観察し、混み合う部分は間引くように茎を切りとり、風通しをよくします。

枯れた葉や混み合う部分はこまめに摘みとる。

かかりやすい病気

モザイク病
葉や花にまだら模様、斑が入り縮れて奇形になる。病気を媒介するアブラムシを防除する。

灰色かび病
にじんだような斑点がやがて溶けたように腐り、灰色のかびが発生。風通しをよくして予防する。

うどん粉病
全体に粉をまぶしたようなかびが発生。チッソ過多、日照不足で徒長した株に発生しやすい。

黒斑病
葉の表面に黒い円形の斑点が発生し、落葉する。水はけをよくし、過湿にならないように注意。

Chapter 3　ガーデニングにおすすめの　四季の花　秋から春まで長く楽しめる花

79

プリムラ
Primrose

1年草・宿根草(しゅっこんそう)

くっきりと鮮やかなプリムラは、春の訪れを告げる愛くるしい花。代表的なものはポリアンサ、ジュリアン、マラコイデス、オブコニカで、これらをかけ合わせて品種改良が盛んに行われています。マラコイデスは1年草で、他3つは本来宿根草ですが、どの品種も暑さに弱く夏を越すのが難しいので、栽培上1年草扱いにされることもあります。

プリムラ・オブコニカ　　花　色：赤 桃 橙 白 紫

ボリュームのある花を鉢花で楽しむ

花は大輪で、花茎の先に輪状に咲くのでとても豪華。ヨーロッパで改良された園芸品種で草丈は15〜40cm。開花期に花を見て鉢植えを入手するのが一般的。冬の寒さに弱く、強い直射日光に当てると花色があせてしまうので、室内で育てる鉢花や寄せ植えに向いています。

うつり紫

月	1	2	3	4	5	6	7	8	9	10	11	12
開花期	▨	▨	▨								▨	▨
市販苗の植えつけ	▨	▨										▨
ふやし方									株分け	株分け		

> 長くきれいに
> 咲かせるコツ
> * 葉や花茎が多く、花茎が間のびしていない株を選ぶ
> * 寒さに弱いので冬は室内で管理する
> * 花がらや黄変(おうへん)した葉は早めに摘みとる

花の育て方

適地　開花鉢はそのまま花を楽しみ、6月からは雨が当たらない戸外の涼しい半日陰(はんにちかげ)で夏を越します。日当たりを好みますが、強すぎる光で葉焼けを起こすので注意が必要。

肥料　秋から春に、2か月に1回、化成肥料の置き肥(ごえ)で追肥(ついひ)するか、月に2回ほど液肥を与えます。夏越しの期間は肥料を与えません。

水やり　乾燥に弱いので、鉢土の表面が乾きはじめたら早めに与えます。花に水をかけないように注意します(→P.83)。

花がら摘み　花がらや黄変した葉は灰色かび病発生の原因になるので早めに摘みとり、株まわりは清潔にしておきます(→P.83)。

ふやし方　秋に植え替えと株分けを行います。鉢から抜いた株は古い土を落とし、古い根や傷んだ根を整理し、必ず芽をつけて根を分けます。新しい培養土に緩効性の元肥を与え、5号鉢に1株を植えつけます(→P.83)。

プリムラ・ジュリアン　　花　色：赤 桃 橙 黄 白 紫

コンパクトな株に多彩な花色のかわいい花

ジュリアンはポリアンサと矮性(わいせい)(小型)種のジュリエを交配させて生まれた園芸種。花形はポリアンサとほとんど同じですが、草丈はずっと低く10cm前後。多くの花色をもち、花が重なるようにまとまってつくのも特徴。寒さに強いのですが、暑さには弱いので、栽培上は1年草扱い。

ジュリアーノ
©タキイ種苗

月	1	2	3	4	5	6	7	8	9	10	11	12
開花期	▨	▨	▨	▨							▨	▨
種まき					▨							
市販苗の植えつけ	▨									▨	▨	▨

> 長くきれいに
> 咲かせるコツ
> * 冬は日当たりがよく、霜の当たらない軒下やベランダに置く
> * 花がらや黄変した葉は早めに摘みとる
> * 開花中の肥料切れに注意する

花の育て方

適地　夏は暑さを避け、雨の当たらない日陰の涼しい場所で管理します。冬は日当たりがよく霜が当たらない軒下やベランダに置きます。冬のうちに出回る苗は温室で促成栽培されたものなので、いきなり寒い場所に置かないように注意します。

種まき　梅雨前の5月が適期。種は細かいのでピート板やセルトレイなどにまき、好光性なので覆土はしません。表面にときどき霧吹きで水をかけ、乾かさないように注意します。本葉が2〜3枚になったらポットに移植。梅雨明けは気温が20℃以上にならないように、涼しい場所で管理します。

植えつけ　種から育てた苗は高温期の移植を避け、夏の暑さが完全に終わってからやわらかい土に植えます。ある程度の寒さに当てないと花芽がつかないので、しばらく戸外で管理します(→P.82)。

肥料　元肥(もとごえ)として緩効性肥料(かんこうせいひりょう)を与え、盛夏と真冬以外は月に2〜3回、1000倍液肥を追肥します。

水やり　水不足になるとしおれやすいので、土が乾きはじめたらすぐにたっぷり与えます(→P.83)。

病害虫　春先に発生する灰色かび病とアブラムシに注意します(→P.83)。

プリムラ・ポリアンサ

花　色：赤桃橙黄白青紫

月	1	2	3	4	5	6	7	8	9	10	11	12
開花期	▨	▨	▨	▨							▨	▨
種まき					▨							
市販苗の植えつけ	▨	▨								▨	▨	▨

カラフルで豊富な花色、花形が魅力

草丈20cmくらいのプリムラ。ポリアンサという名前はギリシャ語で「たくさんの花」という意味。その名の通り、プリムラの中でも花色、花形のバラエティーがもっとも多く、巨大輪咲き、覆輪、八重咲きなどさまざま。日当たりを好み、寒さにはマラコイデスより強く、ジュリアンよりは多少弱い品種。開花期に鉢花やポット苗で購入するときは、花色がはっきりしていて花茎が短く、根元につぼみの多いものを選びましょう。

セブンティー　©サカタのタネ

©タキイ種苗
レインボーオレンジシェード

花の育て方

適地　冬越しの最低温度は0℃なので、冬は日当たりがよく霜が当たらない戸外で育てます。高温の室内では徒長して、花色も悪くなってしまいます。夏は雨の当たらない、風通しのよい場所で管理します。

種まき・植えつけ　5月中旬に種をまきます。まき方、植えつけ方、その後の管理はジュリアンと同様（→P.80）

肥料・水やり　ジュリアンと同様（→P.80）

花がら摘み　花びらがしおれたら、花茎のつけ根から切りとります。

病害虫　風通しが悪いと灰色かび病が発生しやすいので注意します（→P.83）。

― 長くきれいに咲かせるコツ ―
* 冬は霜の当たらない戸外で育てる
* 花がらや黄変（おうへん）した葉は早めに摘みとる
* 開花中の肥料切れに注意

プリムラ・マラコイデス

花　色：赤桃白紫

月	1	2	3	4	5	6	7	8	9	10	11	12
開花期	▨	▨	▨	▨								▨
種まき						▨						
市販苗の植えつけ	▨	▨									▨	▨

段々に群れて咲く小花が可憐で豪華

草丈15〜20cm。小輪多花性で花つきがよく、花が段々になって咲くものや、花びらにフリルが入るものなど、豪華な雰囲気の花が多いのが特徴。耐寒性は品種によって異なりますが、霜に当てないようにすれば0℃くらいの寒さに耐えます。高温に弱いので、夏は暑さを避ける工夫が必要です。開花期に鉢花やポット苗で購入するときは、葉色が美しく、根元がぐらつかないものを選びましょう。

©サカタのタネ
うぐいす

花の育て方

適地　冬は日当たりがよく霜が当たらない戸外か、低温の室内の日なたに置いて管理します。暑さに弱いので、夏は雨の当たらない、風通しのよい涼しい場所で管理します。

種まき・植えつけ　ジュリアンやポリアンサより約1か月遅れの6月中旬が種まき適期。まき方、植えつけ方、その後の管理はジュリアンと同様（→P.80）。

肥料・水やり　ジュリアンと同様（→P.80）。

花がら摘み　花がらや枯れ葉はこまめに摘みとります。段状に花をつけるため、3段目まで花が終わったら、花茎は切りとります。

病害虫　風通しが悪いと灰色かび病が発生しやすいので注意します（→P.83）。

長く楽しむ
寄せ植え

晩秋から早春まで
草丈の低いパンジーとシルバーリーフがマラコイデスの可憐さを際立たせています。

― 長くきれいに咲かせるコツ ―
* 花の中心が1〜2段咲きかけの丈夫な株を選ぶ
* 花がらはこまめに摘み、全部咲き終わったら花茎を切る
* 開花中、肥料を切らさない

Veranda

ジュリアンの鉢植え。冬の
ベランダは室内に近いとこ
ろが日当たりがよくなるの
で、日だまりになる場所に
鉢を置きます。

関東以南の暖地ならジュリアンや
ポリアンサは花壇に植えて楽しめ
ます。草丈が低いため葉に泥がは
ねやすいので、株元をマルチング
しておくとよいでしょう。

Garden

Room

大きめの木製コンテ
ナの寄せ鉢は植え
つけていないので、
鉢ごと出し入れが自
由。寒さに弱いオブ
コニカは日当たりの
よい室内で楽しみ、
ポリアンサは暖かい
日中は戸外に出して
日に当てましょう。

Point

植えつけ

冬の前に根が張るように植える

晩秋から出回る花つき苗から育てるの
が一般的です。本格的な寒さが来る前
に植えつけると、冬前にしっかり根が
張って元気な株が育ちます。寒冷地で
は雪や霜の心配がなくなったころが適
期です。

植えつけるとき、株が土に埋もれない
ように株元が周囲よりやや上がったイ
メージで、下の土の量を調整するとよ
いでしょう。

\ Check! /

葉や花にしみが
ないか病害虫が
ないか確認

葉がいきいき
している

花がかすれて
いない

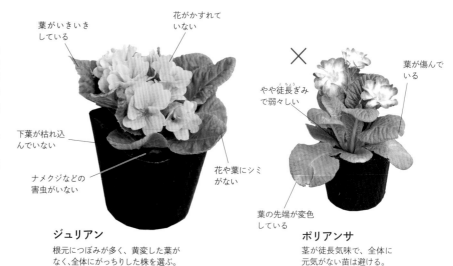

下葉が枯れ込
んでいない

ナメクジなどの
害虫がいない

花や葉にシミ
がない

ジュリアン

根元につぼみが多く、黄変した葉が
なく、全体にがっちりした株を選ぶ。

×

やや徒長ぎみ
で弱々しい

葉が傷んで
いる

葉の先端が変色
している

ポリアンサ

茎が徒長気味で、全体に
元気がない苗は避ける。

黄変した葉、枯れ葉などはとり除く。

10月までは根鉢の底はく
ずしてもよいが、寒くな
ったら根はいじらない。

根が回っていたら、根鉢
の先端を少し切りとって
ほぐし、新しい土となじ
みやすくする。

複数株植える場合は、根
鉢の表土の高さがそろう
ように、下の土の量で調
節する。縁鉢より2cmほ
ど下が目安。

培養土を株と株、鉢との
間にもすき間なく入れ込
む。株元を水ゴケやバー
クなどでマルチングする
と安心。

水やり

花や葉をよけるように株元に与える

プリムラは株元に水がたまりやすい株姿なので、水やりのときは注意が必要です。葉や花の上からかけずに、葉を避けた株元に与えるようにするとよいでしょう。草丈が低いものは水のはね返りで葉に泥などがつきやすく、病気の原因にもなるので、株元に手を添えて葉をよけるようにして与えます。

じょうろのはす口をはずして、直接株元に与える。

花がら摘み

しおれてきたら花茎のつけ根から摘みとる

品種、種類によって花のつき方が違いますが、いずれも花びらがしおれたら花茎の元から手で摘むか、ハサミで切りとります。マラコイデスは咲き終わった段から摘みとると、花姿が美しく保てます。株元の枯れ葉もこまめにとり除いておきましょう。

花びらがしおれてきたら花の終わり。

手で摘むとかんたんにとれる。自然に落ちた花がらもとり除く。

枯れた葉もこまめにとり除く。

株が持ち上がらないように株元を軽く押さえて、折りとる。

病害虫

風通しが悪いと病気が発生しがち

プリムラは多湿にしたり風通しが悪かったりすると灰色かび病を起こしがち。はじめは水滴がにじんだような赤っぽい斑紋が急速に広がり、腐っていきます。その後、灰色のかびが蔓延します。できるだけ風通しをよくし、被害にあった花や葉はとり除いて殺菌剤を2〜3回散布します。また、室内で育てると根腐れも多くなるので注意が必要です。

咲き終わった花がらが残り、枯れた葉などで株元が混んでいる状態。

花がらなどをとり除き、株元の葉も少し間引いて風通しをよくし、株を清潔に保つ。

かかりやすい病気

灰色かび病
赤っぽい斑紋が急速に広がり、その後、灰色のかびが蔓延。

モザイク病
濃淡のモザイク模様の斑が入る。媒介するアブラムシを予防することが大切。

軟腐病
水がしみたような斑点が発生し、やがて腐って悪臭を放つ。

腐敗病
葉に水がしみたような斑点が発生し、周囲が黄化する。

株分け

夏越しできた株は株分けでふやせる

苦手な夏を上手に越せた株は、9月中旬から10月上旬に株分けしてふやすことができます。鉢から抜いた株は古い土を落として根を整理し、必ず芽がついた根を分けるようにします。同時に、新しい土で植え替えて、新しい株として育てましょう。

古土を落とし、伸びすぎたり腐ったりした根をハサミでとり除く。

古い茎、傷んだ葉も整理し、バランスよく2〜3株に分けて5号鉢に1株植える。

ガーデンシクラメン

Garden Cyclamen

しゅっこんそう
宿根草（球根性）

分　類：サクラソウ科
原産地：地中海沿岸
花　色：赤 紅 桃 白 紫

月	1	2	3	4	5	6	7	8	9	10	11	12
開花期	▨	▨	▨	▨	▨						▨	▨
市販苗の植えつけ										▨	▨	▨
ふやし方										種まき		

冬の花壇で楽しめる寒さに強い小型のシクラメン

ガーデンシクラメンは、耐寒性のある原種のシクラメンをもとに育成された小型のシクラメン。寒さに弱い、室内の鉢花で楽しむ一般的なシクラメンとは育て方が違います。比較的暑さ、寒さに強く、戸外で丈夫に育つので、普通の宿根草と同じような感覚でガーデニングを楽しむことができます。花色、花形も年々ふえ、最近は八重咲き種やボリュームのある豪華な品種も出回って、人気の寄せ植え素材にもなっています。

花びらがフリルのように波打ち、縁どりが入るかわいい品種

小さな素焼き鉢が組み合わされたキュートなポットに、色違いのガーデンシクラメンを植えた寄せ植え。

花の育て方

適地　日当たりと風通しのよい場所。寒さに強いので戸外で育てられますが、夜間に0℃以下になる場合は、花壇はマルチングなどの防寒が必要。鉢植えは凍らない場所に移して管理します。シーズンが終わったら雨の当たらない涼しい半日陰に移し、夏越しさせます。

植えつけ　開花したポット苗から育てるのが一般的。本格的な寒さが来る前に、水はけ・水もちのよい土に元肥として緩効性肥料を与え、花壇では根鉢がすっぽり入る深さの植え穴を掘って植えつけます（→P.85）。

肥料　植えつけ2〜3週間後から、月に2〜3回、液肥で追肥します。夏の間は不要。

水やり　植えつけ直後はたっぷりと与え、その後も根づくまでは土の表面が乾きはじめたら与えます。花壇ならその後はあまり必要ありません（→P.85）。

花がら摘み　咲き終わった花や黄変した葉をこまめに摘みとることで、次の花がよく咲き、病気の発生も防ぎます（→P.85）。

病害虫　一般の鉢花シクラメンより丈夫ですが、風通しが悪くなると灰色かび病が発生しやすくなります。根や球根が褐色に変色して腐り、外側から葉が黄変して株全体が枯れる萎凋病には薬剤を散布して防除します。

植え替え　9月になったら古土や根をとり除き、新しい土に植え替えます。

ふやし方　花後についた種でふやすことができます。実が黄色く熟してきたら種をとり出して乾燥保存します。秋に、清潔な種まき用土にまいて軽く覆土すると7〜10日で発根します。

長くきれいに咲かせるコツ

＊日当たりと風通しのよい場所で育てる
＊花がらや黄変した葉はこまめに摘む
＊水やりは株元に。葉や花に水をかけない

©Seiichi Hatano

日当たりが十分でない場所でも
高さを工夫すれば日照を確保
でき、見映えもよくなります。

Garden

Veranda

一定方向からしか日が当たらない
ベランダでは、ときどき方向を変え
て鉢全体にまんべんなく日が当た
るようにします。

真夏の暑さを避けられる場所に植えます。

Point

植えつけ

本格的な寒さが来る前に植えつける

苗は9月下旬から出回りはじめますが、残暑が厳しい
時期の苗は植えつけ後に花が休んだり、株が枯死する
ことがあるので避けた方が安心。10月に入ってから良
質な苗を選び、本格的な寒さが来る前に植えつけます。
あまり寒い時期に植えつけると、なかなか根が張らず、
成育が悪くなり、花数も少なくなってしまいます。

\ Check! /

葉をそっとかき
わけて株元をよ
く観察、確認!

株元の球根がしっかりし
てかびがない株がよい。
葉の軸がしっかりした、
葉数が多い苗を選ぶ。

株元を持ってポッ
トからそっととり
出す。根がこのよ
うな状態のときが
植えつけに最適。

花がら摘み

花がらや黄変した葉は、株をかき分けてねじりとる

咲き終わった花や枯れてきた葉をこまめに摘むと、次の花がよく咲き、病気の発生も防
げます。株をかき分けるようにして花茎のつけ根をもち、軽くねじりながら引っ張るとかん
たんにとれます。根が十分に張っていないと株ごと持ち上がることがあるので、もう一
方の手で株元を軽く押さえるようにして作業するとよいでしょう。葉も同様に行います。

葉をかき分けるようにして、花茎のつけ根近く
を持つ。

ねじりながら引っ張ってとる。作業後は花を中
央に寄せる。

水やり

葉や花にかけないように与える

葉や花に水がたまると、そこから腐って病気を
引き起こす場合があるので、必ず株元に与えま
す。冬から早春までは気温が上がった午前中に
与えるのがベスト。夕方や夜間は鉢内に残った
水分が凍ることがあるので、絶対に避けましょう。
なお、花や葉がくったりとしてしまうのは水不
足が考えられますが、鉢土が湿っているのにそ
うなった場合は根が傷んでいることがあります。
しばらく水やりを控えて様子をみましょう。

葉を手でかき分けて、直接株
元の土にかけるように与える。

クリスマスローズ

Christmas Rose

しゅっこんそう
宿根草

別　名：ヘレボルス
分　類：キンポウゲ科
原産地：地中海沿岸〜中欧
花　色：⑱白⑭⑭⑱

月	1	2	3	4	5	6	7	8	9	10	11	12
開花期	▨	▨	▨	▨								▨
市販苗の植えつけ									▨	▨	▨	▨
ふやし方									株分け			

寒さや日陰に耐える花は冬咲きと春咲きがある

この花の正式な名前はヘレボルスといい、12月のクリスマスの時期に咲く冬咲き種と、2〜4月にかけて咲く春咲き種の2系統があります。ヨーロッパではおもに「ニゲル」が原種で冬咲きのものをクリスマスローズ、おもに「オリエンタリス」が原種で春咲きのものをレンテンローズ（オリエンタリスの英名）と呼んで区別しますが、日本ではどちらもクリスマスローズの名で呼ぶのが一般的です。初心者には、レンテンローズのなかでも改良を重ねて丈夫にした「ガーデンハイブリッド」と呼ばれる交配種が育てやすいのでおすすめです。

花の育て方

適地	直射日光の当たらない軒下や木陰などの半日陰が最適。夏の暑さにはやや弱いので、涼しく管理します。
植えつけ用土	腐葉土や堆肥などの有機質をたっぷり混ぜた肥えた土。
植えつけ	花つきの開花株を求めて育てるのが一般的。根鉢をくずさないように植えつけます（→P.87）。
肥料	元肥に有機質肥料を与え、その後は、花後と9月に緩効性の固形肥料を施します。
水やり	湿り気を好みますが、過湿にすると茎が徒長するので、鉢植えはこまめに水やりすることで湿り気を保ちます。
古葉とり	秋に新芽が伸びたら、混み合っている古い大きな葉を根元から切りとります（新芽に日が当たらなくなり、花も目立たなくなるので）。
花がら摘み	終わった花はこまめに摘みとり、株を弱らせないようにします。
病害虫	アブラムシを発見したら、早めに殺虫剤を散布して駆除します。
植え替え	鉢植えは毎年植え替えた方が花つきはよくなります（→P.87）。
ふやし方	株が混み合ってきたら秋に株を掘り上げて、植え替えをかねて株分けをします（→P.87）。

長くきれいに咲かせるコツ

＊日直射日光の当たらない半日陰で管理
＊混み合った古い葉を切りとる
＊花がらはこまめに摘む

ヘレボルス・ニゲル
クリスマスシーズンに咲く花は純白で清楚な雰囲気

レンテンローズ
春に咲くクリスマスローズの総称。最近は「春咲きクリスマスローズ」とも呼ばれ、ピンクや赤紫、白、クリーム色など多彩な花色で華やかな印象

ガーデンハイブリッド
花びらに模様が入るものと入らないものがある。模様はスポット（斑点）、ネット（網目）などがある

八重咲き種

Garden

クリスマスローズは
冬は明るく、夏は木
陰になる落葉樹の下
を好みます。

クリスマスローズは他の
草花とは性質が異なるの
で、鉢植えは単種植えの
方が管理がラク。大きめ
のコンテナで大株に育て
ると見応えがあります。

©Seiichi Hatano

Chapter 3 ガーデニングにおすすめの 四季の花 秋から春まで長く楽しめる花

Point

植えつけ・植え替え

秋、根や新芽が伸びはじめる直前に植える

植えつけ、植え替えの時期は、夏の休眠期から目覚め、根や新芽が伸びはじめる直前の秋がベストタイミング(寒冷地では春、暖かくなる4月以降)。花壇の場合は、冬は明るく、夏は半日陰になるような場所を選びましょう。鉢植えは、苗が植わっている鉢よりふた回りほど大きな、深めの鉢に植えます。

タールのような黒点があったら黒死病(ブラックデス)と呼ばれる病気。発病した株は植えても育たないので避ける。

\ Check! /

新芽や株元に病害虫
がないか確認

*写真は植え替え用の株なので花がついていない。購入する場合は開花した株で花色を確認する。

植えつける場所の土を、スコップで刃1枚分程度の深さに植え穴を掘り、掘り上げた土と同量の腐葉土と規定量の元肥を混ぜ込む。

株を鉢からとり出し、根鉢の底に鉢底石がついている場合はていねいにとり除く。開花株は根鉢をできるだけくずさない。

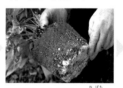

植え穴に入れ、根鉢の表土と地面の高さが同じになるように植える。

株分け

3〜4年に1回、初秋に必ず芽をつけて分ける

年々大株に育つので3〜4年に1回、初秋に株分けをして植え替えます。土から掘り上げて古土を落とし、根や地上部を傷つけないようにていねいに手で分けていきます。

大きく育った株。掘り上げて、割り箸などで土を落とす。

根を傷つけないようにゆっくりと手で分ける。

2株に分けた状態。大株で楽しむならこのまま植える。

株元を確認して、必ず2〜3芽ずつつけて分ける。

87

アリッサム

Sweet Alyssum

1年草

別　名：スイートアリッサム、ニワナズナ
分　類：アブラナ科
原産地：地中海沿岸
花　色：赤 桃 黄 白 紫 混

月	1	2	3	4	5	6	7	8	9	10	11	12
開花期		■	■	■	■	■	■			■	■	
種まき									■	■		
市販苗の植えつけ	■	■	■	■	■	■				■	■	■

かわいい小花は寄せ植えの名脇役！

枝先に4弁の小花をびっしりつけて咲くこの花は、草丈が10〜15cmと低いので花壇の縁どりやロックガーデン、寄せ植えに向いています。夏の高温多湿に弱いので1年草として扱われていますが、花後に切り戻して上手に夏を越せば宿根草として育つこともあります。花には甘い芳香があります。白花のほかに、赤、濃紫、黄色などの花色がふえ、最近は数色がミックスされた苗も出回っています。

©Migikata

花壇の縁どりに大活躍！

花の育て方

適地	日当たりのよい場所で乾燥ぎみに育てます。寒冷地で冬の最低気温が0℃以下になるようなら、フレームか室内で冬越しさせます。
種まき	9〜10月が適期。寒冷地なら3月下旬〜4月の春まきにします。移植を嫌うので直まきにするか、箱まきにしてごく小さいうちに移植します。
植えつけ用土	水はけのよい肥えた砂質の土。花壇は苦土石灰で土の酸性を中和しておきます。
植えつけ	根がまっすぐに伸びる直根性なので、植えつけ時に根を傷めないように注意しながら、15〜20cm間隔で植えつけます。
肥料	元肥として緩効性肥料を少量与え、開花期の3〜6月は月に2回程度、1000倍液肥を追肥します。
病害虫	春から夏はアブラムシなどの害虫がつきやすいので、見つけたらこまめにとり除きます。駆除には薬剤を使ってもOK。

長くきれいに咲かせるコツ

* 根を傷めない。根鉢をくずさない
* こまめに花がらを摘む
* 花後に切り戻して夏を越す

Point

植えつけ
根を切ると成育が鈍るので、根鉢をくずさずに植える

茎がしっかりとして、花やつぼみがたくさんついた苗を選ぶ。カラフルな苗は寄せ植えのアクセントに大人気。

寄せ植えなどでは鉢の縁に、少し手前に垂れる感じに植えつけるのが効果的。

花がら摘み
種ができると株が弱るので、咲き終わった花から順に摘みとる

葉のつけ根の上で切りとる

切り戻し
花後に5cm前後に短く切り戻すと、秋にまた花が咲くことがある

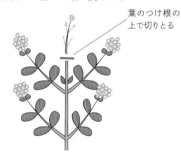
切り戻す

ゆっくりと効果があらわれる緩効性肥料を追肥

エリカ

Erica

常緑低木

別　名：ヒース
科　名：ツツジ科
原産地：ヨーロッパ、南アフリカ
花　色：赤 桃 白 混

月	1	2	3	4	5	6	7	8	9	10	11	12
開花期	■	■	■	■	■						■	■
市販苗の植えつけ		■	■	■	■							
ふやし方						さし木						

ジャノメエリカ

枝いっぱいの花を楽しむエリカは樹形や花形が多種多様

枝いっぱいに無数の小花を咲かせる花姿が美しいエリカは鉢植えや寄せ植えの素材として、寂しい冬を華やかに彩ります。

ヨーロッパではヒースという名で呼ばれています。小説「嵐が丘」に登場する花としても知られていますが、その内容通り、もともとは強い風が吹きすさぶ荒涼とした野に咲く逞しい花。品種が100以上もあり、花形は球状、筒形、壺形などさまざま。樹高も数mの大型種から地を這うような樹形まであり、花期も冬咲き、春咲き、夏咲きと大きく異なっています。その中で、比較的栽培がかんたんで人気が高いのが、小花多花性のジャノメエリカ、クリスマスパレード、スズランエリカなどです。

©Derek Keats

エリカ・ホワイトデライト

クリスマスパレード

スズランエリカ

エリカ・ウインターファイアー

エリカ・キレネア

エリカ・コニカ

アワユキエリカ

花の育て方

適地　よく日の当たる戸外。高温多湿に弱いので夏は涼しい半日陰。ジャノメエリカ、スズランエリカなどは寒さも嫌うので、暖地以外は鉢植えで育て、冬は最低温度を5℃以上に保てる場所で管理します。

土　酸性質の土を好むので、市販の培養土を使うならピートモスや鹿沼土を混ぜます。

植えつけ　水はけのよい酸性の土に緩効性肥料の元肥を与えて植えつけます。苗の根が回っている場合は少しほぐし、伸びすぎた部分を少し切ってから植えます。

肥料　春から秋は月1〜2回液肥で追肥しますが、開花中は控えます。開花期間が長いので1月と9月上旬に固形肥料を与えると株が充実します。

病害虫　花壇は雨が多いと立枯病が出るため、殺菌剤をまいて予防します。害虫はカイガラムシがつきやすいので、月1回殺虫剤をまいて駆除します。

切り戻し　花後は株の半分くらいに切り戻します。根は細く、根詰まりしやすいので大きめの鉢に植え替えます。

ふやし方　春から初夏に、若い新枝の先端を切って、湿った鹿沼土にさせば発根します。

長くきれいに咲かせるコツ

* 伸びた根、混んだ根は切り詰めて植える
* 花後は伸びすぎて乱れた枝を切り詰める
* 品種によって耐寒性が違うので注意！

Chapter 3　ガーデニングにおすすめの　四季の花　秋から春まで長く楽しめる花

89

カランコエ

Kalanchoe

多肉植物

別　名：ベニベンケイ
分　類：ベンケイソウ科
原産地：マダガスカル
花　色：赤 桃 橙 黄 白

月	1	2	3	4	5	6	7	8	9	10	11	12
開花期	■	■	■	■	■					■	■	■
市販苗の植えつけ	■	■	■	■	■	■	■	■	■			
ふやし方						さし芽			葉ざし			

肉厚な葉と多彩な花色が魅力

葉が肉厚の多肉植物で、小さな花が上部に集まってたくさん咲きます。草丈が高くて花茎も長く伸びる高性種と、草丈20cmほどでこんもりと茂るタイプがあります。鉢花としてよく見かけるのは後者で、鮮やかな赤やオレンジ、ピンク、黄色などの小花が咲くプロスフェルディアナという系統。短日性で夜の長さが長くなると反応して花芽をつける性質なので、ベランダなどで育てる場合は、室内の灯りが夜間当たらないよう場所に置くことも大切。寒さに弱いため、鉢花として楽しむのが一般的です。

ミラベラ
釣り鐘形で垂れ下がる咲き方

花の育て方

適地　寒さに弱いので冬は必ず室内で育て、気温が0℃以下になるのを避けます。春から秋までは戸外の日なたで直接雨が当たらない場所で育てますが、夏は風通しのよい半日陰に移します。秋から冬に咲かせるには3か月前から日照時間を調整する短日処理が必要。

植えつけ用土　水はけのよい乾燥気味の土。赤玉土(小粒)2：ピートモス5：川砂3の配合土や多肉植物専用土がおすすめ。

植えつけ　苗は一年中出回りますが、秋から冬に出回るものは花色もよく、長く楽しめます。苗は購入後すぐに植えつけ、開花鉢は花をそのまま楽しんで、花が終わった5〜6月ごろに植え替えます。

肥料　元肥に緩効性肥料を与え、成長期の春と秋に少なめに追肥。花が全部咲き終わったら1/3ほどに切り戻してから、固形肥料の置き肥をお礼肥として与えます。

切り戻し　大株になったら水はけが悪くなるので、花後の6月に全体を切り戻してから大きめの鉢に新しい土で植え替えます。

ふやし方　花後に種もできますが、さし芽や葉ざしでかんたんにふやせます。

長くきれいに咲かせるコツ

・冬は日当たりのよい室内に置く
・乾燥ぎみに管理し、過湿にしない
・花がらはこまめに摘む

Point

鉢花選び
秋から冬に出回る、葉の色つやのよい株を選ぶ

そのまま花を楽しんで、花後に植え替える。

短日処理
日照が短い日が1か月以上続くと花芽ができ、3か月後に開花する性質

夕方の5時から翌朝8時ごろまで、鉢にダンボールなどをかぶせる。日に当たるのは1日9時間ほどにして、これを約1か月、花芽ができるまで毎日続ける

切り戻し・植え替え
1/3ほどに切り戻し、新しい土で植え替える

1/3に切り戻す

ひとまわり大きい鉢に植え替える

古い土を半分ほど落とす

葉ざし
葉を湿った土の上に置いておけば自然に根づく

葉のつけ根を折らないように茎からはずす。

土はバーミキュライトが最適

ストック

Stock

1年草

別　名：アラセイトウ
分　類：アブラナ科
原産地：南ヨーロッパ
花　色：赤 桃 白 青 紫

月	1	2	3	4	5	6	7	8	9	10	11	12
開花期	■	■	■	■	■							■
種まき									■			
市販苗の植えつけ	■	■	■	■	■					■	■	■

カラフルな花色、香りも楽しめる早春花

寒さに強い極早生品種のポット苗が秋ごろから出回り、早春花のイメージから冬花壇を彩る花に変わってきました。花色は白から赤、紫まで多彩で、長い花穂に多数まとまってつく鮮やかな花には甘い芳香があります。一重咲き、八重咲きがあり、枝を出さない1本立ちタイプと、花壇や寄せ植えに適した矮性種で分岐して花を咲かせる種類など、いろいろな品種があります。

ストックは一重咲きのみが結実して種がとれ、その種から一重と八重が約50％ずつ発芽する不思議な性質です。

一重咲き種

八重咲き種

花の育て方

適地	日当たりのよい場所。寒さには比較的強く、暖地なら霜に直接当たらなければ戸外でも大丈夫ですが、氷点下にならないように管理。
種まき	一重と八重の発芽率は約50％ずつ。葉が出るまで区別がつきません。9月に箱にすじまきにすると4～5日で発芽します。選別した苗はポットで育苗し、本葉7～8枚のころ根をくずさないように植えつけます。
植えつけ用土	花壇は水はけのよい土を苦土石灰で中和しておきます。
水やり	植えつけ直後はたっぷり与えます。夜間に、鉢土に湿気が多いと徒長するので、夕方からの水やりは控えます。
肥料	元肥として緩効性肥料を少量与え、その後は月に2～3回、薄めの液肥を水やり代わりに追肥します。
病害虫	病気や害虫がつきやすいので注意。発病した部分はとり除き、被害が拡大した株は処分します。
切り戻し	花後に花穂ごと切りとれば、また新しい花茎が伸びて花を咲かせます。

長くきれいに咲かせるコツ

* 冬は霜よけをする
* 分枝系は本葉8枚以上になったら摘芯する
* 花がらをこまめに摘む

Point

植えつけ

基本、根鉢をくずさずに植えつける

5号鉢に1～2株、プランターは15cmほどの株間をとる。

根が回りすぎている場合は先端を軽くほぐし、伸びすぎた根を切る。

花がら摘み・切り戻し

枯れたものから順に摘み、全体が終わったら切りとる（切り戻しをかねる）

花穂の下から上に咲き進むので、枯れたものからこまめに摘む

全体が咲き終わったら、花茎のつけ根から切りとる

病害虫

かかりやすい病気

モザイク病
葉にまだら模様やしみができる。被害株はすぐに抜きとり処分。

菌核病
葉が灰色に腐って全体が枯れる。土ごと消毒し、被害が拡大したら抜きとり処分。

黒腐病
葉の縁にV字型の黄斑ができ、枯れる。発病部分はとり除く。

91

マーガレット

Marguerite

しゅっこんそう
宿根草

別　名：モクシュンギク、キダチカミツレ
分　類：キク科
原産地：カナリア諸島
花　色：桃 橙 黄 白

月	1	2	3	4	5	6	7	8	9	10	11	12
開花期			■	■	■	■				■	■	■
市販苗の植えつけ			■	■					■	■		
ふやし方					さし芽							

誰からも愛されるシンプルで清楚な花

本来は寒さに弱い植物でしたが、品種改良が進み、年末から開花鉢が出回るようになりました。成育適温は15〜20℃、凍らせなければ戸外でも冬越しできます。花形はキクに似て、花芯の大きさや花びらの開き方に変化があります。白が定番色でしたが、ピンクや黄、橙色なども登場し、花色も豊富、初心者にも育てやすい丈夫な花です。

©タキイ種苗
黄花種 ロイヤルイエロー

八重咲き種 サマーメロディ

花の育て方

適地　　日当たりと風通しがよい場所。夏の高温多湿を避け、冬は霜の当たらない日なたか、室内に移して管理します。

植えつけ　水はけのよい乾燥ぎみの土に、株間を20cmほどとってやや浅く植えつけます。

肥料　　元肥として緩効性肥料を少量与え、開花中は月に1〜2回、1000倍液肥を追肥するか、春と秋に固形肥料を置き肥で与えます。

水やり　鉢植えは土の表面が乾いてから。花壇植えは極端に乾いたとき以外はあまり必要ありません。

花がら摘み　花びらが外側に反り返ったら、花茎のつけ根からハサミで切りとって花がらを摘みます。

病害虫　連作は禁物。アブラムシ、ハモグリバエ、スリップス(アザミウマ)、高温期のハダニに注意します。

切り戻し　9月ごろに草丈の半分くらいに切り戻します。

長くきれいに咲かせるコツ

＊多肥、多湿にしない
＊花後は花茎から切りとる
＊アブラムシ、ハダニを防除する

Point

鉢花選び
花や葉数が多くバランスのよい株を選ぶ

つぼみが多い
下草が枯れていない
春の植え替え時期まではそのままの鉢で花を楽しんでもOK。

植えつけ
根が回っていたら、根鉢をくずさないで先端をほぐしてから植えつける

ポットから出すと、根がびっしりと回っていた苗。
根鉢の先端をハサミで少しカットし、根をほぐす。

肥料

液肥
規定量に薄めた液肥を鉢の縁に沿ってぐるりと与える。

置き肥料
固形肥料を株元から離れた鉢の縁に置く。

さし芽
新芽の先を切りとって7cm前後のさし穂をつくる

下葉を2〜3枚とる
1時間ほど水あげする

湿ったバーミキュライトか赤玉土にさす
半日陰で管理すると約2週間で発根する

サザンクロス

Crowea

常緑低木

別　名：クロウエア
科　名：ミカン科
原産地：オーストラリア
花　色：桃 白

月	1	2	3	4	5	6	7	8	9	10	11	12
開花期												
市販苗の植えつけ												
ふやし方					さし木							

「南十字星」のように美しい星形の花

キュートな星形の小花を次々と咲かせるサザンクロスは流通名で、正式の名前は「クロウエア」。葉が鮮緑色の線形のエクサラタ系と、幅8mmほどの細長い形のサリグナ系があります。ちなみに、原産地オーストラリアでサザンクロス(Southern Cross)と呼ばれる花は、西南部の山地に自生している清楚な雰囲気のある白花で、これとは別属です。

エクサラタ系

サリグナ系

花の育て方

適地	寒さにはやや強いので、冬も戸外で育てられますが、0℃以下になる場合は日当たりのよい室内に移して管理します。夏は風通しのよい涼しい場所。過湿にすると枯れやすいので、雨に直接当てないように注意します。
植えつけ用土	水はけのよい土。過湿にするとすぐに弱り、花がポロポロ落ちてしまいます。
植えつけ	購入した開花鉢はそのまま花を楽しみ、春の花後に緩効性の元肥を与えて植えつけてもOK。
肥料	春〜秋は月に2回、薄めの液肥で追肥します。
水やり	夏はこまめに多めの水やりをしますが、過湿に注意します。冬は乾燥ぎみに管理します。
剪定	春の花後に軽く刈り込むと、秋に花つきがよくなります。
植え替え	2年に1回、春に大きめの鉢に植え替えます。

シクラメン

Cyclamen

秋植え球根

別　名：カガリビバナ
分　類：サクラソウ科
原産地：地中海沿岸
花　色：赤 桃 黄 白 紫 混

月	1	2	3	4	5	6	7	8	9	10	11	12
開花期												
球根の植えつけ												
ふやし方										種まき		

花茎の先端に次々と咲く花が冬の室内を彩る

クリスマスが近づくと花屋の店先に並ぶ華やかなシクラメンの鉢花は、たいてい「パーシカム」という原種の改良種。暑さ、寒さに弱いので、冬は温室や室内で育てるのが一般的です。つい花の多い鉢に目がいきがちですが、長く楽しむためには大、中、小それぞれのつぼみがたくさんついて葉の色つやがよくかたくしまったもの、花茎の短すぎないバランスがとれた株を選びましょう。

©タキイ種苗

嵐山

花の育て方

適地	購入した鉢花をそのまま育てるのが一般的。日当たりのよい室内の窓辺などに置くのが基本ですが、暖かい日は戸外に出して寒気に当て、早めにとり込みます。暖房から遠ざけた15℃を目安に、寒い夜にはダンボール等をスッポリかぶせて保温するなどの防寒が必要です。
肥料	成育期は月に2回程度、液肥を与えます。受け皿にたまったものはすぐに捨てましょう。
水やり	過湿には弱いのですが、花や茎があるときは土を乾かしすぎないように注意します。花や茎葉、球根には水をかけないように、先の細い水さしなどで横から土だけにたっぷりと水を与えます。
花がら摘み	花がらや枯れた葉は根元から引き抜きます（→P.85）。病原菌が入りやすいので、その日の水やりは中止します。
病害虫	うどん粉病、灰色かび病予防に殺菌剤を月1〜2回散布。ハダニが発生したら、勢いよく葉に水をかけて駆除します。

デージー

Daisy

1年草

別　名：ヒナギク、エンメイギク
分　類：キク科
原産地：西ヨーロッパ
花　色：赤 桃 白

月	1	2	3	4	5	6	7	8	9	10	11	12
開花期	▦	▦	▦	▦	▦	▦						▦
種まき								▦	▦			
市販苗の植えつけ	▦	▦	▦	▦	▦						▦	▦

花が少ない季節から晩春まで戸外で元気に咲く

デージーは「Day's eye」（日の目）が語源。花が太陽に似ていることや、太陽が出ているときに開く性質からついた名前といわれます。本来は寒さに強い一重の花をつける宿根草ですが、栽培上は1年草扱い。花は舌状花と筒状花からなり、花径8cmにもなる巨大輪種から1〜2cmの小輪種まであります。ポンポン咲き、多花性など、さまざまな品種が楽しめます。

長くきれいに咲かせるコツ

＊ 寒さに強いが、寒風や霜に当てない
＊ 日光不足は徒長しがちなので、日当たりを確保する
＊ 花がらをこまめにとり除く

Point

花がら摘み
花びらがバラバラ散らかる前に、こまめに花茎のつけ根から切りとる。

花の育て方

適地　日当たりがよく、寒風が当たりにくい場所。花壇で0℃以下になるようなら霜よけなどの防寒対策が必要。

種まき　種は細かいのでピート板や平鉢に重ならないようにばらまきし、本葉4〜5枚になったらポットに移植して育てます。

植えつけ用土　水はけ・水もちのよい土。酸性の土を嫌うので花壇には苦土石灰を混ぜておきます。

植えつけ　移植に強いので苗の植えつけはいつでも行えますが、花が咲きはじめるころが最適。市販苗は根鉢を少しほぐし、用土に混ぜて植えつけます。花壇は株間20cm、鉢植えは5号鉢に1株が目安。

肥料　堆肥などの有機質肥料か緩効性の元肥を与えて植えつけ、長い開花期間中は月2〜3回、液肥で追肥します。

水やり　乾燥すると害虫がつきやすいので、冬の間も水切れにならないよう注意します。

病害虫　早春からアブラムシやハダニがつくことがあるので、2月のうちに薬剤を1〜2回まいて予防します。

ハボタン

Flowering Cabbage

1年草

別　名：ボタンナ
分　類：アブラナ科
原産地：ヨーロッパ
花　色：赤 桃 白 紫 混

月	1	2	3	4	5	6	7	8	9	10	11	12
観賞期	▦	▦	▦								▦	▦
種まき							▦	▦	▦			
市販苗の植えつけ										▦	▦	▦

美しい葉が冬枯れの花壇を華やかに彩る

ヨーロッパ原産のキャベツ（ケール）を観賞用に改良した品種で、多くは日本で作出されています。寒くなると株の中心が白やピンク、赤や紫に発色します。葉の縮れ方や結球の違いなどは多種多様。最近人気の矮性（小型）種は大輪花のようなイメージで、寄せ植え素材としても草花との相性は抜群。冬を越すと中心が伸びはじめ（トウ立ち）、4月に菜の花に似た黄色の花が咲きます。

長くきれいに咲かせるコツ

＊ 根が凍らないよう、必要に応じて防寒、霜よけを施す
＊ 早めの水やりで葉を枯らさない
＊ 害虫防除に気を配る

東京系
キャベツに似た丸い葉が愛らしい

名古屋系
葉の縁が縮れてちりめん状

さんご系、くじゃく系
葉が長く大きな切れ込みが入る

花の育て方

適地　日当たりのよい場所。寒さに強いのですが、発色部分は0℃以下になると褐色に変色してしまうので、寒風は避けた方が安心。鉢植えは根まで凍らないよう、防寒、霜よけを。

種まき　大株にするなら7月、小株に育てるなら9月に種をまきます。育苗箱にすじまきにして、乾燥しないように発芽まで新聞紙で覆い、本葉4〜5枚で移植、7〜8枚になったら植えつけます。

植えつけ　花壇植えは株間40cm、鉢植えは6号鉢に3株が目安。ただし、ハボタンが成長するのは10月までなので、11月以降なら株間は詰めて植えた方が見映えがします。

肥料　植えつけ時に元肥として緩効性肥料か堆肥を与えたら、追肥は特に必要ありません。チッソ成分が多いと、外まわりの葉だけ大きくなって中心の葉がへこんでしまうので注意。

病害虫　アブラムシ、アオムシなどが発生するため、早めに殺虫剤を散布します。

マンリョウ

Coralberry

常緑小低木

分　類：ヤブコウジ科
原産地：日本
花　色：赤 橙 黄 白

月	1	2	3	4	5	6	7	8	9	10	11	12
観賞期	▓	▓	▓						▓	▓	▓	▓
市販苗の植えつけ			▓	▓								
ふやし方							さし木					

赤熟した実と葉との コントラストが美しい

「万両」の名前から正月の縁起木として、センリョウ（千両）などとともに古くから親しまれてきました。江戸時代に改良が進み、葉の形、斑入りなど、変化に富んだ数十の品種があります。黄色はキミノマンリョウ、白はシロミノマンリョウとよばれ、いずれも実は枝の下方に垂れ下がるようにつきます。

©matsuyuki

©DaraKero_F

枝の先端、葉の上に実がつくのがセンリョウ（千両）

長くきれいに 咲かせるコツ

* 直射日光を避け、年間を通して半日陰で管理する
* 適湿を好むので乾燥させない
* 実を摘むときは下枝を残す

花の育て方

適地　半日陰を好みます。強い直射日光に当たると葉が黒ずんで、実つきも悪くなります。強健な性質ですが、寒冷地では霜や北風に当てないなどの防寒をします。

植えつけ　湿り気のある水もちのよい土に、元肥として少量の有機質肥料を与えて植えつけます。

肥料　特に追肥は必要ありませんが、実が終わった3月ごろに、少量の有機質肥料を与えるとよいでしょう。

水やり　土の表面が乾いたらたっぷりと与えますが、乾燥すると枯れてしまうので、鉢植えは特に注意します。

剪定　枝分かれせずに上に伸びていくのでほとんど必要ありませんが、バランスの悪くなった枝は切り詰めて、新しい芽を出させながら育てます。

植え替え　鉢植えは2年を目安に新しい土に植え替えます。

ユリオプスデージー

Gray-leaved Euryops

宿根草（しゅっこんそう）

別　名：エウリオプス
分　類：キク科
原産地：南アフリカ
花　色：黄

月	1	2	3	4	5	6	7	8	9	10	11	12
開花期	▓	▓	▓	▓						▓	▓	▓
市販苗の植えつけ				▓	▓				▓	▓		
ふやし方					さし芽							

明るい黄花と灰緑色の 茎葉が冬の花壇に映える

マーガレットに似た黄花が咲き、灰緑色の綿毛がつく茎葉も美しい。市販の苗や開花鉢は草丈が低く仕立てられていますが、暖地で花壇植えにすると1mくらいの大株に育ち、花数も多く、花期もより長くなります。寒さには意外に強く、直接霜に当てなければ寒冷地以外では戸外で冬越しもできます。

©Motomi Takemoto

綿毛が銀色に輝くつぼみも美しい

長くきれいに 咲かせるコツ

* 水はけのよい土に植え、過湿にしない
* 春植え苗は秋までに摘芯して枝数をふやす
* 花がらは早めに切りとる

花の育て方

適地　日当たり、風通しのよい場所。直接霜に当たると枯れることがあるので、寒冷地では鉢に掘り上げて室内で管理します。

肥料　元肥として1株当たり10gの緩効性肥料を与えます。その後も3か月に1回同様に与えるか、月に1回薄めの液肥で追肥しますが、多肥は避けます。

水やり　過湿にすると根元から腐ってくるので、水のやりすぎに注意します。

摘芯　春に植えた苗は秋までに3回ほど摘芯し、わき芽を出させて枝数をふやします。

花がら摘み　花びらが反り返りはじめたら、つけ根からハサミで切りとります。

切り戻し　花後か9〜10月に、半分程度を目安に新芽または葉のある部分を切り戻し、株をコンパクトに整えます。

植え替え　根の成長が早く根詰まりを起こしやすいので、2年を目安に植え替えをするとよい。

ふやし方　春か秋に、茎の先端を川砂やパーライトにさし、乾燥しないように日陰で管理します。

春を告げる球根花

秋に植えつけると、
球根に蓄えた養分でしっかり成長し、
春になるといっせいに咲き誇る花々

チューリップ

Tulip

秋植え球根

別　名：ウッコンコウ
分　類：ユリ科
原産地：地中海東部沿岸　中央アジア
花　色：赤 桃 橙 黄 白 青 緑 紫 茶 黒 混

月	1	2	3	4	5	6	7	8	9	10	11	12
開花期				▨	▨							
球根の植えつけ										▨	▨	
球根の堀り上げ						▨						

親しみやすさと育てやすさが魅力

明るく親しみやすい雰囲気と、初心者でも失敗なく育てられる丈夫さで、古くから春の花の主役として愛されてきた花。花色や花形、花の大きさもさまざまで、1球から複数の花が咲くスプレー咲きや、原種系の小輪のものも多く出回っています。開花時期は早春から咲き出す早咲き種からゴールデンウィークごろに盛りを迎える遅咲き種まであり、品種を選んで植えつければ長く花を楽しめます。

©サカタのタネ

二色咲き
クリームアップスター
©タキイ種苗

一重咲き
イルデフランス

©サカタのタネ
ユリ咲き
バレリーナ

フリンジ咲き
**フリンジド
ビューティー**

二色咲き
スプリンググリーン
©サカタのタネ

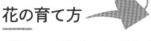
花の育て方

適地　日当たりのよい場所。鉢は発芽までは冷たい外気に当て、土の表面に芽が見えたら日当たりのよい暖かい場所に移動し、霜に当てないように管理します。葉が開きはじめたら室内に入れても大丈夫ですが、できるだけ暖房から離れた場所へ。開花後は暖かすぎると花もちが悪くなるので、なるべく涼しいところに置きます。

植えつけ　鉢なら5号鉢に3球、花壇なら10cmの深さに10cm間隔、が目安。適温15℃。鉢植えは根が十分成長できるよう、なるべく深めの鉢に球根の頭が隠れるくらいの深さに浅く植えます。花壇はモザイク病や軟腐病を避けるためにやや深めに植えます（→P.98）。

植え替え　チューリップは根がとてもデリケートです。根が傷ついたり折れたりすると成育に大きな影響が出るので、移植や植え替えは避けた方が無難。市販の鉢植えを購入した際も根が鉢いっぱいに回っていたら、そのまま楽しむのがおすすめです。

肥料　球根中に養分を蓄えているので元肥はほとんど必要ありません。つぼみが出てから花後に葉が黄変するまでリンサン・カリ分の多い液肥を追肥し、球根を太らせます。

水やり　土がいつも湿っているように毎日与えます。ただし、戸外で冬を越す場合は、球根が凍らないよう、午前中に水やりします。植えつけ後の芽の出ていない冬も、水やりを忘れずに（→P.99）。

花がら摘み　早めに花首から切りとります（→P.99）。

病害虫　春、アブラムシやモザイク病が発生しやすいので注意。発病した株は抜きとって焼却処理します（→P.99）。

掘り上げ　葉が黄変したら掘り上げ、風通しのよい場所で保存します（→P.99）。

長くきれいに咲かせるコツ

* 早咲き、遅咲きなど品種を確認
* 成長に適した環境で管理する
* アブラムシの発生を防除する

Chapter 3　ガーデニングにおすすめの　四季の花　春を告げる球根花

Point

植えつけ

発芽適温15℃。水はけのよい土に植える

よい球根を選んで、適期に植えつけます。土は水はけのよい配合にし、市販の培養土を使う場合は川砂を1～2割混ぜるとよいでしょう。球根の上下を必ず確認し、とがった方を上にして植えつけます。ある程度気温が高すぎると発芽しにくく、低すぎると根が育ちにくいので注意しましょう。

\ Check! /
大きめで重みがあり、傷や病気がないことを確認！

裏面

大きめで重みがあり、先端の芽が締まっていて、表面に傷やかびがないものがよい球根。

底の根が出る部分が大きくC形になっていて、傷んでいないものがよい。

花壇　植えつけ場所に腐葉土や完熟堆肥などの有機質を混ぜ込んで十分に耕し、水はけをよくしておきます。

植えつける位置を決めたら、あらかじめ腐葉土や完熟堆肥などの有機質肥料を混ぜ込んでおく。

球根3個分の深さを掘り、とがった方を上にして土をかけ、水を与える。

芽が出るまで時間がかかるので、植えたことがわかるようにラベルを立てておくとよい。

秋の植えつけ直後

まわりの草花も花がまばらでグリーン主体の花壇。

春（5か月後）

草花のあいだに鮮やかなチューリップが開花し、華やかな春花壇に。

鉢　限られたスペースでも根が伸びるよう、できるだけ深めの鉢を選び、浅植えにします。

球根のラベルをさしておくと便利。

鉢底ネットを敷き、鉢底が隠れる程度の鉢底石を入れる。

球根を置いて薄く土をかぶせることをイメージして土を入れる。

必ず球根の先（芽）が上になるように並べる（写真は咲いたときに見応えがあるよう、6号鉢に8球を密に植えている）。

球根の先が隠れる程度の土をかぶせ、球根と球根のあいだにも土が入るよう、軽く手で押さえる。

長く楽しむ寄せ植え

ダブルデッカー

春から晩秋まで

開花時期や品種が異なるチューリップの球根を2層の寄せ植えにすると、春、次々に咲く花が長く楽しめます。

下 層

大きめの球根を数種、並べる（写真は3種の球根約20個を10号鉢に密植）。

球根の先が隠れる程度に土をかぶせたら、平らにならす。

上 層

球根が小さい品種は成長してもあまり大きくならないので、鉢の縁に4～5個ずつまとめて植える。

球根の先が隠れる程度の土をかぶせ、軽く手で押さえて平らにならす。

春（6か月後）

時期がずれながら次々と開花し、春を満喫する寄せ植えになります。

水やり

発芽するまで乾燥しないように水を与える

球根を植えつけたら発芽までは土を乾燥させないよう、土の表面が乾いたら水を与えます。ただし、多湿にすると腐りやすくなる品種もあるので、確認してください。

何も生えていない鉢はつい水やりを忘れがち。ラベルを立てたりトピアリーなどを目印として飾ったりするなどの工夫を。

水の勢いで土がえぐれて球根が露出しないよう、じょうろのはす口を上に向け、ふんわりとたっぷり与える。

花がら摘み

来年用に球根を肥らせるなら花首で切る

花は1茎に1花が基本ですが、スプレー咲きの品種もあります。花びらが傷んできたら、早めに花首の部分から切りとります。花後に追肥（ついひ）をして、翌年のために球根を肥らせます。

花首で切って茎は残す。

病害虫

病気を媒介するアブラムシに注意！

春先に、新しいやわらかい葉やつぼみにアブラムシが発生しやすくなります。群生して吸汁するだけでなく、モザイク病など病気も媒介するので、見つけしだいとり除きます。

かかりやすい病気と害虫

ワタアブラムシ
ハケで払い落としたり、ホースやじょうろで勢いよく水をかけて洗い流す方法も有効。

モザイク病
葉や花にまだら模様、斑が入り、縮れて奇形になる。発病した株は抜きとり処分する。

球根腐敗病
根や球根が褐色になって腐敗。茎や葉がしだいに黄化する。掘り上げた球根は殺菌する。

球根の掘り上げ

掘り上げたら乾燥させ、植えつけ時期まで保存

一般にチューリップは1年草のように毎年新しい球根を購入して植え直しますが、モザイク病などの被害がなければ掘り上げて乾燥保存すれば、翌年も十分に楽しむことができます。

6月ごろ、葉が黄変（おうへん）して枯れてきたら掘り上げる。

きれいに水洗いして、球根を確認。腐っているもの、中身のないものは除く。

ネットに入れて風通しのよい涼しい日陰で乾燥させ、保存する。

アネモネ

Anemone

秋植え球根

別　名：ボタンイチゲ、ベニバナオキナグサ
分　類：キンポウゲ科
原産地：地中海沿岸
花　色：赤 桃 黄 白 紫 混

月	1	2	3	4	5	6	7	8	9	10	11	12
開花期				■	■							
球根の植えつけ										■	■	
球根の掘り上げ						■						

愛と美の女神がつくった美しい花姿が春風に揺れる

色とりどりに群れ咲く花が風に揺れる姿は何とも優美で、数々の神話や伝説にも登場してきた花。ギリシャ語のアネモス(風)に由来するという名の通り、風通しのよい場所に自生し、16世紀にはすでに園芸品種が栽培されていました。花色の豊富なコロナリア種や、小さな愛らしい花を咲かせるブランダ種などが人気です。

©Motomi Takemoto

ポルト
コンパクトな草姿で、1球から15〜20本の花が上がってくる品種
©サカタのタネ

長くきれいに咲かせるコツ

＊日当たりと風通しのよい場所で育てる
＊リンサン、カリ分の多い液肥で追肥
＊葉の上で花がらを摘む

花の育て方

適地	日当たりと風通しのよい場所。冬の寒さに十分当てないと翌春つぼみが出ないので注意します。
植えつけ・用土	酸性を嫌うので、花壇は苦土石灰や草木灰を混ぜて改良しておきます。
植えつけ	鉢なら5号鉢に3球、花壇なら3cmの深さで15cm間隔、が目安(コロナリア種)。秋に、芽出しをした球根のとがった方を下にして植えつけます。球根が小さいので密植しがちですが、よく育つので間隔をとるようにします。
肥料	元肥として緩効性肥料を与え、葉が茂りはじめた月に1回程度リンサン、カリ分の多い1000倍液肥で追肥します。
水やり	春の成育初期は水を多く必要としますが、その後はやや乾燥ぎみに育てます。
病害虫	モザイク病、菌核病、アブラムシに注意。
掘り上げ・分球	6月に葉が黄色くなったら掘り上げて乾燥保存し、秋に分球して植えつけます。

Point

植えつけ
「芽出し」という吸水作業が必要

球根はカラカラに乾いているので、急に水を吸わせると組織が破壊されて腐ってしまう。

軽く湿らせたバーミキュライトや水ゴケの上に並べ、ゆっくりと吸水させると発芽率がよくなる。

約1週間後にとがった方を下にして、鉢なら深さ1〜2cmの浅植えにする。

花がら摘み
花びらが傷んできた花茎から切りとり、種をつけさせない

1本の花茎にはつぼみを包んでいた総苞葉が花の下に輪状についているので、その上で切りとる。この葉も残しておけば球根が充実するのを助ける。

掘り上げ・分球
葉が黄変したら掘り上げ、秋に分球

6月ごろ、葉が黄変したら掘り上げる
株元から茎を切る
きれいに水洗いする

ペンレート1000倍液に約1時間つけて消毒する

植えつけ前に手で折って分球する

陰干ししてから風通しのよい場所で保存

球根アイリス

Iris

秋植え球根

別　名：イリス
分　類：アヤメ科
原産地：地中海沿岸
花　色：●白青紫

月	1	2	3	4	5	6	7	8	9	10	11	12
開花期				░	░							
球根の植えつけ									░	░	░	
球根の掘り上げ						░						

クラシカルで華やかな花が魅力

品種が多いアヤメ科アヤメ属のなかで、球根をもつものを総称して「球根アイリス」と呼んでいます。草丈60〜80cmに育つダッチアイリスやイングリッシュアイリス、スパニッシュアイリスなどが代表的。寒さに強く、花形が美しいものが多く、数年植えっぱなしでも毎年きれいな花を咲かせる品種もあります。

ダッチアイリスはその名の通りオランダで改良されたもので、花色豊富。花はアヤメやカキツバタに似て控えめな印象です。

©サカタのタネ
ダッチアイリス
ゴールデンビューティー

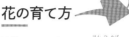
©サカタのタネ
ダッチアイリス
アポロ

長くきれいに咲かせるコツ

＊花壇の土は中和してから植えつける
＊冬は日なたで霜に当てない
＊冬も水切れしないように管理

花の育て方

適地	日なたから半日陰。冬は日当たりがよい戸外で、霜に当てないように管理します。
植えつけ用土	土の酸性を嫌うので、花壇は土に草木灰か苦土石灰を混ぜて中和しておきます。
植えつけ	鉢なら5号鉢に3球、花壇なら10cmの深さで10〜15cm間隔、が目安。花壇は球根2個分の土をかぶせ、鉢はできるだけ深鉢を選んで1cm〜球根1個分の土をかぶせます。
肥料	元肥に緩効性肥料を与え、春に固形肥料の置き肥を株元に施します。植えっ放しにする場合は、2年目以降は成育おう盛な春から月2回、液肥を与えると効果的。
花がら摘み	花後は花だけ切りとります。
病害虫	白絹病、球根腐敗病、モザイク病にかかりやすいので注意。発生した株は抜きとり、処分します。
掘り上げ	花後に葉が黄変してきたら茎を切らずに枯れた葉のまま掘り上げ、2週間陰干ししてから枯れた茎を切ります。親球についた子球を傷めないように分球し、日陰で保存します。

クロッカス

Crocus

秋植え球根（春植え、夏植え球根もあり）

別　名：ハナサフラン
分　類：アヤメ科
原産地：地中海沿岸
花　色：●白紫

月	1	2	3	4	5	6	7	8	9	10	11	12
開花期		░	░	░								
球根の植えつけ										░	░	
球根の掘り上げ						░	░					

早春からかわいい花を咲かせる秋植えが代表的

1球から数個の花が咲き、日中開花して夕方閉じる性質。花後、松葉のような細い葉が伸びます。冬咲きや春咲き、秋咲きのサフランなど、いろいろな種類がありますが、冬咲き種は寒咲き、早咲きクロッカスともいわれるように、2〜3月のまだ寒い時期から花を咲かせます。春咲きはダッチクロッカスとも呼ばれ、3〜4月に大輪の花を咲かせます。

©サカタのタネ
紫花種

黄花種

水ゴケ栽培
湿らせた水ゴケの上に置いておくだけで元気に育ち、約3か月で開花。

長くきれいに咲かせるコツ

＊花壇、鉢ともに覆土は厚めにする
＊水はけのよい土で育てる
＊土が乾く前に水やりをする

花の育て方

適地	日当たりのよい場所。日当たりが悪いと花が十分開かないままで終わってしまうことがあります。鉢植えを室内の暖かい場所に置くと、花がすぐ終わってしまうので注意が必要。
植えつけ用土	土の過湿を嫌うので、市販の培養土には川砂などを混ぜて水はけをよくします。
植えつけ	鉢なら5号鉢に6球、花壇なら7cmの深さで5cm間隔が目安。冬咲き、春咲きの適期は秋。丈夫で育てやすいので、大きめの球根を選んで水栽培、水ゴケ栽培も気軽に楽しめます。
肥料	元肥として緩効性肥料を与え、発芽後は月1〜2回、薄い液肥で追肥します。チッソ分はなるべく控えめにします。
水やり	過湿は苦手ですが、土が乾きすぎると花が貧相になるので注意します。
掘り上げ	花が全部終わったらお礼肥を与えて球根を肥大させ、初夏に葉が黄変したら掘り上げて、冷暗所で乾燥保存します。花壇は2〜3年は植えっぱなしでも大丈夫ですが、毎年掘り上げて植え替えた方が花つきはよくなります。

©サカタのタネ

スイセン

Narcissus

秋植え球根

別　名：セッチュウカ
分　類：ヒガンバナ科
原産地：中央ヨーロッパ
花　色：桃 黄 白 混

月	1	2	3	4	5	6	7	8	9	10	11	12
開花期												
球根の植えつけ												
球根の掘り上げ												

気品溢れる草姿、凛とした花が万人に好まれる

葉のあいだから長い花茎を伸ばし、その先に横向きの花が開きます。日本スイセンは室町時代以降に中国から渡来したといわれ、「雪中花（せっちゅうか）」と呼ばれて親しまれてきました。ヨーロッパで盛んに品種改良が行われ、房咲きスイセンやラッパスイセン、カップスイセン、八重咲きスイセンなどの品種は1万種以上あります。

長くきれいに咲かせるコツ

＊植えつけ後、十分寒さに当てる
＊鉢植えは一定量をこまめに与え、水切れに注意
＊咲き終わった花は花首から切りとる

©Seiichi Hatano

©タキイ種苗
八重咲きスイセン テキサス
黄色とオレンジの副冠（花の中心部）が魅力

変わり咲きスイセン プレコシアス
フリルのかかるサーモンピンクの副冠が美しい

©サカタのタネ
ラッパスイセン ラインベルト アーリー センセーション
早咲きで花もちがよいのが特徴

花の育て方

適地	日当たりと風通しのよい場所。
植えつけ	鉢なら5号鉢に3球、花壇なら15cmの深さで10cm間隔が目安。球根は傷のないものを選び、夏の暑さが完全に去った秋に水はけのよい土に元肥を与えて植えつけ、その後は屋外の寒さに十分に当てます。鉢植えは浅植えに、花壇は球根の3倍くらいの深植えにします。
水やり	過湿は球根の腐敗の原因になるので、一定量をできるだけこまめに与えるようにします。
肥料	月に3〜4回、チッソ分の少ない液肥を水やりをかねて追肥。花後も球根を肥大させるために与えます。
花がら摘み	花びらが傷みはじめたら、花びらのつけ根の下にある子房部分（ふくらんだ部分）をつけて手で摘みとるか、ハサミで切りとります。
掘り上げ・分球	3〜4年に1回、葉が黄変した7月ごろ球根を掘り上げて、乾燥保存したのち分球します。掘り上げない年は水やりを控えて休眠させます。

スノーフレーク

Summer Snowflake

秋植え球根

別　名：スズランスイセン
分　類：ヒガンバナ科
原産地：ヨーロッパ
花　色：白

月	1	2	3	4	5	6	7	8	9	10	11	12
開花期												
球根の植えつけ												
球根の掘り上げ												

下向きに咲く釣り鐘形の可憐さ

スズランのような花が咲き、スイセンのような草姿をしているのでスズランスイセンとも呼ばれています。かわいい白花は釣り鐘形で垂れ下がり、先端には緑色の斑点があります。大変丈夫で土質を選ばず、花壇に植えれば放っておいても数年はよく咲きます。草丈40cm程度の花茎に2〜7個の花を咲かせるアエスティウムと、10cmほどの草丈で1茎1花のウェルヌムがあります。

©Seiichi Hatano

長くきれいに咲かせるコツ

＊水はけのよい土に植える
＊花壇は10球ほど群植すると見映えがよい
＊花つきが悪くなったら掘り上げ、分球

1茎1花で小型のウェルヌム

花の育て方

適地	日当たりを好みますが、半日陰でもよく育ちます。鉢植えを室内で育てる場合は暖房から遠ざけて管理し、ときどき外気に当てるようにします。
植えつけ	鉢なら5号鉢に5〜6球、花壇なら7cmの深さで10cm間隔が目安。10月上旬が最適ですが、暖地なら年内に植えれば大丈夫。水はけのよい土に元肥として緩効性肥料を与え、花壇は10球くらいまとめて植えると見映えがします。
肥料	茎が伸びはじめたら薄い液肥を追肥し、花後に球根を肥大させるために固形肥料を与えます。
水やり	土の表面が乾いたらたっぷり与え、ひどく乾燥させないように注意します。休眠期は水やりを中止します。
掘り上げ・分球	株が混み合ってきたり、花つきが悪くなったら掘り上げます。葉を束ねて日陰の風通しのよい場所で乾燥させ、分球した後、風通しのよい場所で保存します。

ヒヤシンス

Hyacinth

秋植え球根

別　名：ニシキユリ、ヒアシンス
分　類：ユリ科
原産地：トルコ、南フランス
花　色：赤 桃 橙 黄 白 青 紫

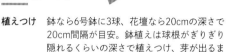

月	1	2	3	4	5	6	7	8	9	10	11	12
開花期		▓	▓	▓								
球根の植えつけ									▓	▓	▓	
球根の掘り上げ						▓	▓					

パステル調の花色と甘い香りが人気

20cmほどの花茎の先に小花が多数集まって、大きな花穂を咲かせるヒヤシンス。寒さに強いので戸外で冬越しでき、手軽な水栽培も楽しめます。園芸品種は多数あり、花が大きく水栽培にも向くダッチ系と、小花で群植向きのローマン系に大別されます。重く大きな球根ほどボリュームのある花が咲くので、球根選びも大切です。

©blumenbiene

長くきれいに咲かせるコツ

＊重く、大きめの球根を選ぶ
＊こまめに花がらをとり除く
＊肥料を切らさない

長く楽しむ寄せ植え

早春から晩秋まで
白と紫のヒヤシンスと後方の黄色いリナリアとのコントラストが際立つ美しさ。

花の育て方

植えつけ	鉢なら6号鉢に3球、花壇なら20cmの深さで20cm間隔が目安。鉢植えは球根がぎりぎり隠れるくらいの深さで植えつけ、芽が出るまでは戸外で寒さに当てます。
肥料	発芽から開花まで月に1〜2回、薄めの液肥を追肥し、花後は固形肥料を与えます。
水やり	土が乾かないようにこまめにたっぷり与え、花後は控えます。
花がら摘み	枯れた花から順にこまめに摘みとるか、全体の花穂が咲き終わったらしごくように花がらをとり除きます。
掘り上げ	3年に1回は葉が黄変したら葉をつけたまま球根を掘り上げて乾燥させ、その後、枯れ葉を除いて保存します。
水栽培	10月下旬〜11月、球根の底が水に十分触れるようにセットし、光を遮断して球根を土中に埋めたのと同じ状態にし、冷暗所で1か月ほど寒さに当てます。発根したら水位を少し下げ、明るい窓辺で管理します。

フリージア

Freesia

秋植え球根

別　名：アサギズイセン
科　名：アヤメ科
原産地：南アフリカ
花　色：赤 桃 橙 黄 白 紫

月	1	2	3	4	5	6	7	8	9	10	11	12
開花期			▓	▓	▓							
球根の植えつけ										▓	▓	▓
球根の掘り上げ					▓	▓	▓					

魅力は早春に放つ甘い香りと繊細な草姿

細くしなやかな花茎の先に花が片側に並んで咲きます。19世紀にオランダで改良が進められ、現在も新品種がつくられています。花色によって香りの強さ、種類は違いますが、黄花系や白花系は甘い香りを漂わせます。一重咲きの他、ボリュームのある八重咲きや花径7cm以上の巨大輪咲きもあります。

©matsuyuki

ブルカノ

長くきれいに咲かせるコツ

＊寒さに弱いので霜に当てない
＊成育初期は特に水切れに注意
＊アブラムシを予防する

花の育て方

適地	日当たり、水はけのよい場所。植えつけ直後はなるべく涼しい半日陰で管理し、発芽したら日に当てます。寒さに弱いので、霜の害にあわないようにフレームか室内で管理します。
植えつけ	鉢なら5号鉢に5球、花壇なら5cmの深さで10cm間隔が目安。鉢植えでは球根の上に3cmほど土がかぶる深さに植えます。
肥料	元肥に有機質肥料か緩効性肥料を与え、その後は月に1回程度、固形肥料の置き肥を株元に施します。
支柱立て	茎がやわらかく不安定なときは、マス状に支柱を立てると安心。
花がら摘み	花がしおれてきたら花のつけ根の子房から手で摘みとり、先端まで咲き終わったら花茎から切りとります。
病害虫	鉢植えは必ず新しい土を使います。ウイルス病は見つけしだい病株を抜いて処分。病気を媒介するアブラムシを殺虫剤で予防します。
掘り上げ	葉が黄変したら掘り上げ、消毒後に風通しのよい場所で乾燥保存します。

ムスカリ
Muscari

秋植え球根

別　名：ブドウヒヤシンス、グレープヒヤシンス
科　名：ユリ科
原産地：地中海沿岸　中央アジア
花　色：桃 黄 白 青 紫

月	1	2	3	4	5	6	7	8	9	10	11	12
開花期			▨	▨	▨							
球根の植えつけ									▨	▨	▨	
球根の掘り上げ						▨						

コバルトブルーの房咲きが輝く

花茎の先に小さな球形の花がブドウの房のようにまとまって咲きます。寒さに強く、秋植え球根の中では育てやすい花のひとつ。球根の繁殖力は強く、1度植えると毎年ふえて多くの花を咲かせます。花色は定番の青や白のほかに、青と白の2色咲きや黄花まで多彩。草丈は低いので、寄せ植えや花壇の縁どりにも効果的です。

©MGSpiller

早春から晩春まで
草丈の低いムスカリとリズムのあるチューリップのシンプルな組み合わせは、春いっぱい楽しめます。

長く楽しむ
寄せ植え

長くきれいに咲かせるコツ

＊凍る心配がなければ戸外で冬越し
＊水はけよく管理し、過湿に注意
＊花がらは随時摘み、花後はつけ根から切る

花の育て方

適地　日当たりのよい場所、水はけさえよければ半日陰でも大丈夫。凍る心配がなければ戸外で冬越しできます。

植えつけ　鉢なら5号鉢に5〜7球、花壇なら5cmの深さで5cm間隔が目安。10月中旬〜11月中旬に植えつけると、ほとんど手間がかからずも毎年花が楽しめます。植える時期が早すぎると葉が花茎より長く育ち、花が咲いても葉の陰に隠れてしまい、冷害の影響も受けやすいので注意します。

水やり　過湿に注意し、土の表面に水がたまらないよう、できるだけ水はけをよくすることが大切。

花がら摘み　花がらはそのつど早めに摘みとり、先端の花が咲き終わる前に花茎のつけ根から切りとります。

病害虫　病害虫には強いのですが、過湿にすると白絹病になることがあります。

掘り上げ　3〜4年たって葉が伸びて大きくなった株は、6月ごろに球根を掘り上げて分球し、乾燥保存の後、秋にまた植えつけます。

ラナンキュラス
Garden Ranunculus

秋植え球根

別　名：ハナキンポウゲ
科　名：キンポウゲ科
原産地：地中海沿岸
花　色：赤 桃 橙 黄 白 緑

月	1	2	3	4	5	6	7	8	9	10	11	12
開花期				▨	▨							
球根の植えつけ										▨	▨	
球根の掘り上げ						▨						

薄い花びらが重なった華麗な大輪花

薄絹を幾重にも重ねたような大輪の花は花壇やコンテナガーデンの主役としての存在感は抜群！花色は豊富で1色使いのものの他、花びらが濃い色で縁どられたものや全体がグラデーションや濃淡のぼかしになったものもあり、多種多彩です。

©Seiichi Hatano

長くきれいに咲かせるコツ

＊凍らない程度の寒さに当てる
＊花を雨に当てない、水をかけない
＊花がらを切り、落ちた花びらも拾う

Point

植えつけ(芽出し)

タコ足側を下にして球根に水分を吸収させ、日陰で芽出しさせる。

芽がふくらんできたら根を傷めないように、タコ足側を下に3cmの深さで植えつける。

花の育て方

適地　日当たりのよい場所。冬に霜に当てないケアをしますが、逆に高温で育てると花つきが悪くなるので、0℃以下にならない低温で育てます。

植えつけ用土　少量の石灰を混ぜた弱アルカリ性の土。

植えつけ　鉢なら5号鉢に2〜3球、花壇なら7〜8cmの深さで15cm間隔が目安。独特なタコ足状態で乾燥している球根は植えつけ前に吸水させ、芽出ししてからタコ足側を下にして植えつけます。

肥料　元肥に緩効性肥料を与え、3月から2週間に1回程度、液肥で追肥します。

水やり　厳寒期に過湿にすると霜害を受けやすくなります。土の表面をマルチングして霜を防ぎ、晴れた日の午前中に与えます。花に水をかけると灰色かび病などの病気になりやすいので注意。

花がら摘み　花が色あせてきたら、枝分かれした茎のつけ根からハサミで切りとります。落ちた花びらは病気の発生になるのでこまめに拾います。

掘り上げ　葉が黄変してきたら水やりを控え、地上部分が枯れたら掘り上げます。

アマリリス

Amaryllis

春植え球根

別　名：ヒッペアストラム
科　名：ヒガンバナ科
原産地：ペルー
花　色：⬤赤 ⬤桃 ⬤橙 ⬤白 ⬤緑

月	1	2	3	4	5	6	7	8	9	10	11	12
開花期					▨	▨	▨					
球根の植えつけ			▨	▨								
球根の掘り上げ												

華麗で大きな花を咲かせる大輪種や、花形の豊富な中輪種、楚々とした風情の原種などさまざまな種類があります。球根は肥培しながら育てれば、年々花の数をふやしていきます。水を与えるだけで豪華な花が咲く鉢植えも出回っています。

花の育て方

大球ほど花芽も多いので、直径8cm以上で根が多くついている健康な球根を選び、6号鉢に1球を目安に植えつけます。水はけのよい土に元肥を与え、球根の首と肩の部分が出るような浅植えにします。日当たりのよい場所で育て、1週間後から水やりをはじめますが、首の部分や葉にかけないようにします。成育期間中は月に2〜3回の液肥で追肥し、花がらは花首のつけ根で切りとります。花後も肥培して球根を大きく育て、3年で球根を掘り上げ、植え替えます。

イキシア

African Corn Lily

秋植え球根

別　名：ヤリズイセン
科　名：アヤメ科
原産地：南アフリカ
花　色：⬤赤 ⬤桃 ⬤華 ⬤白 ⬤紫

月	1	2	3	4	5	6	7	8	9	10	11	12
開花期			▨	▨	▨							
球根の植えつけ										▨	▨	▨
球根の掘り上げ						▨						

南アフリカのとうもろこし畑などに自生していたので、アフリカンコーンリリーという英名があります。草丈40〜60cm、葉は細い剣状で、細い茎にはろうと状の花が穂状に多数咲きます。球根のほか、鉢花で出回ることもあります。

花の育て方

土の酸性を嫌うので、花壇は苦土石灰で酸性を中和してから植えつけます。鉢植えは5号鉢に5〜7球を目安に、元肥として緩効性肥料を与えて、3cmの深さに植えます。日当たりのよい場所で育て、寒さに弱いので冬は直接霜に当たらないように管理します。土の表面が乾いたらたっぷりと水を与え、花茎が伸びてきたら月に1〜2回、液肥で追肥します。茎が細くて草丈が高くなるので、倒れないように支柱を立てるとよいでしょう。6月ごろに球根を掘り上げて分球後、乾燥保存します。

オーニソガラム

Star of Bethlehem

秋植え球根

別　名：オオアマナ
科　名：ユリ科
原産地：ヨーロッパ、アフリカ
花　色：⬤赤 ⬤橙 ⬤黄 ⬤白

月	1	2	3	4	5	6	7	8	9	10	11	12
開花期				▨	▨	▨						
球根の植えつけ										▨	▨	
球根の掘り上げ						▨						

葉は細長い線状のものが多く、葉の中心から花茎を長く伸ばして、先端に多くの花を咲かせます。花は6枚の花びらをもつ星形で、白や乳白色が多く見られます。キリスト誕生の夜に光り輝いたという「ベツレヘムの星」にたとえられている花です。

花の育て方

日当たりと水はけのよい土に元肥として緩効性肥料を与え、花壇は小球種なら10cm、大球種は15〜20cm間隔で7cmの深さに、鉢植えは5号鉢に5球（小球種）を目安に3cmの深さに植えます。乾燥した土を好むもので、植えつけ後2か月間は水の与えすぎで腐らせないように注意します。成育期間中は土の表面が乾いたらたっぷりと水を与え、追肥は特に必要ありません。鉢植えは毎年、花壇は3年に1回、葉が黄変した6月ごろに球根を掘り上げて涼しい場所で保管し、秋に分球して植えつけます。

フリティラリア

Checkered Lily

秋植え球根

別　名：ヨウラクユリ、アミガサユリ
科　名：ユリ科
原産地：ヨーロッパ、西アジア
花　色：⬤橙 ⬤華 ⬤白 ⬤紫 ⬤混

月	1	2	3	4	5	6	7	8	9	10	11	12
開花期			▨	▨	▨							
球根の植えつけ										▨	▨	
球根の掘り上げ					▨	▨						

赤紫色に白の網目のような市松模様が入るおもしろい花。釣り鐘状の長さ4cmほどの花が、茎の先端に1花ぶら下がるように咲きます。日本原産のクロユリ、中国のバイモユリなどはこの仲間で、育て方もほぼ同様です。

花の育て方

水はけのよい土に元肥として緩効性肥料を与え、5号鉢に3球を目安に深めに植えつけ、2cmほど覆土します（小さめの球根は4号鉢に4球で5cm覆土）。日当たりと風通しのよい場所で育て、土の表面が乾いたらたっぷりと水を与えます。発芽したら月1回、1000倍液肥で追肥。暑さに弱いので花後の夏は涼しい半日陰で管理し、肥料は与えません。5〜6月ごろに球根を掘り上げて分球後、乾燥保存しますが、腐りやすいので注意が必要。管理がラクな鉢植えがおすすめです。

P.107　ポピー

春
Spring

初夏
Early summer

P.112　ラベンダー

四季を彩る人気の花

その季節ならではの趣(おもむき)で、
輝く美しさを存分に楽しめる花々

Index

夏
Summer

P.114　ブーゲンビレア

P.117　リンドウ

秋
Autumn

P.118　アザレア

Winter and Early spring

106

ポピー

Poppy

別　名：ヒナゲシ
分　類：ケシ科
原産地：ヨーロッパ中部
花　色：赤 桃 橙 ● 白

1年草・宿根草(しゅっこんそう)

月	1	2	3	4	5	6	7	8	9	10	11	12
開花期												
種まき												
市販苗の植えつけ												

群生して春風に揺れる花姿が魅力

ポピーには1年草のアイスランドポピーやシャーレポピー(ヒナゲシ)、宿根草(しゅっこんそう)のオリエンタルポピー(オニゲシ)などがあります。寒さに強く、成育おう盛なポピーは肥料をあまり必要とせず、一度花壇に植えつけると毎年こぼれ種で繁殖し、あっという間に広がってしまうほど丈夫。一花の命は短く、数日で散ってしまいますが、次々と花を咲かせるので、群植すると見事です。秋に出回るつぼみつきの苗を植えつけるか、種をまいて育てます。

©gtknj

アイスランドポピー

シャーレポピー

1年草

オリエンタルポピー
インパクトのある大輪花。高温多湿に弱いので、寒冷地での栽培向き

宿根草(しゅっこんそう)

花の育て方

適地　日当たりと風通しのよい、やや乾燥ぎみの場所。

種まき　直根性で移植を嫌うので、直まきかポットまきが原則です。直まきは、花壇なら腐葉土をたっぷりすきこんだ水はけのよい肥えた土に種をばらまき、覆土はしません。本葉が4〜5枚になったら間引き、株間を10〜20cmあけます。

植えつけ　残暑が去って寒くなる前の初秋が適期。元肥として緩効性肥料を十分に与え、幼い苗を、根を傷めないように水はけのよい土に深めに植えつけます。

肥料　追肥は特に必要ありません。

水やり　過湿にしないこと。鉢植えは土の表面が乾いてからたっぷり与えます。

花がら摘み　咲き終わると花びらは自然とハラハラ落ちてしまいます。普段の手入れとしては種ができないうちに花茎のつけ根から切りとる花がら摘みをしますが、採種したい場合はそのまま残します。

Point

種まき
種が細かくてまきにくいので、砂と混ぜておく

ポットまき

10粒くらい

種まき用

発芽したら2〜3回間引きして1本にする

植えつけ
本葉6〜8枚で株間をとって植えつける

宿根草(しゅっこんそう)

1年草

20cm

50cm

腐葉土、ピートモスを混ぜた水はけのよい土

何年も成育して大株に育つので広めにとる

花がら摘み

花びらは自然と落ちるので、つけ根から切りとる

種の採取

果実が熟した花茎を陰干しして乾燥させる

ふるい出す

長くきれいに咲かせるコツ

＊水はけのよい土で育てる
＊根を傷めないように植えつける
＊花びらが落ちたらすぐ花がらを摘む

カーネーション

Carnation
しゅっこんそう
宿根草

別　名：オランダセキチク
分　類：ナデシコ科
原産地：コーカサス地方
花　色：赤 紅 桃 ■ 白 緑 紫 混

月	1	2	3	4	5	6	7	8	9	10	11	12
開花期			■	■	■	■						
種まき			■	■	■							
市販苗の植えつけ			■	■	■							
ふやし方									さし芽			

ビジョナデシコやセキチクなどと同じナデシコの仲間。品種改良によって草丈の低い、四季咲き性の鉢花が出回るようになり、開花株から育てはじめることも多くなりました。房咲きのスプレータイプや甘い香りをもつ芳香種もあります。

花の育て方

花壇は苦土石灰で土の酸性を中和し、水はけ、通気性のよい土に元肥として有機質肥料を与えて植えつけます。日当たりと風通しのよい場所で、しっかり根づくまで土が乾かないように管理しますが、過湿を嫌うので土の表面が乾いてから株元にそっと水やりします。高温多湿に弱いので、梅雨時は雨が直接当たらないように管理し、成育中は月に1回、1000倍液肥を追肥します。花がらはこまめに摘みとり、花がひととおり咲き終わる6〜7月に1/2に切り戻し、固形肥料を与えます。冬は北風や霜に当てないように注意します。

キバナカタクリ

Fawn Lily
しゅっこんそう
宿根草

別　名：ヨウシュカタクリ
分　類：ユリ科
原産地：アメリカ、カナダ
花　色：黄 白

月	1	2	3	4	5	6	7	8	9	10	11	12
開花期			■	■	■	■						
種まき												
市販苗の植えつけ			■	■								

日本原産のカタクリは球根性の紫花で、自生地などで群生しているさまは見事ですが、現在おもに出回っているのは園芸品種で多花性のキバナカタクリ。宿根性で耐暑性、耐寒性があり、日本産より育てやすいのが特徴です。

©Seiichi Hatano

花の育て方

春先は日が当たり、夏は半日陰になる落葉樹の下などが適地です。少々の日陰でも育つのでシェードガーデンにも向いています。春に水はけのよい肥えた土に深めに植えつけます。夏場は葉を落として休眠するので、葉のあるうちに肥培し、花後と秋に固形肥料を与えます。乾燥に弱いのでやや湿り気のある土を好みますが、過湿にすると腐りやすくなるので、水は乾いたらたっぷり与えるようにします。ナメクジが発生し、食害されることがあるので注意しましょう。

シバザクラ

Moss Phlox
しゅっこんそう
宿根草

別　名：モスフロックス
分　類：ハナシノブ科
原産地：アメリカ西部
花　色：赤 桃 白 紫 混

月	1	2	3	4	5	6	7	8	9	10	11	12
開花期			■	■	■							
市販苗の植えつけ			■	■	■							
ふやし方									さし芽・株分け			

サクラに似た小さなかわいい花が這うように広がって咲くので、グランドカバーやロックガーデンに最適です。暑さ、寒さに強いので、多湿にさえ気をつけて乾燥ぎみに育てれば、ほとんど手間がかかりません。

©BONGURI

花の育て方

春に出回る苗を購入して育てるのが一般的。水はけのよい土に少量の緩効性肥料を与え、根を軽くほぐして植えつけます。成長すると広がるので、株間は広めにとっておきます。乾燥ぎみに管理し、花の咲く前に化成肥料を少量と花後に薄い液肥を与えると、来シーズンの花つきがよくなります。梅雨時に蒸れることがあるので茎が伸びたら定期的に切り戻しをし、数年に一度、全体を大きく刈り込むとよいでしょう。ハダニが発生するので薬剤防除します。秋にさし芽か株分けでかんたんにふやせます。

スイートピー

Sweet Pea
いちねんそう・しゅっこんそう
1年草・宿根草

別　名：ジャコウレンリソウ
分　類：マメ科
原産地：シシリー
花　色：赤 桃 白 青 紫 混

月	1	2	3	4	5	6	7	8	9	10	11	12
開花期			■	■	■	■						
種まき										■		
市販苗の植えつけ			■	■	■							

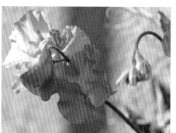

はかなげな草姿、やさしい花色と甘い香りのつる性植物。品種は咲く時期で大別され、早春から店頭に並ぶ冬咲き系は切り花向き。春咲き、夏咲き系は花壇向きで、丈夫で育てやすいタイプ。鉢植えにはつるがない品種や矮性種がおすすめ。

花の育て方

種は発芽しにくいので、一晩水につけてよい種を選び、直まきします。水はけのよい弱アルカリ性の土を好むので、花壇は植えつけ前に草木灰または苦土石灰を混ぜて中和しておきます。苗から育てる場合は、元肥に緩効性肥料を与え、幼苗のうちに根鉢をくずさずに植えつけます。支柱を立てるとつるが伸びてよく育ちます。成育中は月に1〜2回、リンサンやカリ分の多い液肥を与え、初夏の開花期には特に多めに追肥します。咲き終わった花がらが腐ると病気の原因になるので、こまめに摘みとります。春先のアブラムシに注意します。

スズラン

Lily-of-the-valley

しゅっこんそう
宿根草

別　名：キミカゲソウ、ドイツスズラン
分　類：ユリ科
原産地：ヨーロッパ、日本
花　色：桃 白

月	1	2	3	4	5	6	7	8	9	10	11	12
開花期			░	░	░							
市販苗の植えつけ		░	░	░								
ふやし方										░		

©mwri

鈴形のかわいい小花は半日陰を好み、地下茎でふえます。日本にも自生種がありますが、園芸用として栽培されているのはドイツスズラン。花つきも香りもよい品種で、花が葉と同じ高さに咲き、自生種に比べて全体にやや大型なのが特徴です。

花の育て方

寒さにとても強く、半日陰が適地。乾燥を嫌うので土に保水性の高い腐葉土を混ぜ、水もちのよい土にします。花壇は20〜30cm株間をとり、根が絡まないように同じ方向に植えつけます。鉢は大きめを選び（6号鉢に3株が目安）、水を多めに与え、冬の休眠期も水やりを欠かさないようにします。花後は茎をとり除き、葉を残してリンサン分が多めの肥料で追肥して株を育てます。植えつけて3年たつとかなり密になるので、2〜3年に1度、株を掘り上げ、花芽をつけて切り分けて株分けし、植え替えます。

スミレ

Violet

しゅっこんそう
宿根草

別　名：フタバグサ
分　類：スミレ科
原産地：日本〜東北アジア
花　色：桃 ● 白 紫

月	1	2	3	4	5	6	7	8	9	10	11	12
開花期			░	░								
種まき												
市販苗の植えつけ		░	░	░								
ふやし方						░						

©Seiichi Hatano

日当たりのよい草地や田畑のわき、道端などに生える草花。多くの品種は株元から多数の葉と花茎を伸ばし、先端に花径2cmほどの清楚な花を1輪つけます。花色は紫が定番ですが、純白花、筋が入るもの、赤紫や八重咲きなど変化に富んでいます。

花の育て方

水はけのよい土に元肥として緩効性肥料を与えて植えつけます。秋から春は日なた、夏は半日陰で管理し、土の表面が乾いたらたっぷりと水を与えます。特に夏の水切れには注意しましょう。春から秋の成育期は真夏を除いて月に2回ほど、1000倍液肥で追肥します。鉢苗の花をそのまま楽しんだ場合は、花が終わったらすぐにひとまわり大きい鉢に植え替えます。株の寿命は短いので、長く楽しむためには株を更新することが大切。種はたくさんできるので春に採種して、9月上旬にまきます。種のできない品種は、根伏せでふやします。

ニゲラ

Love-in-a-mist

1年草

別　名：クロタネソウ、フェンネルフラワー
分　類：キンポウゲ科
原産地：地中海沿岸
花　色：桃 白 青 紫

月	1	2	3	4	5	6	7	8	9	10	11	12
開花期					░	░						
種まき										░		
市販苗の植えつけ			░	░								

©mwri

独特の花を細い羽根状の葉が縁どって幻想的な雰囲気を漂わせます。比較的密に植えると花の美しさはさらに際立ちます。英名は「霧の中の恋」、学名のニゲラはラテン語の「ニガー（黒い）」に由来し、種が黒いことからクロタネソウの別名もあります。

花の育て方

種まきは10月上旬に直まきかポットまきにし、必ず覆土をします。発芽後は10cm間隔になるよう間引き、日当たりのよい場所で乾燥気味に育てます。寒冷地は鉢植えにして室内で越冬するか、春まきで育ててもよいでしょう。根がデリケートなので、植えつけるときに傷めないように注意します。元肥に緩効性肥料を与えたら、その後追肥は特に必要ありません。咲き終わった花がらは摘みとりますが、花後にできる実は風船のようで、ドライフラワーとしても楽しめます。うどん粉病が発生しやすいので、殺菌剤で防除します。

ネモフィラ

Baby Blue-eyes

1年草

別　名：ルリカラクサ
分　類：ハゼリソウ科
原産地：北アメリカ
花　色：桃 白 青 紫 混

月	1	2	3	4	5	6	7	8	9	10	11	12
開花期			░	░	░							
種まき									░	░		
市販苗の植えつけ		░	░	░								

©mwri

草丈15〜20cmで、茎は横に這い広がってから直立します。透明感のある爽やかな青色の小花の花径は3〜5cm。ほかにも、白に紫や紺の模様が入ったり、黒に白の縁どりが入った個性的な品種などもあります。

花の育て方

日当たりがよく、雨や霜の当たらない軒下やベランダが適地。根がまっすぐに伸びる直根性で移植を嫌うので、種は花壇や鉢、ポットに直まきし、発芽後、成育の悪い苗を間引いて育てます。苗は幼いうちに根を傷つけないよう植えつけます。水はけのよい土に元肥として緩効性肥料を与え、月に1回、固形肥料を追肥します。しっかりと日に当て、乾燥ぎみに管理してがっしりとした苗に育てます。花がらや枯れ葉はこまめに摘みとり、風通しをよくすることで病害虫を予防します。6月には枯れてしまうので、採種は5月末までに行います。

アジサイ

Hydrangea

常緑低木

別　名：ハイドランジア、シチヘンゲ、テマリバナ
分　類：ユキノシタ科
原産地：日本
花　色：桃 白 緑 青 紫

月	1	2	3	4	5	6	7	8	9	10	11	12
開花期						▨	▨					
市販苗の植えつけ				▨	▨							
ふやし方					さし木							

梅雨のころ、清楚に咲き続ける花木（かぼく）

多くの花が育ちにくい梅雨時に、生き生きとして鮮やかな花を咲かせます。小さな花が集まって花が咲いたように見えるのが特徴で、その集まり（花房）が手まりのように咲く一般的な「手まり型」と、外周部だけが額縁のように咲くガクアジサイに大別されます。日本原産のアジサイがヨーロッパで品種改良されたのが「ハイドランジア」または「西洋アジサイ」と呼ばれ、鉢花向きの育てやすい品種も人気があります。剪定で切った枝先をさしてふやすのがかんたんなんです。

©Motomi Takemoto

©Motomi Takemoto

カシワバアジサイ スノーフレーク
葉の形が柏（かしわ）の葉に似ている

長くきれいに咲かせるコツ

＊ 育てる場所、環境に合った品種を選ぶ
＊ とにかく、水切れに注意
＊ 花は早めに切りとり、その後すぐに剪定する

ガクアジサイ

©Motomi Takemoto

Point

植えつけ用土

花色は土の酸度による。鉢花の花壇への植えつけや鉢替えのときに、鮮やかな花色を保つためには調整が必要

酸	アルカリ
©Motomi Takemoto	©Motomi Takemoto

青花系は酸性土
（ピートモスを混ぜる）

赤花系は弱アルカリ性土
（苦土石灰を混ぜる）

剪定（せんてい）　翌年のために花後すぐに（8月上旬まで）剪定する

花の2～3節下のところで剪定

わき芽から伸びた枝が成長して、秋に花芽がつく

花の育て方

適地　日なたでも半日陰でも丈夫に育ちますが、真夏の直射日光は避けます。鉢植えは室内でも大丈夫です。

植えつけ用土　ブルー系の花は酸性土（ピートモスを混ぜる）、赤系の花にはpH 7前後の弱アルカリ性土（苦土石灰を混ぜる）に整えると花色が冴えます。

肥料　元肥は、鉢なら緩効性の化成肥料、花壇なら堆肥などの有機質肥料をたっぷり与えます。追肥は鉢なら休眠期を除き10日に1回程度1000倍液肥を、花壇なら3月にアジサイ専用の固形肥料を株元に多めに与えます。

水やり　とにかく水を好むので、水切れにならないように管理します。特に鉢植えは、乾燥しすぎると翌年花が咲かないことがあるので要注意です。

病害虫　炭そ病、灰色かび病、斑点病の被害にあいやすいので注意します。

剪定　花は2か月ほど咲き続けますが、株が弱るので早めに花首から2～3節下で切りとり、花後に全体を剪定します。

カラー

Calla Lily

春植え球根

別　名：カイウ
分　類：サトイモ科
原産地：南アフリカ
花　色：赤 橙 黄 白 紫

月	1	2	3	4	5	6	7	8	9	10	11	12
開花期				畑地性				湿地性				
球根の植えつけ		畑地性						湿地性				
球根の掘り上げ								畑地性				

©Motomi Takemoto

湿地を好む「湿地性」と、乾いた土を好む「畑地性」の2系統があり、切り花で見かける純白大輪花は湿地性。鉢花で出回り、気軽に栽培できるのは豊富な花色を持つ畑地性。適地や育て方に大きな違いがあるので注意してください。

花の育て方

畑地性　春は日なた、夏は半日陰で水はけのよい場所。堆肥を混ぜたやわらかい土に植えつけ、直後は乾燥しないように気をつけますが、根づいたら乾燥気味に。元肥に堆肥などの有機質肥料か、チッソ、リンサン、カリを均等に含んだ緩効性肥料を与え、球根の上に土が5cmほど覆土します。梅雨時に多肥にすると軟腐病にかかりやすいので注意。

湿地性　日当たりのよい水辺。粘土質の湿った土を好み、常に湿った状態を保ちます。植えつけ方、肥料等は畑地性と同様。耐寒性があるので、花後は地上部を切りとり、凍らない場所でそのまま水を与えて越冬します。

ツルハナナス

Poteto Vine

常緑つる性低木

別　名：ソラナム
分　類：ナス科
原産地：ブラジル
花　色：白 紫

月	1	2	3	4	5	6	7	8	9	10	11	12
開花期												
市販苗の植えつけ												
ふやし方					さし木							

©Seiichi Hatano

つる状の枝先に星形の花を房状に多くつける美しい花姿が最近人気の植物。葉は小さく、光沢があり、花は紫、白、花色が白と紫に変化するものなどがあります。寒さにも比較的強く、霜に当てなければ戸外で冬越しできます。

花の育て方

春に出回る苗か鉢を購入して育てるのが一般的。日当たりがよく、北風が当たるような場所を避け、花壇は腐葉土や完熟堆肥を多めに混ぜ込んでから植えつけます。鉢植えは水はけのよい土に緩効性肥料を与え、土の表面が乾いたらたっぷりと水を与えますが、冬は乾燥ぎみに管理します。春から秋の成長期にリンサンがやや多めの置き肥を月1回追肥します。成長してつるが伸びたら適宜誘引し、伸びすぎた枝は切り戻し、強い剪定は開花期を避けて春か秋に行います。枝を7cm前後切りとってさし穂とし、清潔な土にさしてふやします。

デルフィニウム

Delphinium

1年草・宿根草

別　名：オオヒエンソウ
分　類：キンポウゲ科
原産地：ヨーロッパ、西アジア、北アメリカ
花　色：赤 桃 黄 白 青 紫

月	1	2	3	4	5	6	7	8	9	10	11	12
開花期												
種まき												
市販苗の植えつけ												
ふやし方			株分け									

©angies

長い花穂が華やかな高性巨大輪のジャイアント パシフィック系、葉の切れ込みが深い小型の草姿に花をちらちらと咲かせるシネンシス系、両者の中間的なタイプで草丈60cm程度のベラドンナ系が代表的です。

花の育て方

水はけのよい弱アルカリ性の土を好むので、花壇は苦土石灰で中和し、元肥に有機質肥料をたっぷり与えます。株間を30cm以上とり、あまり深植えしないように日当たりのよい場所に植えつけます。夏は多湿、暑さを避け、水は土の表面が乾いたらたっぷり株元に与えますが、つぼみがついたら控えめにします。成長期は緩効性肥料で追肥し、花がらはこまめに摘みます。花後は株元まで切り戻すと秋まで花が楽しめます。3～4年に1回、春に株分けを行います。種から育てる場合は、移植を嫌うので直まきにします。発芽適温15～20℃。

マツバボタン

Rose Moss

1年草・宿根草

別　名：ヒデリソウ、ツメキリソウ
分　類：スベリヒユ科
原産地：南アメリカ
花　色：赤 桃 橙 黄 白

月	1	2	3	4	5	6	7	8	9	10	11	12
開花期												
種まき												
市販苗の植えつけ												
ふやし方							さし芽					

葉が松、花がボタンに似ているためについた名前。地面を覆って横に這うように伸びるほふく性。花は朝開き、昼には閉じる性質ですが、夏の強い日ざしの下でも毎日次々と咲き続けます。毎年こぼれ種でもふえるほど丈夫で手間のかからない花。

花の育て方

発芽適温25℃。種は育苗箱にばらまきにし、覆土はしません。水やり後は雨の当たらない場所で管理し、発芽後に葉が触れ合わない程度に間引き、本葉3～4枚で植えつけます。花壇は株間20cm、鉢植えは5号鉢に1～2株が目安。水はけのよい土に元肥として緩効性肥料を与えて植えつけたあとは、特に追肥は必要ありません。日当たりが悪いと花が咲かないので日照は確保し、過湿で蒸れると株が弱るので乾燥ぎみに管理します。花がらはこまめにとり除き、枯れ葉、花びら等を残さないようにしましょう。

111

Chapter 3　ガーデニングにおすすめの　四季の花　四季を彩る人気の花 ～初夏～

ユリ

Lily

春または秋植え球根

分　類：ユリ科
原産地：アジア、ヨーロッパ
北アメリカ
花　色： 赤 桃 橙 黄 白 紫

月	1	2	3	4	5	6	7	8	9	10	11	12
開花期						■	■					
球根の植えつけ			■	■	■					■	■	■
球根の掘り上げ										■	■	

初夏の華麗な大輪花は 花形、花色、模様がさまざま

日本ではヤマユリ、テッポウユリ、スカシユリ、カノコユリなど約15種が自生しています。園芸品種の多くはこれらが親となって交配改良されたもの。オリエンタル・ハイブリッド系の「カサブランカ」などはその代表種。品種によって日当たり等の適地が異なり、植えつけ時期や管理法も違ってくるので、目的に合った品種を選んで育てることが大切です。

長くきれいに 咲かせるコツ

＊目的の品種を選び、適した環境で育てる
＊球根の4〜5倍を目安に深植えにする
＊乾燥に弱いので常に湿り気を与える

テッポウユリ

園芸品種 カサブランカ

ヤマユリ

カノコユリ

花の育て方

適地	スカシユリ、テッポウユリ、オニユリ系は日なた、ヤマユリやカノコユリ系は半日陰を好み、園芸品種は一般に日なたを好みますが、強い西日が当たらない風通しのよい場所で管理します。
植えつけ	鉢なら6号鉢に1球、花壇なら20cmの深さで20cm間隔が目安。鱗片のしまった球根を選び、鉢植えでも最低3cm土をかけられる深さに植えつけ、花壇は20cm以上の深植えにします。元肥は緩効性の化成肥料を球根の上部に、球根に直接触れないように施します。
水やり	土が乾くと球根が弱るので、常にある程度の湿り気を与えておきます。
花がら摘み	子房を残して花びらが散ってしまうので、種ができないよう早めに子房下の花首で切りとります。
病害虫	春からアブラムシが発生するので、早めに薬剤で予防します。
掘り上げ・分球	花後はカリ分の多い液肥で肥培。鉢植えは根詰まりを防ぐために2〜3年ごとに球根を掘り上げ、分球します。

ラベンダー

Lavender

しゅっこんそう
宿根草

分　類：シソ科
原産地：地中海沿岸
花　色：桃 白 青 紫

月	1	2	3	4	5	6	7	8	9	10	11	12
開花期					■	■	■	■				
種まき				■	■				■	■		
市販苗の植えつけ			■	■					■	■		
ふやし方					さし芽・株分け					さし芽・株分け		

ビビッドな花色と清々しい香り、長い花期が自慢のハーブ

印象的な紫の穂状花で、清々しい香りが漂うハーブ。コモン系(イングリッシュラベンダー)は一番親しみがありますが、高温多湿に弱く蒸れやすいので、冷涼な気候等、育てる場所に工夫が必要。葉に切れ込みがあるデンタータ系(フリンジドラベンダー)、花穂の上部に苞葉をもつストエカス系(フレンチラベンダー)は暑さに強く、草丈もあまり高くならないので鉢栽培にも向いています。

長くきれいに 咲かせるコツ

＊株間をとり、蒸れないよう管理
＊過湿による根腐れに注意
＊花は満開前に収穫する

穂状に咲く花

フレンチラベンダー

花の育て方

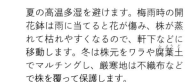

適地	夏の高温多湿を避けます。梅雨時の開花鉢は雨に当てると花が傷み、株が蒸れて枯れやすくなるので、軒下などに移動します。冬は株元をワラや腐葉土でマルチングし、厳寒地は不織布などで株を覆って保護します。
種まき	発芽適温20℃前後。タネが小さく、初期成育が遅いので、育苗して移植します。土を湿らせた育苗箱に種をばらまき、薄く覆土して上から軽く押さえ、種が土から水分を吸いやすいようにします。
植えつけ用土	水はけが悪い酸性の土では成育が悪いので、苦土石灰で中和しておきます。
植えつけ	緩効性の元肥を控えめに与え、株間をとって植えつけます。
水やり	種まき、植えつけ前後はたっぷりの水を与え、その後は乾燥ぎみに育てます。
収穫	花が咲く初夏に収穫。その後は伸びすぎた枝や下枝、花茎を切り戻すと、しっかりとした株になります。

アサガオ

Morning Glory

1年草

別　名：ケゴシ
分　類：ヒルガオ科
原産地：熱帯アジア
花　色：赤 桃 白 青 紫 混

月	1	2	3	4	5	6	7	8	9	10	11	12
開花期								■	■			
種まき				■	■							
市販苗の植えつけ					■	■						

夏の朝を彩る人気の定番花

日本には奈良時代に中国から渡来し、江戸時代に観賞用の栽培が広がりました。改良品種が多く、小輪種から花径20cmにもなる巨大輪種まで花の大きさはさまざま。花形、花色も変化が多く、華やかなものが多い西洋アサガオも人気を集めています。つるがぐんぐん伸びる品種を選んで、強い日ざしをさえぎる緑のカーテンに仕立てるのもおすすめです。

長くきれいに咲かせるコツ

＊ 水を切らさない
＊ チッソ分が少ない追肥を与える
＊ アブラムシとハダニに注意

©Motomi Takemoto

富士の混合

このような記載のある種は、このまま適期にまけばOK！

©サカタのタネ

花の育て方

適地	日当たりと風通しのよい場所。
種まき	発芽適温20〜25℃。種はかたいので先端（発根部分）をカッターなどで少し削り、1晩水につけてからまくと発芽しやすくなります。ポットまきか、直まきなら本葉が出はじめたら間引いて株間を広げます。
植えつけ	腐葉土、川砂を混ぜ込んだ水はけ・水もちのよい土に、花壇は株間20cm、鉢植えは5号鉢に1株を目安に植えつけます。種から育てた苗は本葉4〜5枚で根土ごと植えます。
水やり	成育中、特に夏は朝夕2回与えます。鉢植えは乾きやすいので注意が必要。葉にも水をかけておくとハダニの予防に。
肥料	元肥には有機質肥料を与え、つぼみがつきはじめたら週1回ほどチッソ分が少ない薄い液肥を与えます。
摘芯	本葉8〜9枚のころ、6〜7枚のあいだで親づるを摘芯すると、わきから伸びたつるに花を多く咲かせます。草丈が伸びたら支柱を立て、茎やつるを誘引します。

トルコギキョウ

Eustoma

1年草

別　名：ユーストマ、リシアンサス
分　類：リンドウ科
原産地：北アメリカ
花　色：桃 赤 白 青 紫 混

月	1	2	3	4	5	6	7	8	9	10	11	12
開花期							■	■	■	■		
種まき				■	■							
市販苗の植えつけ			■	■	■							

切り花として見ることがほとんどでしたが、近年では草丈を低く仕立てた開花鉢が出回るようになり、身近なガーデニング素材となりました。秋まきで育てる場合は、寒さに弱いので5〜10℃ある室内の日なたで育てます。

花の育て方

発芽適温20〜25℃。ポットまきにし、覆土はしません。本葉が4〜5枚になったら、花壇は水はけのよい土に堆肥などを混ぜ込んでよく耕し、緩効性の元肥を与えて15cmの株間で植えつけます。鉢植えは5号鉢に5本、市販の苗なら2株が目安。月1回程度、薄い液肥で追肥し、乾燥ぎみに管理します。1本の花茎に数個の花が咲くので、咲き終わった花は枝分かれしたつけ根で切りとります。水がかかると花びらが傷むので、水やりは株元に。花後に5cmまで切り戻して追肥をすると、新芽が伸びて秋にまた花が咲きます。

トレニア

Blue Wing

1年草

別　名：ナツスミレ
分　類：ゴマノハグサ科
原産地：熱帯アジア
花　色：桃 赤 白 青 紫 混

月	1	2	3	4	5	6	7	8	9	10	11	12
開花期							■	■	■	■		
種まき				■	■							
市販苗の植えつけ				■	■	■						

©mwri

スミレに似た美しい花は控えめな存在感。草丈20〜30cmと低めなので寄せ植えの名脇役としても大活躍。夏の暑さに耐え、秋には美しく紅葉します。こんもりと茂るタイプや、横に這うように広がる這い性の品種があります。

花の育て方

日当たりのよい湿地を好みます。種はとても小さく、発芽温度が25℃と高いので、ピート板などに箱まきにして育苗します。4月ごろから市販苗は出回りますが、成育温度が高いため植えつけは十分に暖かくなってからの方が安心。緩効性肥料の元肥を十分与えて植えつけ、長い開花期間中は週に1回、液肥で追肥します。乾燥を嫌うので、水やりは早めに行います。茎が伸びすぎて乱れてきたら、8月ごろに5〜6cm切り戻して追肥すると、より多く花を咲かせます。

113

ナスタチウム

Nasturtium
1年草

別　名：キンレンカ、ノウゼンハレン
分　類：ノウゼンハレン科
原産地：熱帯アジア
花　色：赤 橙 黄

月	1	2	3	4	5	6	7	8	9	10	11	12
開花期					■	■	■	■	■	■	■	
種まき			■	■	■	■						
市販苗の植えつけ			■	■	■	■						

ハスに似た小さな丸い葉と、鮮やかな花色のコントラストが美しい花。しわのある花は大きく平開します。花や果実にはビタミンCや鉄分が多く含まれ、ハーブやエディブルフラワー(食用花)としても人気があります。

花の育て方

とても丈夫で、日当たりと水はけがよければ、水も肥料も控えめの方がよく育ちます。種はカッターなどで皮に傷をつけ、一晩吸水させてからまくと発芽しやすくなります。直まきして軽く覆土し、発芽後に間引いて成育のよい本を残します。チッソ分の少ない薄めの液肥を、真夏を除いて月2～3回与えます。葉は随時収穫でき、花も早め早めに摘みとれば、蒸れや病害虫の予防にもなります。夏の暑さに弱いので、花つきが悪くなったら1/3程度に切り戻して追肥すれば、秋にまた花が楽しめます。

ニチニチソウ

Rose Periwinkle
1年草

別　名：ビンカ
分　類：キョウチクトウ科
原産地：マダガスカル島
花　色：赤 桃 白

月	1	2	3	4	5	6	7	8	9	10	11	12
開花期							■	■	■	■		
種まき				■	■	■						
市販苗の植えつけ				■	■	■						

真夏の炎天下でも丈夫に育つ数少ない花のひとつ。個々の花は数日しかもちませんが、枝先に毎日新しいつぼみをつけるところが「日々草」の名の由来。排気ガスにも強いことから、道路脇の花壇などにも植えられています。

花の育て方

日光を好む植物なので、できるだけ日当たりのよい場所で育てます。根がまっすぐに伸びる直根性で移植を嫌うため、種は直まきにします。花壇なら20cm間隔で5～6粒ずつ点まきにし、本葉2～3枚になったら間引きます。苗を購入したらできるだけ早く、水はけのよい土に元肥として緩効性肥料を与えて植えつけます。成育中は月に1回固形肥料、開花中は月に2回、チッソ分の少ない薄い液肥で追肥し、過湿にならないように乾燥ぎみに管理します。花後に種を採取する場合、細長いサヤが割れる直前に摘みとります。

ヒマワリ

Sunflower
1年草

別　名：サンフラワー、ニチリンソウ
分　類：キク科
原産地：北アメリカ
花　色：赤 橙 黄 茶

月	1	2	3	4	5	6	7	8	9	10	11	12
開花期							■	■	■			
種まき				■	■	■						
市販苗の植えつけ				■								

明るい黄花は夏の風物詩。大輪咲きの高性種、中輪の八重咲き種、花壇向きの矮性(小型)種などさまざまな品種があり、最近では、寄せ植えも楽しめる小輪タイプも人気。どの品種も一般に、種まきから50～70日で開花します。

花の育て方

発芽適温20～25℃。花壇は腐葉土や元肥を混ぜ込み、草丈に応じて適度な株間をとり、1cm深さの植え穴に2～3粒ずつ直まきにします。本葉が3～4枚のころ間引いて1本にし、必要に応じて支柱を立てます。肥料を吸収する力が強いので、葉色が悪くなってきたら月に2度程度、固形肥料で追肥します。枝性のタイプは種ができると体力を消耗するので、花びらが散りはじめたらわき芽の上で順次切りとり、花期の最後に採種用に花がらを残します。大輪性の1茎1花タイプはそのまま熟すと大きな種を実らせます。

ブーゲンビレア

Bougainvillea
常緑低木

別　名：イカダカズラ、ブーゲンビリア
分　類：オシロイバナ科
原産地：南アメリカ
花　色：赤 桃 黄 白 紫

月	1	2	3	4	5	6	7	8	9	10	11	12
開花期									■	■		
市販苗の植えつけ				■	■							
ふやし方						さし木						

つる性の低木で、暖地では花壇植えされますが、成育温度が20℃ぐらい必要なので鉢植えで育てるのが一般的です。春から秋は戸外の日当たりで育て、冬は室内に入れて、夜間は光に当てないように管理します。

花の育て方

開花鉢から育てるのが一般的。日光不足になると落下する性質なので、一年中日当たりのよい場所で20℃以上を保つようにするとよく育ちます。草姿の乱れにはあんどん仕立てをはじめ、支柱を設けます。4～5、9月には月1回固形肥料を追肥し、開花後は伸びた枝を剪定して樹形を整えると、その後の花つきがぐんとよくなります。鉢花は花が終わるまでそのまま楽しみ、5～9月、鉢から株を抜きとり、古土を半分ほど落としてひと回り大きな鉢に植え替えます。初夏に充実した枝を10cmほど切りとってさし木にします。

ポットマム
Pot Chrysanthemum

しゅっこんそう
宿根草

分　類：キク科
原産地：中国
花　色：赤 桃 橙 黄 白 紫 混

月	1	2	3	4	5	6	7	8	9	10	11	12
開花期									■	■	■	
市販苗の植えつけ					■	■	■					
ふやし方			株分け	さし芽								

豊富な花色、花形のコギクが密に咲く

ポットマムは「鉢(ポット)植え向きのキク」の総称。1950年代にアメリカで鉢植え用に改良された洋ギクの1種で、矮性(小型)の、秋に咲く育てやすい小菊です。

最近は、草丈が高い園芸品種群であるスプレーギクも、矮化剤を使用して草丈が低く改良されてポットマムとして出回っています。

個性的な花形、花色の品種が非常に数多く出回っています。開花鉢を入手したら、そのまま育てるのが一般的で、その後はさし芽で株を更新します。

ポットマムは1茎1花で観賞用のワギク(和菊)とは趣が違い、他の草花と同様に寄せ植えなどのガーデニング素材としても人気のコギク。多数の花を茎の先に房状につけるスプレーマム、雨風に強いガーデンマムなど、品種は豊富。どれも丈夫で成長が早いので、初心者の方にもおすすめ。なお、キクは夜の時間が長くなることで花芽をつける性質なので、夜に室内の光の影響を受ける場所に置かないこともポイント。

©サカタのタネ
スプレーマム
きんふうしゃ
「金風車」
よく分枝する
個性的な花姿

©サカタのタネ
ポンポンギク
小粒で球状のかわいい花

ガーデンマム
サニーリンダ

長くきれいに咲かせるコツ

＊日当たりのよい場所。満開になったら半日陰へ移す

＊こまめに摘芯してわき芽をふやす

＊肥料を切らさない

Point

病害虫
蒸れないように風通しをよくし、湿度を低く保つ

ワタアブラムシ
黒い虫が新芽や葉の裏に群生して吸汁する。

うどん粉病
白い斑点からかびが発生し、株が弱る。

白さび病
葉の裏に白い斑点ができ、やがて盛り上がってイボ状になる。

こくはん
黒斑病
下葉から黒褐色の病斑が発生し、枯れていく。

花の育て方

適地	日当たりのよい場所。花が満開になったら半日陰へ移します。
植えつけ	種ができないので、秋に出回る苗か鉢花から育てるのが一般的。鉢花はそのまま花を楽しむか、1㎡あたり5ℓの完熟堆肥か腐葉土をすき込んだ花壇に植えつけます。
肥料	成育中は月に1回、1000倍液肥を追肥。花後は根元近くまで切り戻して、固形肥料を与えます。
摘芯	成育期にこまめに茎の先端を摘芯すると、わきから芽が出てこんもりと茂り、花数が多くなります。
病害虫	アブラムシやウイルス性の病気がつきやすいので注意が必要。
切り戻し	花が終わったら株元から3cm残して切り詰めます。株元から新芽が10cmくらい伸びたら芽を摘み、そのわき芽が伸びたらさし芽に利用します。
ふやし方	5～6月に、伸びてきた新芽を5cmほど切ってさし穂とし、川砂か赤玉土にさし芽をすれば1か月後に発根します。株分けは、植え替えをかねて春に行います。

115

ウインターコスモス

Bidens
宿根草（しゅっこんそう）

別　名：ビデンス
分　類：キク科
原産地：北アメリカ
花　色：黄 白 混

月	1	2	3	4	5	6	7	8	9	10	11	12
開花期									▨	▨	▨	▨
市販苗の植えつけ			▨	▨	▨				▨	▨	▨	
ふやし方			株分け				さし芽					

秋も深まったころ、花の少なくなった花壇で一重咲きの慎ましやかな黄色の花を咲かせます。日本での改良品種も多く、クリーム色の花色や花びらに白縁が入るもの、葉に白い斑が入る株など、観賞価値の高いものもあります。

花の育て方

日当たりのよい場所で乾燥ぎみに管理します。水はけのよい土に元肥として緩効性肥料を与え、根鉢をくずさないように植えつけます。開花中は月に1～2回程度、1000倍液肥で追肥します。ハダニがつきやすいので、葉裏までていねいに葉水をかけ、殺ダニ剤を散布します。成育がおう盛で、放っておくと伸びすぎるので、夏に20cmほど切り戻すと管理がラク。切った枝はさし芽に利用して株を更新し、古株は整理するとよいでしょう。成長が早いので年に1回、春か秋に植え替えが必要です。

オキザリス

Lady's Sorrel
夏植え球根

別　名：ハナカタバミ
分　類：カタバミ科
原産地：メキシコ
花　色：桃 黄 白

月	1	2	3	4	5	6	7	8	9	10	11	12
開花期	▨	▨	▨							▨	▨	▨
球根の植えつけ							▨	▨	▨			
球根の掘り上げ					▨							

カタバミの仲間の中で、とりわけきれいな花を咲かせる球根性のものをオキザリスと呼んでいます。寒さに強く、丈夫で育てやすい花は、大輪咲きから小輪咲き、長い花茎のタイプなどがあり、最近では鉢花としても人気です。

花の育て方

水はけのよい土に元肥として緩効性肥料を与え、花壇は株間10～15cmで3cm覆土し、鉢植えは5号鉢に3球を目安に1cmほど土をかぶせます。日当たりのよい場所で育て、冬は直接霜に当たらないように管理し、寒さに弱い品種は室内の窓辺に置きます。土の表面が乾いたらたっぷりと水を与え、花後に1回、1000倍液肥を追肥します。5月ごろに葉が黄色くなってきたら球根を掘り上げ、日陰で乾かしてから分球後、乾燥保存します。花壇植えは毎年掘り上げる必要はなく、4～5年に1度くらいで大丈夫。

コスモス

Cosmos
1年草

別　名：アキザクラ
分　類：キク科
原産地：メキシコ
花　色：赤 紅 桃 橙 黄 白

月	1	2	3	4	5	6	7	8	9	10	11	12
開花期								▨	▨	▨	▨	▨
種まき				▨	▨	▨	▨					
市販苗の植えつけ								▨	▨	▨	▨	

「秋桜」は日本の秋の風情を語るには欠かせない花

秋桜と書くように、秋の風物詩として定着しています。コスモスは日が短くなって咲く短日植物（たんじつしょくぶつ）ですが、最近は日の長短に関係なく種まき後2か月前後で咲くように改良された早咲き種に人気があります。種から育てる場合、一般には春まきですが、秋に咲かせたいなら7月の遅まきがおすすめです。大輪種でも草丈を低くした品種があり、矮性（わいせい）種では40cmくらいで開花するものも多くなりました。

長くきれいに咲かせるコツ

＊水はけのよい土で乾燥ぎみに管理
＊草丈に応じて支柱を立てる
＊花がらを早めに摘みとる

©Motomi Takemoto

©サカタのタネ

ドワーフセンセーション

草丈約50cmの矮性（わいせい）で花径が8～10cm、倒れにくいのでコンテナや寄せ植えにも最適。

花の育て方

適地	日当たりと水はけのよい場所。
種まき	あまり早く種をまくと育ちすぎるので、秋に花を咲かせたいなら7月ごろにまきます。種は発芽率がよいので直まきが基本。5号鉢は水はけのよい土に3～4粒を点まきに、花壇は20～30cm間隔に2～3粒ずつつまき、成長して混んできたところを間引きしながら育てます。
肥料	元肥として緩効性肥料を十分与え、成育が悪いときだけ1000倍液肥を追肥します。
水やり	鉢植えのみ、土が乾いたらたっぷり与えます。
摘芯	本葉6～8枚のころに摘芯してわき芽を伸ばします。
花がら摘み	咲き終わった花がらを早めに花茎から摘みとると、また花をつけるので長い間楽しめます。
病害虫	うどん粉病、害虫にはそれぞれに合った薬剤を散布。立枯病は焼却処理します。

ハゲイトウ
Amaranth

1年草

別　名：ガンライコウ
分　類：ヒユ科
原産地：インド、熱帯アジア
花　色：赤 桃 橙 翠

月	1	2	3	4	5	6	7	8	9	10	11	12
開花期									▨	▨	▨	
種まき				▨	▨							
市販苗の植えつけ				▨	▨							

初秋から徐々に色づく頂葉を深まる秋とともに観賞する

ハゲイトウの見所は、茎の頭頂部で美しく発色する葉。その昔、渡り鳥の雁が越冬のために日本にやって来るころに頂葉が真っ赤に色づくことから「雁来紅」と名づけられました。本来は昼間の時間が短くなると徐々に色づく短日植物ですが、最近は早生種に改良されたために、8月に入って短日条件になると緑色または銅色の葉が色づいてきます。

長くきれいに咲かせるコツ
* 根を傷めない、根鉢をくずさない
* チッソ分肥料を控えめにする
* 害虫の食害を防除する

花の育て方

適地	日当たりのよい場所。西日が当たるような悪条件でも丈夫に育ちます。
種まき	発芽適温20〜25℃。地温の上がる5月に入って直まきにするか、育苗箱にばらまき、本葉2〜3枚のうちに根を傷めないように5号鉢に2〜3本植えつけます。
植えつけ	直根性で根が傷つきやすいので、幼苗の根鉢をくずさないようにていねいに行います。土の酸性を嫌うので、花壇は苦土石灰をまいて有機質肥料を混ぜ込み、株間20〜30cmの浅植えにします。鉢植えは元肥として緩効性肥料を少量与え、5号鉢に1株を目安に植えつけます。
肥料	8月までは月1〜2回、1000倍液肥を追肥します。ただし、チッソ分の多い肥料は発色が遅れ、草丈が伸びすぎて倒れやすくなるので控えめにし、リンサン、カリ分を与えます。
病害虫	アオムシ、ネキリムシ、ヨトウムシなどの食害が多いので、あらかじめ土に殺虫剤を混ぜ込んでおくと安心です。

シュウメイギク
Japanese Anemone

宿根草

別　名：キブネギク
分　類：キンポウゲ科
原産地：日本、中国
花　色：赤 桃 白

月	1	2	3	4	5	6	7	8	9	10	11	12
開花期								▨	▨	▨	▨	
市販苗の植えつけ			▨	▨						▨	▨	
ふやし方			株分け									

秋に咲く上品な花がキクに似ているため、秋明菊という風情ある名前がつけられました。また別名は、京都の貴船山に群生していたことからついたとか。草丈50〜80cmで、茎の先端につく5cmほどの花は一重咲きと八重咲きがあります。

花の育て方

やや湿り気のある半日陰を好み、夏の暑さと強い西日が苦手なので涼しく管理します。繁殖力がおう盛なので、花壇は株間20〜30cmで植えつけ、鉢植えは6号鉢に1〜2株を植えつけます。元肥と花後に緩効性肥料を与えますが、全体的に肥料は控えめにした方がよく育ちます。湿り気を好み乾燥を嫌うため、土の表面が乾いたら早めに水を与えますが、多湿による白絹病が発生しやすいので注意しましょう。発病したらまわりの土ごと株を抜きとり、周囲を消毒します。株が育ったら、3年に1回を目安に株分けします。

リンドウ
Gentian

宿根草

別　名：ゲンチアナ、オコリオトシ
分　類：リンドウ科
原産地：世界各地(アフリカを除く)
花　色：桃 白 青 紫

月	1	2	3	4	5	6	7	8	9	10	11	12
開花期								▨	▨	▨	▨	
市販苗の植えつけ			▨	▨						▨	▨	
ふやし方			株分		さし芽							

草丈は30〜80cmで、高性種と矮性種があります。花は茎の先端や上部の葉のわきにつき、日が当たると開き、曇ると閉じる性質。本来は産地の林内に自生している草花なので、夏の直射日光や乾燥を嫌います。

花の育て方

つぼみが多く、茎がしっかりした苗を選びます。風通しがよく、夏の西日の当たらない場所で、水はけのよい土に元肥として緩効性肥料を与え、根鉢をくずさないようにして植えつけます。花壇は株間15cm、鉢植えは4〜5号鉢に1株が目安。乾燥を嫌い、水を好むので、特に夏は土が乾かないようにこまめに水やりします。成育期間中は2か月に1回固形肥料と月に1〜2回液肥で控えめに追肥します。株分け、植え替えは、新しい根が伸びる3月に行います。

アザレア

Azalea

別　名：セイヨウツツジ、オランダツツジ
分　類：ツツジ科
原産地：日本、中国
花　色：赤 桃 白 混

常緑低木

月	1	2	3	4	5	6	7	8	9	10	11	12
開花期	■	■	■	■	■							■
市販苗の植えつけ			■	■	■							
ふやし方						さし木						

ベルギーで品種改良された バラのように美しいツツジ

日本産や中国産のツツジが、ヨーロッパで鉢花として品種改良されたツツジの仲間。現在も各地で改良が進み、年々新しい品種がつくられています。霜の当たらない暖地以外は庭植えがむずかしく、鉢花での栽培がかんたん。冬期は室内の日当たりのよい窓辺で乾燥しないように管理します。花期は早咲きから遅咲きの品種によってさまざまで、現在は9〜12月に開花する四季咲きが人気です。

長くきれいに 咲かせるコツ

＊咲いている花を見て、よい株を選ぶ
＊暖地以外は鉢植えで育てる
＊冬は窓辺の日なた、花後は戸外で管理

Point

鉢花選び
つぼみが多く葉の色つやのよいものを選ぶ

花の育て方

適地	日当たりのよい場所。戸外で花壇植えできるのは霜が当たらない暖地で、夏は半日陰になる場所。
植えつけ用土	乾燥に弱いので水はけ・水もちのよい土。市販の培養土に鹿沼土を混ぜるとよいでしょう。
植えつけ	花壇は株間15〜20cmで植えつけ、鉢は5号鉢に1株植えつけます。
肥料	元肥として緩効性肥料を十分与え、2〜3か月に1回、有機質の固形肥料か錠剤タイプの化成肥料を株元に施します。
水やり	鉢植えは土の表面が乾きはじめたらたっぷり与えます。
植え替え	花が終わったら枝を半分くらいに切り詰め、古い土を2〜3割落として新しい用土で植え替えます。
さし木	梅雨のころ、今年伸びた充実した枝先を10cmほど切りとり、下葉を除いて鹿沼土のさし床にさすと、約1か月で発根します。

サイネリア

Cineraria

別　名：シネラリア、フウキギク
分　類：キク科
原産地：カナリア諸島
花　色：赤 桃 薄 白 青 紫 混

1年草

月	1	2	3	4	5	6	7	8	9	10	11	12
開花期	■	■	■	■	■							■
市販苗の植えつけ										■	■	■
ふやし方					さし芽			種まき				

花の少ない冬から早春の 窓辺を彩る代表的な鉢花

おもに鉢花として人気のサイネリア。1株にたくさんの花が華やかに咲くこの花は花色が豊富でどれも鮮やか、花びらには光沢があります。花は一般に一重咲きですが、花が玉状になって咲く珍しい八重咲きもあります。本来はシネラリアが正式名称ですが、「シネ」という音を嫌ってか、最近はサイネリアという俗称が通名になりつつあります。

長くきれいに 咲かせるコツ

＊暖房の風を避けた日当たりのよい窓辺に置く
＊水と肥料を切らさない
＊花後に大きく切り戻す

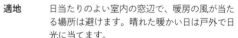

レッドバイカラー

花の育て方

適地	日当たりのよい室内の窓辺で、暖房の風が当たる場所は避けます。晴れた暖かい日は戸外で日光に当てます。
種まき	9月が適期。ピート板などにばらまきにして覆土はしません。本葉4〜5枚で1本ずつポットに移植し、12月に根土ごと植えつけ、5℃以上の室内で管理します。
植えつけ・植え替え	購入した鉢花はそのまま花後まで育てるのが一般的ですが、植え替える場合は、元肥として緩効性肥料を与え、根を傷めないように植えます。
肥料	開花中は1〜2か月に1回、錠剤タイプなどの化成肥料を株元に施します。月に2〜3回、1000倍液肥で追肥しても効果的。
水やり	葉が大きく乾きやすいので、土の表面が乾いたらたっぷり与えます。
病害虫	アブラムシは早めの駆除が大切。
切り戻し	花後に葉が2〜3枚残る位置で切り戻しをすると、葉の根元にあるわき芽が伸びて、もう一度花が咲きます。

シャコバサボテン

Christmas Cactus

しゅっこんそう
宿根草

別　名：クリスマスカクタス、デンマークカクタス
分　類：サボテン科
原産地：ブラジル
花　色：赤 桃 橙 黄 白 紫

月	1	2	3	4	5	6	7	8	9	10	11	12
開花期	■										■	■
植えつけ・植え替え				■	■							
ふやし方				さし芽								

サボテンの中でもとても美しい花を咲かせるのがシャコバサボテン。茎が葉状になった扁平の小さな茎節が連なって、その先端に花をつけます。茎節の周囲には突起があり、その形がシャコに似ているためついた名前。改良が進み、花色も豊富です。

花の育て方

鉢花として入手したら、冬は室内の日なたで管理し、夏は午前中に日が当たる半日陰に置きます。2年に1回、春にひとまわり大きな鉢に植え替えます。株を鉢から抜いたら、根についている古い土を棒などでていねいに落とし、鉢の中央に根を広げて据え、水はけのよい土を入れて安定させます。4～7月まで月に2～3回の液肥を与え、開花前の株を充実させます。短日植物で、9月ごろから日が短くなって適温（15℃）が得られるようになると花芽がつくので、夜間に照明等が当たらない場所に置きます。

スノードロップ

Common Snowdrop

秋植え球根

別　名：マツユキソウ
分　類：ヒガンバナ科
原産地：南ヨーロッパ、南西アジア
花　色：白

月	1	2	3	4	5	6	7	8	9	10	11	12
開花期		■	■									
球根の植えつけ									■	■		
球根の掘り上げ						■						

雪のような純白の花が1茎に1花下向きに咲くさまは、英名「雪のしずく」そのものの美しさです。花びらは6枚で、外側の3枚が大きくて目立ちます。日中は花びらが開き、先端に緑や黄色の斑点がある内側の短い花弁が見えます。

花の育て方

秋に球根を購入したらすぐに、元肥として緩効性肥料を与え水はけのよい土に植えつけます。花壇はまとめて10球くらいを5cm間隔で植え、2～4cm覆土します。寒冷地ではやや深めが安心です。鉢植えは5号鉢に6球、覆土2cmが目安。植えつけから冬は日なたで、開花したら半日陰で管理します。土の表面が乾いたら水を与え、5～8月の休眠期は水やりを中止します。鉢植えは月に1～2回液肥で追肥します。2～3年に1回、6月ごろに葉が黄変したら球根を掘り上げ、バーミキュライトの用土に埋め込んで保存します。

ポインセチア

Poinsettia

常緑低木

別　名：ショウジョウボク
分　類：トウダイグサ科
原産地：中央アメリカ
花　色：赤 桃 黄 白 混

月	1	2	3	4	5	6	7	8	9	10	11	12
観賞期	■	■	■	■							■	■
植えつけ・植え替え			■	■	■							
ふやし方					さし木							

クリスマスの鉢花として人気は絶大！

年末になると広く出回るポインセチアの花に見える部分は苞葉で、実際の花は中心にあるごく小さい豆粒状で目立ちません。改良種が多く、年々色数が多くなっています。ポインセチアは短日植物で、日照時間が12時間以下で温度が15～20℃の日が40～50日続かないと苞葉が色づきません。鮮やかな苞葉を楽しむには、9月から短日処理を行いましょう。

長くきれいに咲かせるコツ

＊冬は日当たりがよい室内に置く
＊水切れにならないように管理
＊葉裏につくオンシツコナジラミを防除

ホワイトジングル

ソノーラホワイト

花の育て方

適地	冬は室内の日なた、春から夏は明るい戸外に置き、なるべく日に当てることが大切。
植えつけ・植え替え	市販の鉢花は、花が終わるまでそのままの鉢で観賞します。春、枝ごとに混み合った葉を3～5枚だけ残して剪定し、株を小さくします。株を鉢から抜き、根鉢をくずさないようにひと回り大きな鉢に植え替えます。
肥料	入手した鉢は春まで追肥は不要。植え替え時に元肥として緩効性肥料を与え、1～2か月に1回、緩効性の置き肥で追肥します。
水やり	成育中は土の表面が乾きはじめたらたっぷり与えます。乾燥させると下葉が黄変したり枯れてくるので、水不足にならないように注意。
短日処理	9月～11月中旬、日中は明るい場所で管理し、夕方6時～翌朝8時ごろまで箱などをかぶせて完全に遮光すると葉が色づいてきます。
ふやし方	初夏に新芽の先を10cm切って下葉を落とし、水あげしてから湿った土にさして半日陰に置きます。約20日で発根するので、30日でポットに移植して育苗します。

Chapter 4

丈夫で育てやすく、
美しい緑に癒やされる

ハーブ＆グリーン

ハーブはまめに収穫しながら育てるのがコツ。
グリーンは四季を通じて長い期間、表情豊かな葉が楽しめます。
花と寄せ植えすると、お互いを引き立たせ合うのも魅力です。

Herb
ハーブ

ハーブはもともと野生のものが多く
どれも丈夫で育てやすい植物ばかり。
多湿、過湿を避け、水はけと風通しをよくして
まめに収穫しながら育てるのがコツ。

カモミール　Chamomile

©matsuyuki

別　名	カモマイル、カミツレ
分　類	キク科／1年草・宿根草
原産地	ヨーロッパ、インド
栽培適温	20℃前後
効　能	風邪、鎮静、発汗、皮膚軟化など
利用法	ハーブティー、料理、うがい薬、クラフトなど

月	1	2	3	4	5	6	7	8	9	10	11	12
植えつけ			■	■	■				■	■		
収穫期				■	■	■						
ふやし方									■種まき			

上手な育て方　「大地のリンゴ」と称される香りのハーブ。微細な種はばらまき、苗なら広めの株間、鉢は5号に1株を目安に植えつけ、日当たりと風通しのよい場所で育てます。本葉10枚のころ摘芯するとわき芽が出て、花をたくさんつけます。春先にアブラムシがついたら薬剤使用は避け、歯ブラシなどで取り除きましょう。花の中心がふくらみ、花びらが下がったら収穫適期。晴れた日の午前中に摘み、すぐに使わない場合は乾燥保存します。収穫後に切り戻すと株が回復します。

イタリアンパセリ　Italian Parsley

別　名	オランダゼリ
分　類	セリ科／2年草
原産地	地中海東部沿岸
栽培適温	15〜20℃
効　能	健胃など
利用法	ハーブティー、料理、染色など

月	1	2	3	4	5	6	7	8	9	10	11	12
植えつけ				■	■				■	■		
収穫期	■	■	■	■	■				■	■	■	■
ふやし方				■種まき			株分け→		■種まき			

上手な育て方　パセリより平たく繊細な葉が特徴の育てやすいハーブ。移植を嫌うので種は直まきにし、苗は元肥に緩効性肥料を与えて20㎝以上の株間をとって植えつけます。鉢植えは5号以上の深鉢。風通しのよい場所で、夏は直射日光を避けた半日陰で蒸れないように管理。乾燥に弱いので水は土が乾く前にたっぷり与え、成長期には少量の液肥を週1回程度与えます。本葉が10枚以上になったら外葉から収穫。株元を2〜3㎝残して摘むと、次々にやわらかな新葉を出し、株も充実します。2年草なので翌年の5月ごろまでが収穫期間。

キャットニップ　Catnip

別　名	イヌハッカ
分　類	シソ科／宿根草
原産地	ヨーロッパ〜アジア
栽培適温	18〜25℃
効　能	健胃、解熱、風邪、誘眠など
利用法	ハーブティー、ポプリ、クラフトなど

月	1	2	3	4	5	6	7	8	9	10	11	12
植えつけ			■	■					■	■		
収穫期				■	■	■	■	■	■	■		
ふやし方		■株分け		さし芽					■株分け			

上手な育て方　摘みたてはミントのような香りがある、フレッシュティーにおすすめのハーブ。こぼれ種でもよくふえますが、花を早く楽しみたい場合は元肥に緩効性肥料を与えて苗で育てます。その名の通り、幼苗の時期は猫が好むので荒らされないような工夫が必要。葉のつぼみがつきはじめるころに枝ごと収穫し、すぐに使わないときは束ねて乾燥させます。直射日光に当たると色も香りも減少するので、要注意。さし芽や株分けでかんたんに増やせます。

オレガノ　Oregano

別　名	ワイルドマジョラム、ハナハッカ
分　類	シソ科／宿根草
原産地	ヨーロッパ
栽培適温	15〜20℃
効　能	神経性胃炎、胃酸過多、筋肉痛など
利用法	ハーブティー、料理、ポプリ、ドライフラワーなど

月	1	2	3	4	5	6	7	8	9	10	11	12
植えつけ			■	■					■	■		
収穫期				■	■	■	■	■	■	■		
ふやし方				さし芽・株分け				■株分け				

上手な育て方　野性的で繁殖力おう盛なハーブ。元肥に緩効性肥料を与え、株間をとって株元をやや高めに植えつけます。日当たりを好みますが、水はけさえよければ半日陰でもよく育つのが特徴。肥料も水も控えめの方が香りがよい株に育ちます。葉と葉が混み合わないよう、こまめに収穫して風通しをよくすること。葉は随時収穫できますが、とくに香りがよくなる開花期に摘むとよいでしょう。根詰まりしやすいので、2〜3年に1回は植え替えるか株分けします。

コリアンダー　Coriander

別　名	シャンツァイ
分　類	セリ科／1・2年草
原産地	地中海沿岸
栽培適温	15〜20℃
効　能	腰痛、胆石、強壮など
利用法	ハーブティー、料理、クラフトなど

月	1	2	3	4	5	6	7	8	9	10	11	12
植えつけ			■	■					■	■		
収穫期				■	■	■			■	■	■	
ふやし方			■種まき						■種まき			

上手な育て方　香草やパクチーの名前で有名なハーブ。種は直まきで、すじまきか点まきにして育てます。肥えた土でよく育つので、元肥に緩効性肥料を十分与えましょう。成育中は2〜3週間に1回、液肥で追肥すると葉のつきがよくなります。草丈が15㎝以上になったら随時葉を摘んでそのまま料理に使用できます。栽培期間が短い春まきの方がかんたんですが、花後にできる種をたくさん収穫したい場合は冬越しすると大株に育ちます。

121

ステビア Stevia

	別名	アマハステビア
	分類	キク科／宿根草
	原産地	パラグアイ
	栽培適温	15～25℃
	効能	ダイエット効果など
	利用法	ハーブティー、料理など

月	1	2	3	4	5	6	7	8	9	10	11	12
植えつけ				▓	▓	▓						
収穫期					▓	▓	▓	▓	▓	▓		
ふやし方			株分け				さし芽				株分け	

上手な育て方 甘さは砂糖の200倍で低カロリーなことから天然のダイエット甘味料として大人気。葉をこすり、甘みが多く苦味の少ない苗を選んだら、元肥に緩効性肥料を与えて5号鉢以上に植えつけます。水はたっぷりが好み。成育おう盛な初夏に摘芯して液肥を追肥するとわき芽が伸びて、よい葉を多く収穫できます。色のよい葉を収穫して煮出したものはシロップとして保存も可能。大株になったら秋に切り戻し、株分けと同時に植え替え。寒さに弱いので冬は室内に。

タイム Thyme

	別名	タチジャコウソウ
	分類	シソ科／常緑小低木
	原産地	ヨーロッパ、アジア
	栽培適温	20℃前後
	効能	強壮、殺虫、腐敗防止など
	利用法	料理など（シュウ酸を含んで切るので過食は腹痛の原因になる）

月	1	2	3	4	5	6	7	8	9	10	11	12
植えつけ				▓	▓	▓	▓	▓	▓	▓		
収穫期	▓	▓	▓	▓	▓	▓	▓	▓	▓	▓	▓	▓
ふやし方					株分け	さし木		株分け				

上手な育て方 全草に強い芳香があり、ガーデンの脇役としても人気のハーブ。直立性とほふく性があるので品種に合った株間をとり、元肥に緩効性肥料を与えて植えつけます。成長期は真夏を除いて月1回液肥を追肥。茎葉が伸びて混みあった部分を枝ごと収穫、大株になったら植え替えましょう。日当たりを好み、乾燥ぎみに育てます。風通しが悪いと枯れやすいので若芽を残し、木質化した部分は根元から切りとり、化成肥料を追肥。さし木は木質化した枝の方が早く発根します。

セージ Sage

© Sun Sand & Sea

	別名	ヤクヨウセージ、コモンセージ
	分類	シソ科／宿根草
	原産地	地中海沿岸
	栽培適温	15～20℃
	効能	食欲増進、消化促進、強壮、抗菌など
	利用法	ハーブティー、料理、ヘルスケア、クラフトなど

月	1	2	3	4	5	6	7	8	9	10	11	12
植えつけ				▓	▓				▓	▓		
収穫期					▓	▓	▓	▓	▓	▓		
ふやし方						さし芽				さし芽		

上手な育て方 品種が豊富なセージ。元肥に緩効性肥料を与え、5号以上の鉢に植えつけます。成育中は日当たりのよい場所で肥料と水を控えめに与え、草丈が30cm以上になったら若い葉から随時摘みとり、収穫しながら風通しをよくします。秋に切り戻しをしても枝は年々木質化してくるので、3～4年を目安に若芽でさし芽をして更新させましょう。さし芽をすれば3～4週間で発根し、かんたんに株をふやせます。

チャイブ Chives

	別名	エゾネギ
	分類	ユリ科／宿根草
	原産地	ヨーロッパ、アメリカ
	栽培適温	10～30℃
	効能	消化促進、強壮、血行改善など
	利用法	料理、ハーブバス、クラフト、染色など

月	1	2	3	4	5	6	7	8	9	10	11	12
植えつけ			▓	▓	▓			▓	▓	▓		
収穫期				▓	▓	▓	▓	▓	▓	▓		
ふやし方			種まき・株分け						種まき・株分け			

上手な育て方 細い葉はネギより少しソフトな風味。初夏に咲くピンクの花も観賞価値は十分ありますが、葉の利用がメインならつぼみのうちに摘みとることで柔らかさが保てます。元肥に緩効性肥料を与え15～20cmの株間をとって植えつけ、水やりはたっぷり、日当たりのよいところで育てます。20cm前後になったら3～5cmのところで刈りとります。収穫のたびに少量の化成肥料を施せば、新たに葉が伸びて年に数回収穫可能。花後に採取した種を直まきしてもOK。

センテッドゼラニウム Scented Geranium

	別名	ニオイテンジクアオイ、ニオイゼラニウム
	分類	フウロソウ科／宿根草
	原産地	南アフリカ
	栽培適温	15～25℃
	効能	殺虫、収れん、血管収縮など
	利用法	料理、ハーブバス、クラフト、染色など

月	1	2	3	4	5	6	7	8	9	10	11	12
植えつけ				▓	▓			▓	▓			
収穫期					▓	▓	▓	▓	▓	▓		
ふやし方					さし芽				さし芽			

上手な育て方 全草に芳香成分をもつゼラニウムの総称で、レモンやローズなど50種類ほど香りの違う品種があります。苗から育てるのが一般的で、元肥に緩効性肥料を与えて植えつけ、成育期は月に1～2回液肥で追肥するか月1回固形肥料を。高温多湿が苦手なので、6月に草丈の1/2に切り戻し、夏は乾燥気味に育てます。冬前にも切り戻して南向きの軒下か日当たりのよい室内で管理。さし穂は水あげせず、水はけのよい土にさします。

バジル Basil

	別名	コモンバジル、メボウキ
	分類	シソ科／1年草
	原産地	熱帯アジア
	栽培適温	20～25℃
	効能	消化促進、滋養強壮、抗菌、鎮静作用など
	利用法	ハーブティー、料理、ハーブバスなど

月	1	2	3	4	5	6	7	8	9	10	11	12
植えつけ					▓	▓						
収穫期						▓	▓	▓	▓	▓		
ふやし方				種まき		さし芽						

上手な育て方 人気のイタリアンハーブ。種は春に育苗箱にばらまき、双葉が開いたら移植。元肥に緩効性肥料をたっぷり与え、本葉5～6枚で植えつけます。日当たりのよい場所で、水は土の表面が乾いたらたっぷり与え、成育期は月に2～3回液肥を追肥。葉が10枚以上で摘芯し、20cmになったらさらに摘んでわき芽を伸ばします。花が咲くと葉が固くなるので花芽はすぐに摘みとり、晴れた日の午前中に大きい葉から収穫しましょう。8月に切り戻すと秋からさらに収穫可能。

フェンネル Fennel

別　名　ウイキョウ
分　類　セリ科／宿根草
原産地　地中海東部沿岸
栽培適温　15〜25℃
効　能　健胃、整腸、便秘解消、
　　　　うがい薬など
利用法　ハーブティー、料理、染色など

月	1	2	3	4	5	6	7	8	9	10	11	12
植えつけ			■	■								
収穫期				■	■	■	■	■	■	■		
ふやし方					種まき株分け					種まき株分け		

上手な育て方　全草が持つ甘い香りが魚の生臭さを消し、風味づけしてくれるハーブ。移植を嫌うので種は直まき。花壇なら株間が50cm以上になるように間引きしながら育て、鉢は10号以上の深鉢を選びます。高温時の乾燥に弱いので、夏期は水を切らさないように注意し、月に1〜2回液肥で追肥。花が咲くと葉が固くなるので、葉だけを利用する場合は5〜7月に咲く花を早めに摘みとります。種がよくでき、こぼれ種でもよくふえるので種からふやした方がラク。

レモングラス Lemon Grass

別　名　レモンガヤ、コウスイガヤ
分　類　イネ科／宿根草
原産地　東南アジア
栽培適温　20〜30℃
効　能　血圧降下、消化促進など
利用法　ハーブティー、料理、
　　　　ハーブバス、染色など

月	1	2	3	4	5	6	7	8	9	10	11	12
植えつけ				■	■							
収穫期				■	■	■	■	■	■	■		
ふやし方				株分け				株分け				

上手な育て方　高温多湿を好むので十分暖かくなってから植えつけます。日当たりがよく強い風が当たらない場所に元肥に緩効性肥料をたっぷり与え、根が深く伸びるので十分株間をとって、鉢は30cm以上の深鉢を選んで植えつけ。成育中は2週間に1回薄めの液肥を追肥し水はたっぷり与えます。春から初夏は伸びた葉先を切って収穫し、夏以降は株元から10cmで刈りとって収穫すると新しい葉が伸びます。冬前は株元まで刈り込み、鉢上げして室内で管理しましょう。

ローズマリー Rosemary

別　名　マンネンロウ
分　類　シソ科／常緑小低木
原産地　地中海沿岸
栽培適温　20℃前後
効　能　強壮、健胃、脳活性化、リュウマチなど
利用法　ハーブティー、料理、
　　　　ヘルスケア、クラフトなど

月	1	2	3	4	5	6	7	8	9	10	11	12
植えつけ				■	■							
収穫期			■	■	■	■	■	■	■	■	■	
ふやし方				さし木					さし木			

上手な育て方　樟脳に似た香りが脳の働きを活発にし、美容効果もあることから「若返りのハーブ」として人気。日当たりと水はけがよければやせた土地でもよく育ちます。元肥に緩効性肥料を与え、大株になるので株間を50cm以上とって植えつけ。茎葉が伸びてきたら摘芯してわき芽を伸ばし、切りとった枝はさし木に利用すれば株がふやせます。乾燥ぎみに管理し、茎葉が伸びたら収穫を兼ねて順次切り戻し、とくに梅雨時期は蒸れないように大きく刈り込みましょう。

レモンバーム Lemon Balm

別　名　ヤマハッカ、コウスイハッカ
分　類　シソ科／宿根草
原産地　地中海沿岸
栽培適温　20℃前後
効　能　血圧降下、消化促進など
利用法　ハーブティー、料理、
　　　　ハーブバス、染色など

月	1	2	3	4	5	6	7	8	9	10	11	12
植えつけ			■	■								
収穫期				■	■	■	■	■	■	■	■	
ふやし方				株分け	さし芽				株分け			

上手な育て方　育てやすい丈夫なハーブで、手でパンとたたくとレモンの香りが漂います。元肥に緩効性肥料を与えて十分な株間で植えつけ、草丈が高くならないように摘芯しながら育てます。乾燥には弱いので、土が乾き過ぎないようにし、日当たりのよい場所で育てますが、強い直射日光に当てると香りが変わってしまうので注意。葉が茂ってきたら若い葉から摘んで収穫し、混み合った部分は枝ごと切りとります。花が咲きはじめる初夏がもっとも香りがよい時期。

ミント Mint

別　名　ハッカ
分　類　シソ科／宿根草
原産地　地中海東部沿岸
栽培適温　15〜25℃
効　能　消化促進、気管支炎、解熱、吐き気など
利用法　ハーブティー、料理、ハーブバス、ポプリ、染色など

スペアミント
お菓子や料理の香りづけに最適

ベルガモットミント
ベルガモットオレンジに似た香り

アップルミント
甘いリンゴのような香りが特徴

ペニーロイヤルミント
地面を這うように伸びるタイプ

月	1	2	3	4	5	6	7	8	9	10	11	12
植えつけ			■	■	■							
収穫期				■	■	■	■	■	■	■		
ふやし方				種まき株分け				さし芽株分け				

上手な育て方　ミントの仲間はいずれもメントールを多く含む、さわやかな香りが特徴。微細な種は育苗箱にまいてポットに移植、本葉5〜6枚で植えつけます。元肥に緩効性肥料を少量与え根鉢をくずさずに植えつけたら、成育中は月に2〜3回チッソ分の少ない液肥を追肥。日当たりのよい場所を好みますが、強い直射日光に当てると葉が枯れたり、成育が悪くなったりすることがあるので注意。乾燥を嫌うので土が乾かないように水やりをします。中心の茎が伸びてきたら摘芯し、わき芽を伸ばしてこんもりと育てます。花が咲ききると葉が固くなるので花芽は摘みとり、開花前に収穫しましょう。収穫後は株元にお礼肥で固形肥料を。成育おう盛なので毎年植え替えるようにし、収穫しない場合でも伸びすぎた部分を切り取るようにするとどんどん茂ります。

123

Green
グリーン

美しい葉を観賞するグリーンは
ほとんどが常緑で四季を通じて
長い期間楽しめる重宝な植物。
半日陰(はんひかげ)や日陰でも十分育つ丈夫なものも多く
花と寄せれば、お互いをより際立たせます。

育ち方

 まっすぐ育つ　 広がって育つ　垂れ下がって育つ

アイビー Ivy

分　類	ウコギ科／常緑つる性植物
ふやし方	さし木

育ち方

別名「ヘデラ・ヘリックス」でもおなじみのつる性植物。葉の色や形が違う品種は100種以上。どれも耐寒性、耐陰性があり、病害虫の発生も少ない、とても丈夫な性質で寄せ植えなどのガーデニング素材として用途が広い植物です。

上手な育て方　極端な乾燥と過湿にだけは注意し、年間を通して風通しがよく蒸れない場所で管理します。水はけのよい土に元肥として緩効性肥料を少量与えて株間をとって植えつけ、その後は2カ月に1回緩効性の固形肥料を与えます。土の表面が乾いたら株全体にかかるようにたっぷり水を与えましょう。伸びすぎた枝は順次切って整え、そのとき切った枝はさし木に利用できます。水栽培でもすぐに発根するので、かんたんにふやすことができます。最低温度は0℃。

Point さし木

春か秋に伸びている若い枝先を7〜8cmカットし、30分ほど水あげしたら湿らせた清潔な土に2〜3本まとめてさします。しばらく風の当たらない半日陰で乾燥しないように管理すると、すぐに発根します。

アジアンタム Adiantum

分　類	ワラビ科／常緑シダ類
ふやし方	株分け

育ち方

上手な育て方　ギリシャ語で「水に濡れない」という意味で、葉の表面が水をはじく性質。水切れや空気の乾燥、強い光に弱く、乾くと葉がチリチリになってしまうので、葉水をこまめに与え、鉢土は常に湿り気がある状態にしておくことが管理のポイント。夏の成育期に液肥を与えますが、多肥にすると枯れることがあるので注意が必要。葉が傷んだ枝は株元で切り戻して新芽を出させます。年間を通して室内で管理するのがおすすめです。最低温度は8℃。

アスパラガス Asparagus Fern

分　類	ユリ科／常緑多年草
ふやし方	株分け

育ち方

上手な育て方　世界中に約150もの品種があり、直立性から広がって育つものまでさまざま。野菜のアスパラガスも同じ仲間ですが食用なのは1種のみ。ギリシャ語で「よく分岐する」という意味で、どの品種も株元から多くの茎が立ち上がり、柔らかい針状の葉が密に茂ります。水が切れると葉先が黄色くなるので、成育中は土の表面が乾いたらたっぷり与えますが、冬は控えめに。4〜5月に株分けし、短く刈り込んで新芽を出させます。最低温度は0℃。

オリヅルラン Spider Plant

分　類	ユリ科／常緑多年草
ふやし方	さし芽　株分け

育ち方

上手な育て方　横に這うように伸びる枝の先にできる子株がオリヅルのように見えることからついた名前。葉幅が広いものと狭いもの、斑の入り方によってさまざまな品種があります。2カ月に1回ほど緩効性の固形肥料を与え、乾燥気味に育てれば、とくに難しい手入れは不要。冬の低温期には強いですが、霜には当てないように注意します。垂れてきた枝を切りとってそのまま土にさすだけで、かんたんにふやすことができます。最低温度は0℃。

クッションブッシュ Cushion Bush

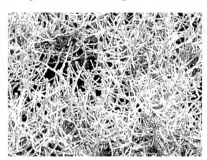

分　類　キク科／
　　　　常緑小低木
ふやし方　さし木

育ち方　

上手な育て方　細かい針形の葉や茎が銀白色に美しく輝くクッションブッシュは別名「プラチーナ」。オーストラリアが原産なので温暖で乾燥した気候を好みます。高温多湿が苦手なので水はけをよくし、特に夏は風通しのよい半日陰で管理。冬が最低温度が7℃あれば屋外でも冬越しできるので、霜が当たらない南側の軒下やベランダなどに移します。寒冷地では明るい室内にとり込んで乾燥ぎみに育てるのがおすすめ。

グリーンネックレス String of Beads

©saichu

分　類　キク科／
　　　　常緑つる性植物
ふやし方　さし芽

育ち方　

上手な育て方　まさに「緑のネックレス」の名にふさわしい草姿で、ハンギングや高さのある鉢などにアレンジするなど楽しみ方の幅が広い植物。多肉植物なので乾燥に強く、水を与えすぎると根腐れしたりつるが切れたりするので注意が必要。夏の成育期間は月に1回追肥し、2年に1回春に植え替えて傷んだ根を切りとります。ふやすときは玉を数個つけて茎を切りとり、土に並べて薄く土をかけると、20日前後で発根して新芽が出ます。最低温度は3℃。

コニファー Conifer

ゴールドクレスト

ファスティギアタ

レモンスパイヤー

分　類　ヒノキ科
　　　　スギ科
　　　　マツ科など
ふやし方　さし木

育ち方　　ゴールドクレスト
　　　　　　　　　　スカイロケット
　　　　　　　　　　ブルーアイスなど

　　　　　シルバーミスト
　　　　　　　　　　ラインゴールド
　　　　　　　　　　グロボーサなど

　　　　　ウィルトニー
　　　　　　　　　　マザーローデ
　　　　　　　　　　ブルーパシフィック
　　　　　　　　　　など

ブルーパシフィック

トウヒ

ジュニパー

小型サイズのポット苗は寄せ植えなどに最適。

小さな花壇の後方に小型のゴールドクレストや常緑の花木を植え、手前の草花は季節に応じて植え替えるようにすれば、オールシーズン花が楽しめる花壇がキープできます。

上手な育て方　コニファーと針葉樹の総称ですが、昔から日本にあるマツ類やスギ、ヒノキは含まないのが一般的。真夏と真冬を避けて植えつけ、土の表面が乾いたらたっぷりと水を与えます。2月ごろに緩効性肥料を追肥しますが、ゴールドクレストなどの黄緑色の品種よりブルー系の品種の方が多めに与えてあげるのがポイント。その後は3カ月に1回の追肥が目安。3月ごろに伸びすぎた枝を剪定しますが、このときハサミで刈り込むとその部分が赤黒くなってしまうので、手でこまめに摘みとるようにしましょう。枝葉が混み合って茂るので、日の当たらない内側の葉は枯葉が多くなります。まめにチェックして取り除くこと。最低温度は0℃。

125

グレコマ Ground Ivy

分類 シソ科／
常緑多年草
ふやし方 さし芽 株分け

育ち方

上手な育て方 ギリシャ語でハッカ属の1種を意味する「glechon」に由来し、ハーブや薬草としての一面も持つ野草。葉は丸形で縁に緩いギザギザが入り、白い斑入りの品種がとくに人気です。もともと雑草だったので成育おう盛で、地面についた各節から根を出してどんどん広がっていく性質。こまめに切り戻しをして草姿を整える以外は、とくに手入れの必要はありません。鉢植えは根が回ったら株分けして、ひとまわり大きな鉢に植え替えるとかんたんに増えます。最低温度は5℃。

コリウス Coleus

分類 シソ科／
1年草
ふやし方 さし芽 種まき

育ち方

上手な育て方 豊富な葉色と独特な模様で花との相性も抜群、寄せ植えにも重宝するグリーンです。水はけのよい土に植え、1ヵ月に1回1000倍液肥か緩効性の固形肥料を与えます。春と秋は日によく当てて土が乾かないよう管理、夏は半日陰に移してさらに多めに水やりをし、葉水もこまめに行います。1年草で耐寒性はやや弱く10℃が続くと葉が落ちはじめ、最低温度の5℃になると枯れてしまいますが、さし芽や種まきでかんたんにふやせます。

多肉植物／サボテン

多肉植物

上手な育て方 多肉植物はキク科、ベンケイソウ科などにまたがる大きな集合体。原種だけでも1万種以上あるといわれていて、園芸品種も数多くあります。自生地は極端な雨期と乾期がある地域で、主に南米やアフリカの砂漠地帯。その気候に対応するように水分があるときは葉、茎、根などにたくさんの水を蓄え、乾燥期にその水分を利用して生き延びる性質を持っています。葉が厚くてぷっくりと丸くなっているのはそのため。個性豊かな姿で育てる手間もほとんどかからないことから、最近人気急上昇中！ 最低温度は品種によって異なります。

サボテン

分類 ベンケイソウ科、
キク科など／多肉
植物、常緑多年草
ふやし方 さし芽 葉ざし
株分け

育ち方

多肉植物 育てやすい3つのグループ

セダム Sedum

小さな葉が集まるタイプが多く、冬でも戸外で管理できます。高温多湿は苦手なので梅雨時は水やりを控え、乾燥ぎみに育てます。

エケベリア Echeveria

品種はとても多いですが、大別すると大型のキャベツ型と肉厚のロゼット型があります。比較的大きくなるものが多く、上から見ると花のよう見えます。

クラッスラ Crassula

ほとんどの品種がカランコエのように葉の出方が十文字で、上に伸びて行くタイプ。花は5枚の花びらで香りがあるのが特徴です。きれいに紅葉する種類も多数。

シロタエギク Dusty Mirror

分　類　キク科／
　　　　常緑多年草
ふやし方　さし芽

育ち方　

上手な育て方　別名「ダスティーミラー」「シルバーダスト」。フェルト状の毛が密生する銀白色の美しい葉は寒さに強く、どんな植物とも相性がよいので冬の花壇や寄せ植えに大活躍。日当たりさえよければ土を選ばず、肥料も植えつけ時の元肥以外はとくに必要ありません。放っておいてもどんどん株が広がって育ちますが、2年め以降は草姿が乱れがちなので、初夏に15cmくらいに切りそろえるとよいでしょう。春にさし芽でかんたんにふやせます。最低温度は0℃。

ピレア Pilea

分　類　イラクサ科／
　　　　常緑多年草
ふやし方　さし木

育ち方　

上手な育て方　熱帯。亜熱帯地域に約400種が分布し、日本でも10種ほどが自生。たまご型の葉に縦方向に3本の葉脈がくっきり入る品種が観賞植物として人気です。春から秋の成育期は全体のバランスを見ながら摘芯を繰り返して草姿を整え、2カ月に1回緩効性の固形肥料を施します。土の表面が乾いたらたっぷり水ををを与え、夏はときどき葉水もかけましょう。冬は室内で5℃以上を保ち、とくに夜間の冷え込みに注意しながら乾かしぎみに管理します。最低温度は5℃。

ダイコンドラ Silverleaf Ponysfoot

分　類　ヒルガオ科／
　　　　常緑多年草
ふやし方　さし芽　株分け

育ち方　

上手な育て方　丸みがあるハート形の小さな葉を密につけ、這うように広がって育ちます。グリーン種とシルバー種があり、適する環境は若干異なりますが（グリーン種／日なたから半日陰、多湿を好む、シルバー種／日なたで乾燥を好む）どちらも育てやすく丈夫な性質。茎が長く伸びすぎたら適宜切り戻すことで細かい葉が茂り、全体の草姿もよくなります。シルバー種は蒸れに弱いので、混み合った枝を切って全体の風通しをよくしてあげましょう。最低温度は0℃。

フィカス・プミラ Creeping Fig

分　類　クワ科／
　　　　常緑つる性植物
ふやし方　さし木

育ち方　

上手な育て方　細い茎に小さな丸葉をたくさん茂らせる植物で、縁に白い斑が入るおなじみの品種は「サニー」。這うように伸びるのでいろいろな仕立て方が楽しめます。植えつけには水はけのよい土か市販の観葉植物用培養土を使い、成育期間の春から秋に、2カ月に1回緩効性肥料を与えます。伸びすぎた枝は切り、それをさし穂に利用して土にさせばかんたんにふやせます。寒さには強い性質ですが、冬は5℃以上が保てる室内の日なたがベスト。最低温度は5℃。

ハートカズラ Heart Vine

分　類　ガガイモ科／
　　　　常緑つる性植物
ふやし方　さし芽　株分け

育ち方　

上手な育て方　つるの左右に1～2cmのハート形の葉が1枚ずつ等間隔につく草姿で、垂れ下がって伸びていきます。南アフリカ原産で強い日差しを好みますが、真夏は直射日光で葉焼けすることがあるので半日陰が安心。細いつるが切れてしまうことがあるので強風には注意しましょう。葉が肉厚で乾燥には強い性質ですが多湿には弱いので、とくに冬は水やりの回数を控えますが、極端に乾燥すると葉色が悪くなります。伸びたつるを適宜切り戻し、月1回液肥を追肥。最低温度は5℃。

フェスツカ・グラウカ Blue Fescue

分　類　イネ科／
　　　　常緑多年草
ふやし方　株分け

育ち方　

上手な育て方　青みがある銀白色の細長い葉が密生する草姿が特徴。グラウカは「灰白色」の意味ですが、葉の青白さの程度は品種によってさまざま。株も直立性から葉が垂れるものまで品種や系統が多く、「シルバーグラス」「青ヒゲ」などの流通名もあります。もともと寒冷地の荒れ地に自生するものが多いので高温多湿に弱く、肥料や水は少ない方がよく育ちます。暖地では株の中心部が腐りやすくなるので、刈り込んだり大きく切り戻して蒸れないように管理。最低温度は0℃。

ブライダルベール Tahitian Bridal Veil

分　類　ツユクサ科／
　　　　常緑つる性植物
ふやし方　さし芽
育ち方

上手な育て方　花嫁のベールのようにふんわりと茂る草姿と、真夏を除いてよく咲く花で人気。水はけのよい土に元肥として緩効性肥料を与えて、ハンギングやスタンド鉢に植えつけて楽しみましょう。春から秋は月に1回の固形肥料か、月に2～3回の液肥で追肥。茎葉が伸びて草姿が乱れたら切り戻して整え、下葉が枯れてきたら大きく刈り込んで新芽の発生を促し、同時に植え替えます。冬は5℃以上の日当たりがよい室内の窓辺がベスト。最低温度は0℃。

ヘリクリサム Everlasting

分　類　キク科／
　　　　常緑多年草
ふやし方　さし芽
育ち方

上手な育て方　卵形の小さな葉が密に茂る枝を伸ばして横に広がるので、寄せ植えの下草やグランドカバーなどに利用されます。葉が灰白色のシルバー種と黄緑色のライム種があり、ライム種はより茎の伸びがよく、形がくずれにくいのが特徴。どちらも水はけのよい土を好み、夏の高温多湿が苦手なので、混み合ってきたらこまめに切り戻し、風通しをよくして管理しましょう。夏の直射日光にも要注意。春から秋にさし芽でかんたんにふやせます。最低温度は0℃。

プレクトランサス Mintleaf

分　類　シソ科／
　　　　常緑多年草
ふやし方　さし芽　株分け
育ち方

上手な育て方　葉がカラフルなものから花を観賞するものまで200種以上ありますが、観葉植物としてはヌンムラリアや斑入りのマダガスカリエンシスなどが多く流通しています。水はけのよい肥えた土に植えつけ、成育期は伸びすぎた茎を間引きながら2～3カ月に1回緩効性肥料を施します。水はたっぷりが好み。ミニ観葉などで株が大きくなりすぎたら、春か秋にハサミで根鉢を切り分け、株分けしてから植え替えましょう。最低温度は5℃。

ラミウム Lamium

分　類　シソ科／
　　　　常緑多年草
ふやし方　さし芽　株分け
育ち方

上手な育て方　春の野原に咲くオドリコソウやホトケノザの仲間。株元から出てくる茎が横に這うように伸び、広がって育ちます。土の表面が乾きはじめたらたっぷり水を与え、春に1回固形肥料を株元に施します。真夏は直射日光を避け、できるだけ風通しのよい涼しい場所で管理するのがポイント。繁殖力おう盛なので、ときどき伸びすぎた部分を切り戻して成長を抑えるようにしましょう。先端まで花が全部咲き終わったら、花穂のつけ根から切りとります。最低温度は0℃。

ベアグラス Bear Grass

分　類　カヤツリグサ科／
　　　　常緑多年草
ふやし方　株分け
育ち方

上手な育て方　黄白色のすじ状の斑が入る細長い葉はとても美しく、広がりながら垂れて育つので吊り鉢や花壇の縁どりなどに多く使われます。氷点下にも耐える性質なので、年間を通して戸外で育てられます。もともとは乾いた砂地に自生する植物なので乾燥には強いのですが、梅雨時の多湿と真夏の直射日光による葉焼けには注意しましょう。肥料はほとんど必要なく、秋に少量の緩効性肥料を与える程度で十分。真冬以外ならいつでも株分けでふやせます。最低温度は-5℃。

ワイヤープランツ Wire Plant

分　類　タデ科／
　　　　常緑つる性植物
ふやし方　さし木　株分け
育ち方

上手な育て方　細い茎には光沢があり、針金に似ていることからワイヤープランツの名で流通していますが、正式名は「ミューレンベッキア」。葉はほぼ円形で小さく、よく分岐した茎葉が這うようにマット状に広がります。とても丈夫ですが比較的水を好み、乾燥すると葉がどんどん落ちてしまうので、水切れしないように注意。春から秋の成長期は月1回緩効性肥料を与えます。寒さに弱い性質ですが、霜には直接当てないように管理。最低温度は0℃。

Chapter 5

気軽に花とグリーンが楽しめる

コンテナガーデン
&
ベランダガーデン

限られたスペースやベランダでも
手軽に草花を楽しめるのがコンテナガーデン。
好きな花を好きなコンテナで、好きな場所に飾る――
そう、すべてはあなた次第。
楽しみ方は工夫しだいでどんどん可能性が広がります。

コンテナガーデンを上手に楽しむ

4つのポイント

置き場所、環境を考える

コンテナは植えた植物の性質や季節に合わせて置き場所を選びましょう。また、逆にコンテナを飾りたい場所が決まっているなら、その環境に合った植物を選ぶようにします。ほとんどの植物は日当たりと風通しのよい場所を好みます。特にベランダは季節によって日当たりや温度、風当たりの条件が変わってくるので注意が必要です（→P.156）。

でも、ご安心を！ コンテナガーデン最大のメリットは、季節や天候の変化で移動できること。置き場所を気軽に変えられ、暑さ寒さも避けられるので、花壇には植えられない植物にも挑戦できます。

目的とイメージにあったコンテナを選ぶ

鉢花の主役はもちろん草花ですが、コンテナガーデンではそれを植えつける鉢も全体のイメージを左右する大切な要素です。

草花にとってコンテナは生きていくための場所なので、成長に見合った大きさが必要です。草丈の高いものは深鉢に、横に広がるものは広鉢にすると見た目のバランスもとれます。鉢の素材は素焼きや木製、プラスチックなどさまざまで、それぞれ一長一短あるので、置き場所や草花の性質を考えて選びましょう。さらに植え込む草花とのコーディネートを考えて色や雰囲気を合わせるといっそう花が引き立ちます（→P.136）。

Point 1

日当たりと風通しのよい場所で育てるロベリアですが、暑さが苦手。真夏は涼しい半日陰に移して管理します。

写真提供／愛知県・Nさん

Point 2

コンテナの違いでそれぞれのパンジーの個性が際立ち、より美しい印象に。

写真提供／埼玉県・瀬山美惠子さん

Point 3
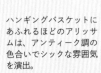

ハンギングバスケットにあふれるほどのアリッサムは、アンティーク調の色合いでシックな雰囲気を演出。

写真提供／東京都・高木まきさん

Point 4

コニファーの緑とユリオプスデージーの銀葉が可憐なビオラを引き立てています。

写真提供／愛知県・Nさん

初心者には花色豊富な1種植えがおすすめ

1種植えの最大のメリットはケアがかんたんなこと。その花に最適な手入れをすればいいので失敗がありません。

1苗だけ植えた鉢を組み合わせただけでもコンテナガーデンの演出は可能。草花の中には、花色豊富で花期が長いものが多くあります。同じ花でも色が違うと表情はまったく違った印象になるので、楽しみ方は組み合わせしだい！この場合、花形が同じなので多色が混じっても全体の統一感はとれます。グラデーションや同系色にまとめればやさしいイメージに、反対色はインパクトのある明るいイメージに仕上がります。

季節の花にグリーンをプラス

コンテナガーデンはその季節が旬の花苗を植えつけ、短期間で一番美しい花姿を楽しむことができます。このとき主役の花の美しさを引き立てるのが、観葉植物やコニファーなどのグリーン（→P.124）です。

味わい深く、心惹かれる寄せ植えの多くは、コンテナの中で植物の自然な状態が再現されたものです。そのナチュラルな雰囲気を演出してくれるのもグリーンの力です。グリーンを組み合わせると、草花だけでは出せないボリューム感やリズムが生まれます。さらに、グリーンの多くはとても丈夫でどんな環境でも元気に育つのも大きな魅力です。

四季を彩る**コンテナガーデン**

Container Garden

──花たちが運ぶ季節の色、風や光を楽しむ

春 Spring

Tulip

パステルカラーの
チューリップが主役！

大好きなチューリップが主役のコンテナガーデン。メインを決めてから組み合わせる草花を考えると、まとまりのある雰囲気に仕上がります。

写真提供　千葉県・大須賀和子さん

手前は草丈の低いマーガレットとボロニア、後方に優美な花が魅力のチューリップ"アンジェリケ"。

写真提供／
愛知県・Nさん

ビオラ、アリッサム、ロベリアの美しさを、中央の白いラン"キンギアナム"やビオラが際立たせています。白いコンテナとガーデンアクセサリーも見事に調和。

写真提供　神奈川県・Alexさん

Blue Gradation

すがすがしい
春のブルーグラデーション

写真提供／愛知県・Nさん

宿根ロベリア、ブラキカム、ブルーデージーなど小花を多用することが、美しいグラデーションに仕上げるコツ。

写真提供／東京都・植村千絵さん

白木の車輪がポイントのディスプレイコーナー。床置きのミニバラやオキザリスと高低差を出して、棚上に多肉類を寄せたココット皿を飾ります。

写真提供／愛知県・Nさん

パンジー、キンギョソウ、マーガレットがこんもりまとまったウォールハンギング。植えつけから3か月、こまめな花がら摘みがきれいな花姿を保つ最大の秘訣。

白の背景はやさしい春の花色がより冴える

Same Tone

白のフェンスを華やかに飾るのは連なった6個のウォールハンギング。宿根ネメシア、ビオラ、ステラはピンクからパープルの同系色なので、花姿が違っても統一感のある洗練された雰囲気に仕上がります。

写真提供／愛知県・Nさん

Lovely Container
草花を引き立てる
キュートなコンテナたちに注目！

アンティーク調のアイアンバスケットや籠と草花とのバランスが絶妙。白い鳥籠には水ゴケを敷き、多肉植物をさり気ない配置で植え込んでいます。

写真提供／東京都・植村千絵さん

ブリキのじょうろがコンテナ。手前はピンクのバコパ、後方には草丈の高いリナリアを配置。自由な草姿でライムグリーンの若芽が美しい中央のロータス・ブリムストーンは、初夏に咲く房状の小花も美しい。

写真提供／埼玉県・中島敬子さん

夏 Summer

夏の日ざしに鮮やかな花色が輝く

あえてピンクのハイビスカスの花色に小花のジニア、ガーデンカラジウム、斑入りのヒポエステスの葉色をそろえたシックな寄せ植え。

ライム色のコリウス、緑白のハクリュウなど葉色の明るいものを選び、花色も1色に抑えると涼やか。ロベリア、ブルーサルビアを長く楽しむには1日1〜2時間は日に当てましょう。

アプローチの階段をコンテナからあふれるように咲くペチュニアで飾ります。垂れるようにふんわりと育つので、下から見上げても花がいっぱい！

夏の暑さにも強いペチュニアとカリブラコアのハンギングバスケットを連ねて。庇のあるベランダは直接雨に当たらず、花の傷みもありません。

日陰がちでこそ美しく映える エレガントな葉色

日陰も好きな インパチェンスで 華やかに

樹木の株元や日陰がちな場所は、日陰でも丈夫に育つインパチェンスが大活躍。花色で強弱をつけ、高低差を考えながらコンテナを配置すると統一感が生まれます。

後方に立ち上がるドラゴンヘッドやバーベナ・リギダ、右に広がるネペタ、枝垂れるコバノランタナ。それぞれの植物の持つラインの魅力を生かします。

ムラサキシキブをはじめ、さまざまな実ものが出回る季節。草丈の低い矮性(小型)種は小さな寄せ植えにぜひ利用したいもの。紫花のリンドウと合わせ、心にしみる秋を演出。白と黄色の小花はジニア・リネアリス。

Natural Scene
野に咲く花風景を
そのままコンテナに再現して

写真提供／埼玉県・フローラ黒田園芸さん

黄色い小花のダールベルグデージーと黄緑のスプレーマムにぴったりの小葉は、ロニセラ・レモンビューティー。コギクのイメージを大きく変えるドルチェファインはまん丸の花形で愛らしい。

Autumn Flowers
秋ならではの花シンプルに楽しむ

秋の植物は自然な立ち姿と花の美しさをシンプルに楽しむのも素敵です。この時期だけいっせいに咲くチェリーセージとコスモスで、秋の風情を満喫します。

写真提供(3点とも)／神奈川県・竹本美美さん

写真提供／横浜芸ブルーラ黒田園芸さん

フリル咲きのプリムラ・ジュリアンを引き立てるのはシロタエギクなどのシルバーリーフ。全体的にくすんだ花色がシックで大人っぽい印象。

冬の日だまりでも
暖かい窓辺でも楽しめる小さなコンテナ

パステル調のイエロー、オレンジが、やさしい雰囲気のバラ咲きのプリムラ・ジュリアン。ブリキのコンテナは室内に置いてもしっくり馴染みます。

玄関先を紫系の草花でコーディネート

提供(2点とも)／神奈川県・妻鹿みゆきさん

ウォールハンギングは紫のミニハボタンを中心に、ビオラとプリムラ・ジュリアンでボリュームたっぷり。ドア前にはパンジー、ビオラにうさぎの尾っぽのようにふんわりしたラグラスでリズムをつけた横長コンテナ。

赤と白のガーデンシクラメンがハツユキカズラの濃い緑のアーチに映えて、そろそろクリスマスを予感させるひと鉢に。

写真提供／福岡県・ブルーミント5さん

レンガに映える造形美が
道行く人を楽しませる

ハボタンは他の草花と組み合わせると、バラのようなロマンチックな印象に。アンティーク調のレンガの壁や横にちょこんと座る小さな天使も含めて美しい風景。

Chapter 5 ｜ 気軽に花とグリーンが楽しめる コンテナガーデン＆ベランダガーデン

135

コンテナを選ぶ

コンテナとは植物を植えるための容器や鉢のこと。
植物が生きていくスペースですから、花選びと同じくらいコンテナ選びも大切です。
成長に見合った大きさ、形を最優先し、植える植物の色や雰囲気に合わせて選べば間違いありません。

コンテナの形

ローボウル(平丸浅鉢)

Low Bowl

口径が深さより大きいタイプのコンテナ
で、深さ10〜20cmのものが中心。浅い
ので用土の量が少なく、移動もかんたん。

横長コンテナ

Planter

プランター、ウインドーボックスとも呼ばれ
る横に長い長方形のコンテナ。奥行のない
壁際や窓辺、ベランダなどに並べるのに重宝。

 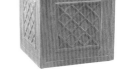

ポット(深鉢)

Pot

コンテナの中で種類が多い丸
形。口径と深さが同じくらい
か、少し深さのある深鉢タイ
プ。根が深く育つ植物に最適。

正方形の深鉢タイプでスクエ
アポットと呼ばれる。根鉢が
大きい花木やコニファーなど
のボリュームある植物向き。

ストロベリーポット

Strawberry Pot

イチゴ栽培用につくられた
素焼き鉢で、側面についた
ポケットにも苗を植えられ
るのが特徴。

**ハンギング
バスケット**

Hanging Basket

軒先などに下げたり
かけたりして、空間
に立体的な飾り方を
楽しむ。

**ウォール
バスケット**

Wall Basket

ワイヤー製のバスケットに
ヤシ皮マットをセットする
タイプや、プラスチック製
のスリット入りなどがある。

コンテナの素材

材質によってそれぞれ特徴があり、植物の成育環境が
変わってくるので選ぶときには注意が必要です。

素 材		長 所	短 所	手入れ法
素焼き (テラコッタ)		通気性、排水性がよい。素材そのものに装飾性、デザイン性がある	重い。乾きやすいのでまめな水やりが必要。素焼きは割れやすい	使用後はよく洗い、日光消毒をかねて日なたに干し、風通しのよい場所で保管
プラスチック		軽くて丈夫、安価で扱いやすい。保水性が高く、水を好む植物に最適	通気性、排水性が劣るので根腐れしやすい。日光で風化する	使用後はよく洗い、日陰で十分乾かしてから、直射日光の当たらない場所で保管
グラスファイバー		樹脂とガラス繊維を混ぜたファイバー素材。通気性がよく、見た目の重厚感とは異なり軽量で、デザイン性も高い	高価。削ったりぶつけたりすると細かい繊維が舞い上がる。徐々に劣化する	使用後、洗うときはタワシなどでこすらずに洗って、よく乾かす
木製		通気性がよい。自然素材なので、ナチュラルな風合いが植物となじみやすい	長く使うと腐食し、害虫などが発生しやすい。水を含むと重くなる	使用後はよく洗って日なたで乾かし、直射日光が当たらない風通しのよい場所で保管。使用中は鉢の下をこまめに掃除する
紙製		軽く、通気性にすぐれる。使用後は可燃ゴミとして処分できるエコな容器	耐久性が低く、1〜2年が目安。害虫が発生しやすい	使用中は床や地面に直接置かず、水はけをよくしておく。使用後は土を落として可燃ゴミとして処分

鉢の大きさ

鉢の大きさ(サイズ)は口径(鉢の内
側の直径)を「号」という単位で表
します。1号は約3cmで、8号なら
口径が24cmになります。最近は
鉢のデザインや形が多彩になって
きたので、cm(センチメートル)で
表示されているものもあります。

容器のサイズと
苗数、土の容量の目安

鉢の大きさ (口径・寸法)	苗の目安	土の容量*
4号鉢(12cm)	1株	0.6ℓ
5号鉢(15cm)	1〜2株	1.3ℓ
6号鉢(18cm)	2〜3株	2.2ℓ
8号鉢(24cm)	4〜5株	6ℓ
10号鉢(30cm)	5〜6株	8ℓ
横長コンテナ (65×23cm)	7〜8株	12〜13ℓ

*素焼き鉢ですりきりいっぱいの容量

道具を選ぶ

園芸店にはいろいろなガーデニンググッズが並んでいますが、
はじめは最低限必要なものからそろえていきましょう。

とりあえず必要！
基本の4つ

土入れ

使い方は小型のシャベルと同じですが、シャベルよりも土がこぼれにくく、まわりを汚さずに済むのであると便利。大・中・小の3種類がセットになっているものもあり、用途によってサイズを使い分けるといいでしょう。

シャベル

コンテナや花壇などに、小さい苗を植えるときに使います。幅が狭く先の尖ったものは、硬い土に突き刺すときに便利。全体が金属製のものはさびやすいので、持ち手部分はさび止め加工がしてあるものや、木製、プラスチック製のものを選ぶのがおすすめ。

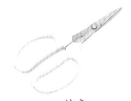

ハサミ

植物の茎や枝を切って整えたり、日常のお手入れなどに使います。普通のハサミでも使えますが、できれば園芸専用の方が使いやすいのでおすすめ。使用後には植物から出る樹液やヤニ、汚れを拭きとるか洗い流すなどして、完全に水気をとってからしまいましょう。

じょうろ

植物に水を与えるときに使います。水を入れると重くなるので、軽くてさびないプラスチック製がおすすめ。はす口（水の出る部分）が取り外せるタイプで、穴が細かくたくさん空いているものが使い分けできて便利です。

そろえておきたい
ガーデンツール

水さし

周囲を汚さず、狭い部分に直接水がかけられるアイテム。室内の寄せ植えの水やりや、液肥を水で薄めて与えるときなどにも使えます。

霧吹き

葉の裏側に水をかけるとき（葉水）や、種まき後の水やり、多肉植物のようにあまり多くの水を必要としない植物に水を定期的に少量ずつ与えるときに便利。

ホースリール

ベランダや広範囲の水やりに大活躍。手元で水量や強さ、散水パターンを調整でき、ベランダでも邪魔にならないコンパクトサイズがおすすめ。

バケツ

水を与える、洗うなどの作業はもちろん、一時的に土を入れたり、根鉢をくずすときなどの受け皿としても便利。

ふるい

土の粒をそろえたり、土にまぎれたゴミをとり除くときに使用します。

手袋

手荒れやけがを防ぐため、植えつけや毎日の手入れ時に使用。土を直接さわるのが苦手な方も、手袋があれば大丈夫。

支柱

草丈が高くなる植物を支えるための棒。長さ、太さはさまざま。細長い棒などで代用できます。

ビニールタイ
（ビニタイ）

茎やつるを支柱に結びつけたり、トレリスに誘引したりするときに便利。麻ひもなどでも代用できます。

寄せ植えLesson

ちょっと差がつく 寄せ植えLesson ──お気に入りの草花を 寄せ植えるテクニック

好きな花やグリーンを集めて、コンテナガーデンの主役である寄せ植えにチャレンジ！
Lesson1〜7ではコンテナの形や目的に合わせた寄せ植えのプロセスやテクニックを解説しますが、
その前に全体に共通する寄せ植えの基本スタイルと色合わせの基礎をおさえておきましょう。

寄せ植えのスタイル

寄せ植えの基本形を知っておくと、バランスよく植物を配置することができます。
その上で、飾る場所や鉢に合わせて自分好みに応用しましょう。

円形(ドーム型)

どこから見ても花が正面を向いているように、中高く植えつけます(四方見)。草丈の低いこんもりと茂る植物を選び、縁に垂れ下がる植物を配置すれば、動きのある寄せ植えに。

適するコンテナ：
ローボウル(平丸鉢)、タブ(木製の樽)、ハンギングバスケット

三角形

正面を決める場合は奥に草丈の高い植物、手前に低い植物、縁に垂れる植物を配置。四方から見る場合は中心に草丈の高い植物、周囲に中くらいの高さ、低い植物の順に配置。

適するコンテナ：
大きめの深鉢、タブ(木製の樽)、横長のコンテナ

横長形

花を正面から見て楽しむスタイル。植物は横一直線に並べると単調で堅苦しい感じになるので、花色をそろえてラインを描いたり、あいだに動きのある植物や草丈の違うものを加えて変化をつける。縁につる性植物でやわらかい雰囲気を出すのも効果的。

適するコンテナ：
横長のコンテナ

ジグザグ型

草丈の高い植物を奥に、そのあいだに草丈の低いものを規則的に植えてジグザグのラインを描きます。横に広がらない植物で花色のコントラストをつけると、よりシャープな仕上がりに。

適するコンテナ：
横長のコンテナ

中心
中心に添う
バランスをとる

生け花風

生け花の基本に従って中心になる植物、それに添う植物、全体のバランスをとる植物を配置。高さのある草花や花木の自然でしなやかな枝ぶりや揺れるグリーンなど、あくまでナチュラルな草姿をいかすのがポイント。

適するコンテナ：
円形や四角形の鉢

扇形

植物が上にいくほど広がるスタイル。広がるラインは茎がやわらかい横に広がる植物を使い、株元は低くボリュームを抑えるとバランスよく仕上がります。

適するコンテナ：ローボウル

縦長形

コンテナと植物が同じ幅になるスタイル。すっと上に伸びる草姿で直立に育つ植物、横に広がらない植物を利用します。株元に草丈の低い植物を添えると、高低を生かした魅力がさらにプラスされます。

適するコンテナ：
大きめの深鉢、角形の深鉢

寄せ植えの花色

カラーテーマを決めて花を選ぶと、統一感のとれた寄せ植えになります。1色(単色)でまとめる方法から、
同系色、反対色など花色の組み合わせは無限。同じ色でも花の大きさや形、花びらの質感などに微妙な差があります。
葉色のグリーンを上手にいかすのもポイントです。

カラーサークル

赤橙　赤　赤紫　紫　橙　青紫　黄橙　白　青　黄　黄緑　緑　青緑　青

隣り合うのが同系色、対極に位置するのが反対色の目安となります。白はどの色に対しても同系色としても反対色としてもなじむので、中心に位置しています。

パンジーの花色で見るカラーイメージ
同じ花でも花色によって雰囲気が変わります。

赤　橙　黄　黒
ピンク　紫　青　白

単色

1色だけでまとめる方法。色彩がすっきりしている分、花の大きさや質感、葉色の美しさが際立ちます。

花もコンテナもさわやかな白で統一。後列にキンギョソウ、マーガレット、シザンサス、前列はデージー、左右にシバザクラ。

同系色

赤と橙、紫と青、ピンクなどのように、同系色(カラーサークルで隣り合う2、3色)を組み合わせると、まとまりやすく安定感が生まれます。

ピンク系でまとめた寄せ植え。桃色のヒヤシンス、ピンクと白のミックスしたアリッサム、薄紫のツルハナシノブが見事に調和。

グラデーション

同系色の濃淡で組み合わせると、シックで洗練された雰囲気が漂います。草丈の違う植物を使えば視線の流れもプラスできます。

草丈の高いデルフィニウム、中間にビスカリア、株元にロベリアを配置。上から下に徐々に花を小さくし、紫の濃淡の変化をさらに効果的に演出しています。

反対色

紫と黄、赤と青などのように反対色を組み合わせると、コントラスト(明暗の調子)が強く、鮮やかになります。色の分量を均等にしないのがコツ。

紫と白のヒヤシンスと黄色のリナリアの組み合わせは、はっとするほど美しく、くっきり明るい印象の寄せ植えに。この場合、白は反対色としての相乗効果と、同系色としてのやわらかさをかね、全体をまとめています。

Chapter 5 気軽に花とグリーンが楽しめる コンテナガーデン&ベランダガーデン

Lesson 1 ローボウル（平丸浅鉢）

口径に対して、深さが1/3から1/2程度の鉢。
浅いので入る土の量が少なく、移動もかんたん。
どの方向から見ても美しい四方見タイプと
正面を決めるタイプに大別されます。

360度どこから見ても美しい四方見スタイル

草丈の高いマーガレットを中心に、フリル系の花びらで人気があるバラ咲きのプリムラ・ジュリアン、こんもり茂るイベリスを配置したかわいい寄せ植え。

苗の配置

- ⓐ マーガレット
- ⓑ 宿根イベリス
- ⓒ プリムラ・ジュリアン

月	1	2	3	4	5	6	7	8	9	10	11	12
植えつけ												
観賞期												

日当たりのよい場所 ／ 水はけのよい土 ／ ふつう

用意するもの

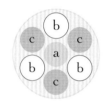

* ローボウル(口径25cm)

* 鉢底ネット

* 培養土(元肥入り)

* 土入れ

* 割り箸

* 鉢底石

* ハサミ

* じょうろ

Process

1 鉢穴より少し大きめの鉢底ネットを敷き、土の流出や害虫の侵入を防ぐ。

2 水はけと通気性をよくするために、鉢の深さ1/5程度の鉢底石を入れる。

3 鉢底石がかくれる程度に培養土を入れる(元肥入りでない場合は緩効性肥料を適量混ぜ込む)。

4 苗をポットから出す前に、鉢に並べて全体の配置を考え、植え込み位置を確認する。

中心は高く、周囲は広がる小花を楽しむ

中央に草丈の高いブルーコメット、周囲に低く広がって育つ小花を植え、常に混んだ部分を切り戻しながら楽しみます。

後方は高く手前は低く、正面を決めたスタイル

後方に草丈の高いストック、手前にだんだん低い草花を植え込むと全体がつながってやさしい雰囲気に。すべて1年草なので花が終わるとおしまいです。

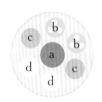

苗の配置

- a ブルーコメット
- b 宿根アリッサム
- c ベロニカ"オックスフォードブルー"
- d ブラキカム

用意するもの

*ローボウル
（口径30cm）

月	1	2	3	4	5	6	7	8	9	10	11	12
植えつけ												
観賞期												

日当たりのよい場所　水はけのよい土　乾燥ぎみ

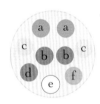

苗の配置

- a ストック
- b パンジー
- c ビオラ
- d アリッサム（濃ピンク）
- e アリッサム（白）　f アリッサム（淡ピンク）

用意するもの

*ローボウル
（口径30cm）

月	1	2	3	4	5	6	7	8	9	10	11	12
植えつけ												
観賞期												

日当たりのよい場所　水はけ・水もちのよい土　ふつう

Point

最初は中央のマーガレット。根を傷めないようにポットからとり出して据える。

根が全体に張っている場合はハサミで十字に切って軽くほぐす。より土になじみやすくなり、水の吸収もよくなる。

プリムラ、イベリス各3株はバランスを見ながら交互に配置する。

株元の高さがコンテナの縁から2cmほど下になるように土を足していく。

入れにくい場所も割り箸などでつついて土を奥まで入れ、できたくぼみにさらに土を足す。

すき間なく土が入ったら、最後に表面が平らになるように手で整える。

花や葉にかからないようにたっぷりと水を与える。2〜3日は半日陰に置き、その後は日当たりのよい場所で育てる。

Lesson 2 横長のコンテナ

一般に「プランター」の名で親しまれている長方形の箱形。
欧米では「ウインドーボックス」とも呼ばれ、
主に窓辺を飾るコンテナです。
できあがりのイメージがつかみやすいのが魅力。

中央は植え替え自在！
四季折々の草花を左右対称に

コンテナの中央に空のポットを埋め込み、メインのスペースを
確保した技ありの寄せ植え。入れる苗や鉢を変えるだけで、趣
の違った寄せ植えが楽しめます。

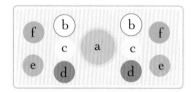

苗の配置

- ⓐ オリーブ
- ⓑ プリムラ・マラコイデス
- ⓒ キンセンカ
- ⓓ ビオラ
- ⓔ アリッサム
- ⓕ アイビー

月	1	2	3	4	5	6	7	8	9	10	11	12
植えつけ												
観賞期												

日当たりのよい場所／水はけのよい土／ふつう

用意するもの

- ＊横長のコンテナ（長さ50cm）
- ＊鉢 　＊培養土（元肥入り）
- ＊鉢底石　＊鉢底ネット
- ＊土入れ　＊ハサミ
- ＊割り箸　＊じょうろ

オリーブ
大きな株に育てる場合は、3〜4月に水はけ・水もちのよい
土に有機質を含む元肥を与え、大きめの鉢に植えつける。

Process

1 鉢底ネットを敷き、プランターの深さの1/4程度に鉢底石を、鉢底石がかくれる程度に培養土を入れる（元肥入りでない場合は緩効性肥料を適量混ぜ込む）。

2 苗をポットから出す前に、コンテナに並べて全体の配置を考え、植え込み位置を確認する。

3 オリーブの苗の大きさに合った鉢を中央に配置する。

4 鉢の後方にプリムラを、根を軽くほぐして配置。株元の高さが縁から2cmほど下になるよう土を足して高さを調整する。

5 鉢の左右にキンセンカ、前方にビオラを、それぞれ根をほぐして置く。その分根鉢は小さくなるので土で高さを調整する。

6 両端の前方に根をほぐしたアリッサム、後方にはアイビーをサイドに垂れるよう浅めに植える。

常緑のグリーンの中心に季節の花をはめ込んで

中央に空鉢を配置し、どんな花でも美しく引き立てる明るいグリーンをシンメトリー(左右対称)に植えつけたグリーンコンテナ。

苗の配置	用意するもの
a フィカス・プミラ	*横長のコンテナ (長さ45cm)
b アイビー	*鉢(4〜5号)

b a 空鉢 a b

中央に空の鉢(4〜5号)を埋め込み、花を鉢ごと入れるスペースを確保。成育おう盛なグリーンの根と絡まり合うのも防げる。

季節ごとに好みの花を鉢(ポット)ごと入れる。グリーンは伸びすぎた茎やつるをそのつど切って整理して、常に美しい草姿を保つ。

春 Spring 色とりどりの明るい花が春の到来を告げる

ガーベラ
開花期/4〜10月

春におすすめの花　ガザニア　キンギョソウ　ゼラニウム

夏 Summer 暑さに負けない元気な花が涼やかなグリーンに映える

ミニバラ
開花期/5〜11月

夏におすすめの花　インパチェンス　ジニア　ダリア

秋 Autumn 秋の風情たっぷりの花や葉を堪能する

ポットマム
開花期/9〜11月

秋におすすめの花　サザンクロス　ハゲイトウ　ビデンス　リンドウ

冬 Winter メインの花によって戸外でも室内でも楽しめる

シクラメン
開花期/10〜5月

冬におすすめの花　エリカ　クリスマスローズ　ハボタン　プリムラ

7

苗と苗のすき間に土を入れる。入れにくい場所も割り箸などでつついて土を奥まで入れ、できたくぼみにさらに土を足す。

8

中央の空鉢にオリーブの苗をポットごと入れ、全体にたっぷりと水を与える。2〜3日は半日陰、その後は日なたで育てる。

Point

ポットが周囲の土の高さより少しはみ出した場合は、ポットの縁を切るか、バークチップや水ゴケなどで覆ってマルチングをすると、乾燥も防げて一石二鳥。

143

Lesson 3 ハンギングバスケット

軒下や玄関などに吊るして
立体的な飾り方が楽しめます。
ワイヤーバスケットにヤシ皮マットや
シートモスなどの土どめ材をセットし、
上面と側面部分に植え込みます。

小花とアイビーが風に揺れるバスケット

ヤシ皮マットがセットされた側面は植え替えにくいので、
できるだけ花期の長い花や常緑のグリーンを植え込み、
上部に季節の花を植えると長く楽しめます。

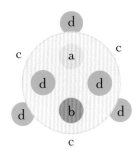

苗の配置

a ストック
b デージー
c パンジー
d アイビー

月	1	2	3	4	5	6	7	8	9	10	11	12
植えつけ												
観賞期												

日当たりのよい場所　水はけのよい軽い土　たっぷり

Process

用意するもの

* 円形ワイヤーバスケット(直径25cm)
　+ヤシ皮マット
* 培養土
　(元肥入り)
* 水ゴケ
* 土入れ
* ハサミ
* 割り箸
* じょうろ

1 苗をポットから出す前に、広がる、垂れる、上に伸びるなどの性質を考えながら全体の配置を考え、植え込み位置を確認する。

2 側面に、苗を植えるための切り込みを入れる。土がこぼれにくく、植えつけやすいT字の切り込みがおすすめ。穴が大きすぎると、苗が安定しないので注意が必要。

3 ヤシ皮バスケットは水はけがよいので鉢底石は不要。切り込みの下の位置まで培養土を入れる。

4 側面から植えつける。パンジーをポットからとり出し、根をガードして外側から株元までさし込み、ガードをはずす。

Point

苗の植え込みに利用するため、ポットの底を切りとる。

側面を広げた扇形を使用。

余分な土を落とした苗の根鉢を包んでガードする。

白花とグリーンで清楚で涼やかな初夏を演出

大きさの違う白花の表情は可憐で、すがすがしい印象。側面の
グリーンは白やクリーム色の斑が入るので、全体がやさしいイ
メージでつながります。

苗の配置	用意するもの
a コンボルブルス	*円形ワイヤーバスケット
b アレナリア	(直径30cm)
c カーペットカスミソウ	+ヤシ皮マット
d ラミウム	
e コブロスマ・カーキー	

月	1 2 3 4 5 6 7 8 9 10 11 12			
植えつけ		日当たりの よい場所 夏は半日陰	水はけの よい 軽い土	ふつう
観賞期				

シートモスにオレンジから黄花のグラデーションを寄せる

横に広がって育つ花は少しずつ色違いにしてグラデーション効果を
いかします。シートモスの内側には不織布を敷き、土がこぼれない
ようにフォローしています。

苗の配置	用意するもの
a ガザニア	*円形ワイヤーバスケット
b ゴールドコイン	(直径30cm)
c ヘリクリサム	+シートモス&不織布
d リシマキア・コンゲスティフロラ	

月	1 2 3 4 5 6 7 8 9 10 11 12			
植えつけ		日当たり のよい 場所	水はけの よい 軽い土	たっぷり
観賞期				

5 パンジーとアイビーを交互に植え込む。苗
の株元とヤシ皮がぴったりと合うように調
整する。

6 固まっている根鉢は必ず広げてから根が隠
れるまで土を足し、平らにならして側面の
植えつけ終了。

7 バスケット上部の後方にストック、手前に
デージーを配置する。

8 左右にアイビーをバランスよく配し、株元
の高さがそろうように土を入れ、割り箸な
どでつついて奥まで入れ込む。

9 土がこぼれたり乾燥を防ぐため、吸水させ
た水ゴケを土の上に敷き詰める。

Point

乾燥防止はもちろん、風や軽い衝撃
でバスケットから土がこぼれるのを防
ぐ。使用する1時間前にたっぷりの水
に浸して水分を含ませておき、絞って
から広げるようにして使用する。

10 全体にたっぷりと水を与える。2〜3日は半日陰に置き、1
〜2週間は強風の当たらない場所で管理し、根が定着した
ら飾りたい場所へ移す。

Point

ハンギングは全体が空気
にさらされている分、土が
乾燥しがちなので水やり
には注意が必要。液肥は
薄めのものを水やり代わり
に多めに与え、高い位置
に吊るした場合は置き肥を
利用すると便利。

145

ウォールバスケット

Wall Basket

壁面やフェンス、ベランダの手すりなどにかけて
立体的な飾り方が楽しめます。植物を正面から見るので、
ひと味違った花の表情、新鮮な印象を演出できるのも魅力。

バラ咲きのプリムラ・ジュリアンを囲むように
小花が全体にこんもりと広がる

付属のスポンジをセットしたスリットバスケットの側面にメインのバラ咲き
ジュリアンを配し、ビオラとアリッサムでこんもりと仕上げたハンギング。

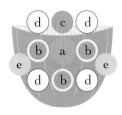

苗の配置

- **a** プリムラ・ジュリアン
- **b** ビオラ(紫×黄)
- **c** ビオラ(紫)
- **d** アリッサム
- **e** アイビー

用意するもの

*ウォールバスケット
(プラスチック製5スリット、
専用スポンジつき
/横幅25cm)

*培養土(元肥入り)
*鉢底石   *水ゴケ
*土入れ   *ハサミ
*割り箸   *じょうろ

月	1	2	3	4	5	6	7	8	9	10	11	12
植えつけ												
観賞期												

日当たり
のよい
場所　　水はけの
よい土　　ふつう

スリットバスケットの下準備

側面のスリットの内側
からスポンジを貼りつ
ける。

粘着面に軽く土をま
ぶしておく(植え込む
ときに苗がくっつかず
作業がラク)。

苗が通りやすくなるよ
う、指で切り込みを
広げて準備完了。

Process

1 全体の配置を考えたら、バスケットに鉢底
石を入れ、隠れる程度に培養土を入れる。

2 側面の下段中央にビオラ(紫×黄)、左右
にアリッサムを上からさし込む。

3 中段の両端にアイビーをさし込み、すき
間に土を足していく。

4 上段中央に根をほぐしたプリムラ、左右
にビオラ(紫×黄)をさし込み、土を足す。

5 上面中央にビオラ、左右にアリッサムを
植え、割り箸で土を奥まで入れたら、全
体に水ゴケを敷き詰める。

6 全体にたっぷりと水を与える。2～3日
は半日陰に置き、その後は日当たりのよ
い場所にかけて育てる。

洒落たバスケットに
カラーリーフがアクセント

奥まった玄関や壁面など暗めな場所
に飾るバスケットは多少凝ったデザ
インのものを選び、半日陰でも丈夫
に育つインパチェンスや葉色が明る
めのグリーンを植えつけます。

苗の配置

- **a** インパチェンス
- **b** イレシネ
- **c** ヤブラン
- **d** ラミウム
- **e** ヒューケラ
- **f** グレコマ

*ウォールハンギング
(横幅25cm)+ヤシ皮マット

側面の植えつけ位置にハサミで切り込みを入
れ、側面、上面の順に植えつける(→P.144)。

月	1	2	3	4	5	6	7	8	9	10	11	12
植えつけ												
観賞期												

半日陰　　水はけの
よい土　　ふつう

Lesson 5 ストロベリーポット

Strawberry Pot

その名の通り、ポケットつきのイチゴ栽培用コンテナ。ポットの大きさに
よって3〜6個のポケットがあるので、側面にもにぎやかな植え込みができます。

サイドのポケットに植えるのが特徴

上のポケットは広がるリビングストンデージー、下は多花性のシレネ、上の口にはすくっと
伸びるブルーデージーと、それぞれ性質の違う花を植えて動きのある表情を楽しみます。

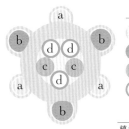

苗の配置
- a シレネ
- b リビングストンデージー
- c ブルーデージー
- d バコパ

用意するもの
- ＊ストロベリーポット(高さ50cm)
- ＊培養土(元肥入り)
- ＊鉢底石　　＊鉢底ネット
- ＊土入れ　　＊ハサミ
- ＊割り箸　　＊じょうろ

月	1	2	3	4	5	6	7	8	9	10	11	12
植えつけ												
観賞期												

 日なた 夏は半日陰
 水はけのよい土
 ふつう

Point

ストロベリーポットは意外と土がたくさん入るのでかなり重くなり、植えつけ後の移動は大変。置き場所が決まっていたら、その場所付近で植えつけをした方がラク。

Process

1 脇にある鉢穴に少し大きめにカットした鉢底ネットを敷き、鉢の深さ1/5程度の鉢底石を入れる。

2 下ポケットの下のラインよりやや少なめに培養土を入れる(元肥入りでない場合は緩効性肥料を適量混ぜ込む)。

3 シレネをポットからとり出し、根鉢を少しくずしてポケットに通りやすくする。

4 ポケットの外側から株を入れたら、内側から引いて株を通す。同様にして下3か所を植えつける。

5 上ポケットの下のラインより2cmほど下の位置まで土を足す。

主張し合う個性的な植物がすっきりまとまる

日なたを好む個性的な花を寄せた寄せ植え。寒さでコリウスが枯れてもポケット部分ならラクに植え替えができます。

苗の配置
- a レモンマリーゴールド
- b コリウス
- c コンロンカ
- d ダリア
- e ヘリクリサム

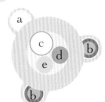
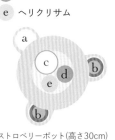

＊ストロベリーポット(高さ30cm)

月	1	2	3	4	5	6	7	8	9	10	11	12
植えつけ												
観賞期												

 日当たりのよい場所
 水はけのよい土
乾燥ぎみ

6 下ポケットと同じ要領で上3か所にリビングストンデージーを植え、全体に土を足す。

7 上の口の中央にブルーデージー2株、周囲にバコパ3株を植え、株元の土が口の2cmほど下になるよう調整する。

8 割り箸などでつついて土を奥まで入れ、できたくぼみにさらに土を足す。

9 ポケットにも土を足し、奥まで土を入れる。たっぷりと水を与え、2〜3日は半日陰に、その後は日当たりのよい場所で育てる。

Lesson6 球根を計画的に咲かせる

Bulbs

球根花は植えつけてから開花までに日数はかかりますが、花姿は美しくて魅力的。花の種類や品種ごとに
開花までの日数がほぼ決まっているので、それを上手に利用してワンランク上の寄せ植えを楽しみましょう。

成長後をイメージしながら球根と苗を植える

寄せ植えは植えつけ時が完成ではありません。草花は球根が咲くまでの寂しい時期は空間を埋め、季節に沿ってさまざまな表
情を見せてくれます。それぞれの成長後の株姿や草丈、花色の組み合わせなどをイメージして植えつけるようにします。

植えつけ
直後
10月5日

スイセンの球根を下層に、ビオラとハクリュウを
上層に植えつけます。

5か月後
3月5日

ビオラがこんもり茂り、満開の春。球根が発芽し、
葉も伸びてきます。

6か月後
4月5日

スイセンが開花。ビオラは花の盛りをすぎ、
茎も徒長ぎみになってきます。

開花時期が違う球根のダブルデッカー植え

異なる種類の球根を2層にして植えつけるのがダブルデッカー。大きな球根を下層、
小さいものを上層にするのが一般的で、密植したほうが開花時にボリュームのある
花姿になります。植えつけ直後はパンジーとアリッサムだけの鉢がどのように変化
するか、楽しみです。

苗と球根の配置(目安の個数)

【下層】
チューリップ
(12個)

【中層】
ムスカリ
(30個)

【上層】
a パンジー(苗)
b アリッサム(苗)

月	1	2	3	4	5	6	7	8	9	10	11	12
植えつけ												
観賞期												

用意するもの

a パンジー(苗)
b アリッサム(苗)
チューリップ
(球根)
ムスカリ
(球根)

*タブ(木製の樽／幅40cm)
*培養土(少量の元肥入り)
*鉢底石　*鉢底ネット　*土入れ
*ハサミ　*割り箸　*じょうろ

Process

1
鉢底ネットを敷き、水はけと通気性をよく
するために2〜3cmの深さまで鉢底石を入
れる。

2 下層
タブの1/3まで培養土を入れ、チ
ューリップの球根を必ずとがった
方を上にして均等に並べる。

3
球根が完全に隠れるまで静かに土をかぶ
せ、土の表面を平らにならす。

4 中層
ムスカリの球根も同様に、芽を
上にして均等に並べる。

数年楽しめる植えっぱなしの球根と宿根草の鉢

下層にヒヤシンス、中層に宿根草、上層に浅植え球根のスイセン、ムスカリ、クロッカス、球根ツリガネソウを配置。日当たりと風通しのよい場所で育てるのがポイント。

5か月後
4月5日

植えつけ
直後
11月5日

シルバーレースとツリージャーマンダーのシンプルな寄せ植え。

4か月後
3月5日

3月初旬にはスイセン、ヒヤシンスが美しく咲いています。

ムスカリ、クロッカスなどが続々と開花し、春のにぎやかな寄せ植えを満喫!

植えつけ
直後

球根が成長するまでは、パンジーとアリッサムのシンプルな寄せ植えを楽しみます。

4〜5か月後

ムスカリが咲きはじめ、こんもりとした寄せ植えが楽しめます。

約6か月後

チューリップが咲きはじめ、ボリュームたっぷりの花が咲きそろいます。

5

球根が隠れるまで土をかぶせ、平らにならして軽く押さえる。

6

上層 苗を植えつける。パンジーの根鉢をくずし、株元の高さが縁から2cmほど下になるように高さを調節。

7

パンジーのあいだにアリッサムをバランスよく配し、土を足して割り箸で土を送り込む。たっぷりと水を与え、2〜3日は半日陰に置き、その後は日当たりのよい場所で育てる。

ベランダガーデン

Veranda Garden ──窓の向こうに、心がなごむ花とグリーンの空間をつくる

どんな小さなベランダでもガーデンとして楽しむことができます。部屋の中から眺めたとき、
ベランダに出たときにどんな空間をつくりたいのか、
イメージを描きながらはじめましょう。

わずか奥行45cmでベランダガーデンを満喫！ パンジーやアリッサム、プリムラを植えたハンギングで空間も上手に活用。

写真提供／茨城県・makiさん

写真提供／千葉県・大須賀和子さん

ガラス越しの光が暖かな冬の日だまりをつくるベランダ。風がさえぎられるので細かい花びらも散りにくく、草丈の高いプリムラ・マラコイデスもすくすくと成長。

半日以上の日照があればベランダでもバラが楽しめます。ときどき鉢の位置を動かし、春先からは乾かないようにたっぷり水やりすることがポイントです。

ベランダガーデンを楽しむ前に

ベランダガーデンの第一歩は、まず自分のベランダの環境を知ることから。
ベランダの向きや手すりの材質などの環境によって植物の育ち方も変わり、
防災通路や洗濯干しなどの生活条件もあわせて考えなければいけません。

Check 1 ベランダの向き

ベランダの向きによって日照条件が大きく変わります。また、同じベランダでも季節によって日のさし込む角度も変化するので、自分のベランダの日当たりの特徴をよく把握し、環境に合った植物を選びましょう。

Check 2 手すりの材質

柵状の手すりとコンクリートの壁で囲まれたベランダでは風通し、日当たり、温度などの条件が変わってきます。コンテナやハンギングの飾り方にも制約が出てくるので、それぞれに合った対策を考えましょう。

ガラス
囲いの内側は明るい日陰(半日陰)。真夏の強い日ざしはガラス越しでも強烈なので、避ける工夫が必要。風通しはあまりよくない。

コンクリート
日光が入りにくく、風通しも悪い。外の風景の影響を受けにくいので、工夫次第で自分好みの背景を作りやすい。安全面は安心。

Check 3 排水溝、排水口の位置

一般にベランダには排水のための通り道(排水溝)と排水管につながる排水口があります。排水口に泥や枯れ葉が流れ込むと配水管が詰まる原因に。排水口の上や周囲に鉢や棚などを置かないようにして、こまめに掃除をしましょう。

柵
日当たりと風通しはよいが強風で鉢などが倒れる心配がある。また、風と日ざしで土が乾燥しやすいので水やりには注意が必要。

鉄板
日ざしも風もさえぎられる。特に真夏には鉄板に日が当たって熱くなり、周囲の温度も高くなる。植物への影響も大きい。

Check 4 エアコンの室外機の位置

ベランダに設置される室外機は、そのままではせっかくの雰囲気を壊してしまいがち。使用時に吹き出す風も植物には好ましいものではないので位置を考慮し、トレリスやカバーで目立たないようにする工夫をしましょう。

Check 5 避難ルートの確保

集合住宅のベランダは共有スペースとして、非常時の避難通路としての役割を持っています。隣家との境界パネルや階下への避難はしごのハッチをふさがないように注意して、ディスプレイしなければなりません。

奥行90cm足らずの狭いベランダは洗濯物を干すスペースと共有なので、物干ホルダーにもかけたり吊るしたり。手すりもフル活用です。

Check 6 洗濯を干す場所の確保

ベランダは生活のためにも必要な場所。たとえば洗濯物を干すと雰囲気が変わってしまい、がっかりということにならないよう、基本スペースをあらかじめ確保しておくか、共存できる雰囲気にするか、考えておきましょう。

ベランダならではの悩みを解決!

コンクリートで囲まれた殺風景なベランダは、庭とは異なる悩みや問題点があります。
解決につながるアイデアを実例とともに解説します。

背景と床

ベランダのイメージを大きく変えるのが背景と床です。背景は、コンクリートフェンスの場合、そのままでは殺風景なので、板やトレリスなどを配し、自分の描く風景に近づける工夫をしましょう。
床も全体の印象に大きくかかわってきます。コンクリートのままでは雰囲気をつくりにくいうえに、日光の照り返しが強く、特に夏は植物にとって過酷な環境になってしまうので、できれば床材を敷くことをおすすめします。

[トレリス × ウッドパネル]

ウッドパネルやすのこの下はゴミがたまりやすく、放置すると病害虫のすみかになりかねないので、こまめに掃除を。

正面にマンションが隣接する南向きのベランダ。避難はしごを避けた床にウッドパネルを敷き詰め、トレリスをコンクリート壁面より高めに設置して周囲を囲みます。目隠しをかね備えた、春から秋は日なた、夏は半日陰のほどよいガーデニングスペース。

[トレリス × すのこ]

南側、西側にマンションが隣接するベランダ。床は防腐剤塗料を塗ったすのこを敷き、トレリスにも同様の塗料を塗り、壁面より低めに設置。左側を常緑つる性植物主体のローメンテナンスなガーデンスペースにして、右側は洗濯干しなどの生活スペースを確保しています。

正面が鉄板なので殺風景で圧迫感があり、日当たりは悪いのに太陽熱でベランダ内の気温が上昇する環境。

[すだれ × セラミックタイル]

側面(室外機)から背景をすだれで覆い、床にはセラミックタイルを敷き詰めます。

After

Before

夏の温度上昇を抑える効果が高いセラミックタイル。

連結タイプなのでしっかりと平らになるまで押し込み、必要面積を埋めます。

圧迫感があった正面の印象と熱気はすだれで緩和。タイルの色をランダムに変えることで床にもアクセントが生まれ、センスアップしたベランダに。

撮影協力／空間計画提案室 牧野嶋彩子

［ 板 ╳ 化粧石 ╳ 床板 ］

板の下に角材で脚をつけたオリジナルの床板をポイントに配し、コンクリートの白い壁をいかすためにすき間に同色の化粧石を敷き詰め、和風テイストに仕上げています。

エアコンの室外機など、生活感を感じさせるもの、景観にそぐわないものは壁のように見立てた板の裏に収納します。

奥にある隣家との境界ボードは、仕切り板とコーディネートした紫の薄い板を立てかけて目隠し。これなら避難通路も確保され、安心。

［ 板 ╳ 雑貨 ］

日照条件の悪い手すり部分は、白くペイントした腰板と100円ショップの木箱を重ねた手作り棚で埋め、あえて見せるコーナーに。植物は手のかからないものを選び、好きな雑貨と組み合わせることで、オリジナル空間を演出しています。

写真提供／茨城県・makiさん

室外機の前と背景にサイズの違うトレリスを設置し、ハンギングを飾るコーナーに。室外機の上に木製ボックスを置き、ガーデニンググッズをさり気なくディスプレイして、違和感なくまとめています。

室外機

ベランダで目立ちがちで、せっかくの雰囲気を壊してしまう室外機。カバーキットも多く市販されていますが、トレリスや板を使ってかんたんに目隠しできるアイデアをご紹介します。

[トレリス ╳ 板]

トレリスに、同色にペイントした薄いベニア板を貼って風出口をカバー。

開閉式にしてあるので、室外機まわりやその奥にある排水口の掃除がしやすい。

熱風や冷風が出るので、空気が逃げるように間隔をとって設置する。

[ザル ╳ ネット]

三角コーナー用のゴミとりネットや不織布を利用してゴミの流入を防ぎます。排水口にザルをかぶせてから不織布で覆い、周囲をワイヤーで固定。

排水口まわり

排水口の位置や形はさまざまですが、いずれも泥や枯れ葉などが詰まりやすく、隣家と共用している場合はトラブルの原因にもなりかねません。こまめに掃除をして、清潔に保ちましょう。

[レンガ]

排水溝間際まで床材を敷かず、コンテナは同色のレンガの上に配置。水やりで流出した泥が目立つので、排水溝に流れる前にすぐに掃除がしやすく、蒸れも防げるのが利点。

[鉢底ネット]

排水溝の途中に大きなゴミをせき止める場所を数か所つくり、排水口まで流れない工夫を。壁面と床材を利用して鉢底ネットを挟んだだけの気軽さ。

[鉢皿]

排水口がないベランダは必ず大きめの鉢皿に置いて水やりをし、受け皿にたまった水はすぐに捨てます。

排水口詰まりの原因のひとつに、散った花びらがあります。ベランダでは散りやすい花を避け、散りにくい花を選ぶのも得策です。

◯ 散りにくい花

カランコエ	カンパニュラ
ノースポール	マリーゴールド
パンジー	ビオラ	ペチュニア

╳ 散りやすい花

キンギョソウ	サルビア	ゼラニウム
チューリップ	デルフィニウム	バラ
ポピー	ラナンキュラス	ワスレナグサ

日よけ・風よけ

原則として植物は日当たりと風通しのよさを好むので、ベランダでいかに日照と風が確保できるかを問題としますが、季節によってはよすぎることがマイナスになることもあります。真夏の直射日光や西日は植物を弱らせ、葉色が悪くなることも多く、これらを上手にさえぎる工夫が必要になります。
特に高層階のベランダは風当たりが強く、何もさえぎるものがないので日ざしも強烈。必ず対策が必要です。

[トレリス ✕ コニファー]

高層階で西向きのルーフバルコニーは、手すりにトレリスを固定して全面を囲います。重量感のある大型コンテナに草丈の高いコニファー類を植えつけて半日陰の環境をつくり、強風も遮断します。鉢はコンクリートの輻射熱を避けるため、レンガやポットフィートを使って直接床に置かない工夫を。

[すだれ]

すだれを2枚つないでベランダの天井にフックで固定し、手すりに向かって斜めに垂らします。不要なときは巻き上げておき、とり外しも手軽にできるのでとても便利。

[トレリス ✕ つる性植物]

ベランダの西側は強烈な西日がさし込む悪条件。4月にディプラデニアを4株植えつけ、フラワーカーテンに挑戦。

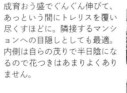
4月

7月

成育おう盛でぐんぐん伸びて、あっという間にトレリスを覆い尽くすほどに。隣接するマンションへの目隠しとしても最適。内側は自らの茂りで半日陰になるので花つきはあまりよくありません。

[トレリス ✕ 重量コンテナ]

柵部分にトレリスをしっかり固定し、小型でも重さのあるポットや鉢に草丈の低い植物を選ぶことで、高層のベランダでも強風にも負けないナチュラルガーデンが楽しめます。

ディプラデニア
キョウチクトウ科の常緑つる性植物。熱帯原産で、直径8cmほどの花は真夏でもよく開花し、光沢のある緑葉とのコントラストも美しい。マンデビラ、サンパラソル(ブランド名)などの名前でも流通している。

ベランダ内側

ベランダ外側

真夏の西日にも強く、輝くような花を日当たりのよい外側に向かって次々と開花させます。

ベランダガーデンの四季

季節によって環境が変化しやすいベランダの特徴を知り、寒暖や日照を考えながら適切な管理をしましょう。

 春 Spring　植物が目覚め、おう盛に活動をはじめるとき。植えつけ、植え替えに最適な季節

管理のポイント

＊ガーデニングをはじめるには最適な季節
＊植えつけ、植え替え時期を逃さない
＊アブラムシなどの害虫発生に注意
＊花がら摘みはこまめに行う

春先はアブラムシの被害を受けやすい。近隣に迷惑のかからない方法で早めに薬剤散布で予防するか、こまめに駆除する。

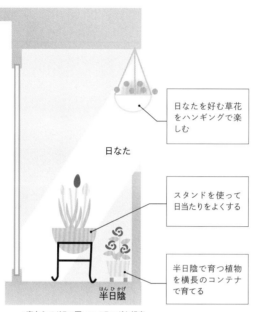

日なたを好む草花をハンギングで楽しむ

日なた

スタンドを使って日当たりをよくする

半日陰で育つ植物を横長のコンテナで育てる

半日陰（はんひかげ）

＊南向きでガラス囲いのベランダを想定

 日当たり

床面に広く日が当たり、日ざしも強すぎない。日がだんだん長くなり、徐々に部屋側から外側へと日なたが移動。

 水やり

植えつけ直後はたっぷりと与えるが、その後は土の表面が乾いたら与える。

 肥料

植物が成長をはじめたら定期的な追肥を開始する。花が咲くものは成長用と開花促進用をバランスよく与える。

ベランダで育てやすい花
（日なたから半日陰）

●アリッサム	●チューリップ	●ビオラ
●カンパニュラ	●ノースポール	●フクシア
●キンギョソウ	●バコパ	●プリムラ
●ゼラニウム	●パンジー	●マーガレット

 夏 Summer　温度が上がりやすいベランダで、直射日光、西日、乾燥から植物を守る

管理のポイント

＊直射日光が苦手な植物は部屋側に移動
＊乾燥に注意し、必要なら朝晩に水やり
＊日よけなどの西日対策をする
＊ハダニ予防にときどき葉水（はみず）をかける

乾燥しやすく、ベランダは特にハダニが発生しやすい。ときどき葉裏まで葉水をかけて予防する。夕方の水やりは地温を下げるのにも有効。

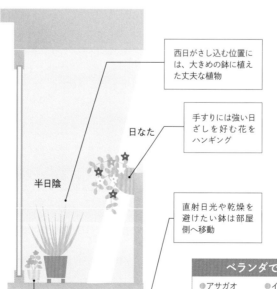

西日がさし込む位置には、大きめの鉢に植えた丈夫な植物

手すりには強い日ざしを好む花をハンギング

日なた

半日陰

直射日光や乾燥を避けたい鉢は部屋側へ移動

＊南向きでガラス囲いのベランダを想定

 日当たり

部屋側には日が当たらず、手すり近くに直射日光が当たる。南から西向きのベランダでは西日が長く当たり、過酷な環境になる。

水やり

乾燥しやすいので水切れには注意。朝か夕方、もしくは両方与え、日中の水やりは避ける。

 肥料

肥料は基本的に停止する。暑さで弱り成長も鈍くなるので、与えると害になることもあるので要注意。

ベランダで育てやすい花 (日なたから半日陰)

●アサガオ	●インパチェンス	●ナスタチウム	●ハイビスカス
●アメリカンブルー	●センニチコウ	●ニチニチソウ	●ペチュニア
●アンスリウム	●デルフィニウム	●バーベナ	●ポーチュラカ

秋 Autumn 夏の暑さで弱った植物の手入れをする。台風接近には要注意！

管理のポイント

* 基本的な配置や手入れは春と同様に
* 秋の長雨などで病害虫が発生しやすい
* 台風が近づいたら早めの安全対策を
* 晩秋は冬支度も忘れず早めに

台風などの強風に備えて、手すりにかけたり吊るしているハンギングは床に下ろす。室内に移動できない大鉢は倒してひもでフェンスに固定する。

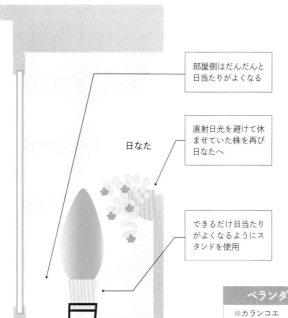

部屋側はだんだんと日当たりがよくなる

直射日光を避けて休ませていた株を再び日なたへ

できるだけ日当たりがよくなるようにスタンドを使用

日なた

半日陰

＊南向きでガラス囲いのベランダを想定

 日当たり

床面に比較的広く日が当たる。徐々に日が短くなり、ベランダの外側から内側に日が当たるようになる。

 水やり

春と同様、土の表面が乾いたら水を与える。

 肥料

長期間咲く花は、定期的に追肥を施す。秋に花を咲かせたあと地上部が枯れる宿根草は、花後にお礼肥を与える。

ベランダで育てやすい花 （日なたから半日陰）

●カランコエ	●ジニア	●デージー
●ポットマム	●シュウメイギク	●ホトトギス
●ゴシキトウガラシ	●ストック	●マリーゴールド
●サルビア	●センニチコウ	●ミニバラ

冬 Winter 寒さに弱い植物は部屋へ移動。適度な水やりは忘れずに

管理のポイント

* 水切れで枯らしてしまわないように管理
* 夕方からの水やりは根を傷めるので避ける
* 室外機の冷風に注意する
* ベランダの夜間の冷え込みにもケアを

室内にとり込めない鉢は、夜間だけでもダンボール箱などに入れて風の当たらないベランダの隅に寄せ、ビニールシートをかけて保温する。

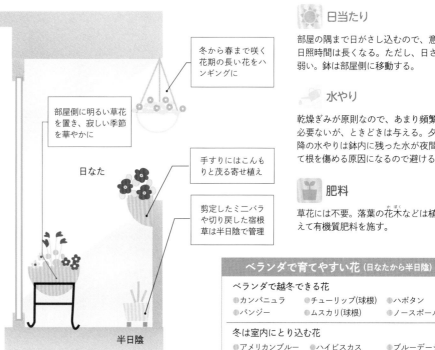

冬から春まで咲く花期の長い花をハンギングに

部屋側に明るい草花を置き、寂しい季節を華やかに

手すりにはこんもりと茂る寄せ植え

日なた

剪定したミニバラや切り戻した宿根草は半日陰で管理

半日陰

＊南向きでガラス囲いのベランダを想定

日当たり

部屋の隅まで日がさし込むので、意外に日照時間は長くなる。ただし、日ざしは弱い。鉢は部屋側に移動する。

水やり

乾燥ぎみが原則なので、あまり頻繁には必要ないが、ときどきは与える。夕方以降の水やりは鉢内に残った水が夜間凍って根を傷める原因になるので避ける。

肥料

草花には不要。落葉の花木などは植え替えて有機質肥料を施す。

ベランダで育てやすい花 （日なたから半日陰）

ベランダで越冬できる花

●カンパニュラ	●チューリップ（球根）	●ハボタン
●パンジー	●ムスカリ（球根）	●ノースポール

冬は室内にとり込む花

●アメリカンブルー	●ハイビスカス	●ブルーデージー
●ゼラニウム	●フクシア	●ポインセチア

Chapter 6

ガーデニングの魅力がいっぱい!

はじめての庭づくり

四季折々の草花や花木が咲く美しい庭、
大好きな花々を集めた花壇、玄関まわりなどの
お気に入りのガーデニングスペース。
あなたが思い描くイメージを大切に、小さな庭づくりからはじめましょう!

小さな庭の楽しみ方

ガーデニングを楽しむのは大きな庭だけではありません。
玄関や軒下、壁、通路など、ちょっとしたスペースがあればアイデアしだいでおしゃれに花と緑を
楽しむことができます。ここでは、場所に合った植物でスペースを上手にいかした実例をご紹介します。

玄関・アプローチ

玄関やアプローチは、家族やお客さまを
最初に迎える大切な場所。毎日の手入れがしやすい場所で、
しかも工夫しだいでいかようにもアレンジできる絶好のスペースです。

そろそろパンジーとビオラが終わる季節。この時期は春までの花と春からの花が両方咲いて、1年の中で一番華やか。

花色豊富なペチュニアとカリブラコアが、こんもり茂った株の表面を覆い尽くすように咲き誇ります。

華やかな1年草が絶え間なく咲き続ける

晩秋から早春まではパンジー&ビオラ、春から初秋まではペチュニア&カリブラコア。この花たちをコンテナのメインにした、花色、種類で変化を楽しむ庭づくりのお手本です。花期が長いため、年2回の植え替えという手軽さで花いっぱいのエントランスをキープできます。

壁に挟まれた北向きだからこそできる演出

壁一面に這わせたアイビーやツタ、日陰を好むシルバーリーフや明るい斑入りの植物が落ち着いた雰囲気のエントランス。白の窓枠とアンティーク調のコンテナはそれ自体に存在感があり、暗めの色彩にインパクトを与え、全体が 趣のある印象的な風景に。

壁に挟まれた狭い階段アプローチには、厳選したハンギングやアクセサリーを少なめに飾ると、全体の雰囲気を損なわずにセンスが光ります。

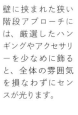

ココヤシファイバーを敷いたワイヤーハンギングに多肉植物をあしらって。

#My Favorite Rose

ピエール ドゥ ロンサール

クラシカルな花形と繊細な色合いが調和した美しい人気品種。天候や気候によってピンクの濃さに差が出るのも、また一興。さまざまな仕立て方が楽しめる。

外壁に似合う植物、緑と花色のバランスが絶妙

赤茶色のレンガ風外壁によく似合う植物選びと配置に注目！ シンボルツリーの新緑に映え、ひと際目をひくのは壁に這わせたつるバラ"ピエール ドゥ ロンサール"。コニファーと寄せ植えの配置にも気を配り、初夏のさわやかなイメージを演出しています。

門扉に季節のハンギングを飾ります。水ゴケを敷き詰め、ダスティーミラー、アリッサム、パンジーなどを寄せて。

玄関アーチや外壁にバラがつたい咲く家

エントランスの外壁から玄関アーチ、ドアの上部までつるバラ"ブルボン クィーン"を誘引。這わせるボリュームと花色によって印象がかなり異なってくるので、花のない時期もイメージしながら枝のラインを決めます。

#My Favorite Rose

ブルボン クィーン

ピンクの浅いカップ咲きの中輪花で、花つきのよさと花期の長さは群を抜くオールドローズ。花枝が短く、花と葉が一体となった感じで咲き誇る。

視線よりも高く枝を這わせるなら、オールドローズやイングリッシュローズのようにうつむきがちに咲く品種を選ぶのがポイント。

ドアわきのクレマチス・モンタナが絡まりながら上に伸び、自然な草姿で玄関先を飾ります。

写真提供／東京都・鈴木信吾さん

写真提供／東京都・鈴木信吾さん

美しく刈り込まれた生け垣の前に、個性的なチューリップ1種1色を群植した大鉢が十分な存在感で美しい。

パンジーとアイビーをかわいいコンテナに植え込んで門柱の上に。訪れる人を和ませる不思議な魅力があります。

選び抜いたひと鉢や1花がいかせる場所

玄関やアプローチはその家の第一印象を決定づける場所。目にとまる場所に一番好きな花、自分らしさの出たひと鉢を飾るだけで、素敵な空間が生まれます。

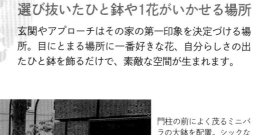

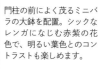

門柱の前によく茂るミニバラの大鉢を配置。シックなレンガになじむ赤紫の花色で、明るい葉色とのコントラストも楽しめます。

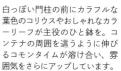

白っぽい門柱の前にカラフルな葉色のコリウスやおしゃれなカラーリーフが主役のひと鉢を。コンテナの周囲を這うように伸びるコモンタイムが溶け合い、雰囲気をさらにアップしています。

つる性植物やシダなどを寄せ植えた自然木のコンテナがさり気ないフォーカルポイント。

外周・フェンス際

門まわり、塀やフェンス際、家の壁に沿ったスペースは、
そのままでは素材がむき出しで殺風景ですが、
植物をあしらうことで明るい印象に生まれ変わります。

こんもりと茂る淡ピンクのペチュニア"さくらさくら"と濃ピンクのカリブラコアが満開。自然な草姿で縦に伸びる水色のサルビア・アズレア(ブルーセージ)がさわやかな初夏の花壇。

写真提供／秋田県・沢田有子さん

道路に面した花壇は
条件に合った植物選びを

玄関脇や門まわりの花壇の幅は一般にさほど広くないので、スペースを上手にいかすことが大切。日照条件を考慮した上で、花びらが散らからない、周囲を汚さない、通行の邪魔にならないことなどにも気をとめながら植え込む草花を選びましょう。

花壇の背景として後方にサルビア・ファリナセアを植え、縁に花びらの散りにくいペチュニアとカラミンサを植栽。

白とピンクのチューリップにブルーのワスレナグサが美しく調和して、
全体にやさしい雰囲気をかもし出しています。

写真提供／

狭い植栽スペースに
壁色と相性抜群の組み合わせ

横一列にしか植えられないごく狭い場所ですが、草丈、株姿が異なる植物を植えて単調にならない工夫をします。土の分量が少なくて乾燥しやすいので、乾燥に強い植物を選ぶことも大切です。

レンガ塀に沿った
チューリップの表情を楽しむ

塀に沿った植栽スペースにチューリップをメインで植えても、色調と組み合わせる植物によってまったく違う雰囲気が生まれます。

オレンジと黒紫の鮮やかなコントラストを引き立てるのは、美しく刈り込まれたボックスウッド(セイヨウツゲ)の緑。

ラベンダーは成育おう盛で乾燥に強い性質。大株に育っても白花が上品なシャスタデージーとの花形、草丈の対比も楽しい。

写真提供／
神奈川県◯◯◯◯さん

庭植えのジギタリスとフェンス
にかけたパンジーのハンギン
グのやさしい花色が見事にマッ
チした、優美な春のガーデン。

道行く人を楽しませる
フェンス際の花々

柵のフェンスはあえて「見せる庭づくり」を楽
しみます。道行く人のためにも花を飾る感覚で、
庭の続きを柵からこぼれんばかりに咲く花やハ
ンギングで演出します。

道行く人にも楽しんでもらおうと、フェン
スの外側から眺めるように仕立てたつる
バラ"ホワイト メイディランド"。

隣家との境界ス
ペースに雰囲気
のあるアイアン
トレリスをフェン
スのように連ね、
つるバラを誘引。
殺風景な壁面が
見事なウォール
ガーデンに。

白いフェンスの下方からあふれるように
顔をのぞかせるのは淡青のコンボルブル
ス。左上方の赤いパイナップルセージと
のコントラストも美しい初夏の風景です。

家まわりを塀で囲わず、オープンにした庭づくり

家のまわりをあえて塀で囲わずオープンガーデンに。道路に面し、
土もない場所は、バラをメインに選び抜いた草花のコンテナを組
み合わせてガーデニングを満喫！

隣家との境界もお互いの日当たりを考慮して塀は設けず、ア
イアントレリスを連ねたフェンスで仕切ります。豊かな自然
はなくても、コンテナだけで解放感のある明るいスペースに
素敵な庭が実現します。

駐車場

玄関に隣接した位置にあるわりに殺風景になりがちな場所。
車の出し入れの邪魔にならない範囲で立体的に空間を演出できれば、
絶好のガーデニングスペースです。

コンクリートむき出しの車庫を華やかに

車庫の上部は意外にデッドスペースかも知れません。
立地にもよりますが、ベランダ続きや屋上にコンテナが
置ける場合は、壁面に枝垂れる花を豪快に飾りましょう。

花茎が長く、うつむくように咲く
つるバラ"スパニッシュ ビューテ
ィ"は、下から見上げるとやさしい
花顔が美しい。側面にもハンギン
グを設置すると、より華やかに。

#My Favorite Rose

**スパニッシュ
ビューティ**

ダマスクの芳香でバ
ラの季節到来を告げ
る早咲き種。波打つ花
びらはゆったりと開き、とても優美。
枝は太くて堅いので、大きなアー
チや壁面向きのつるバラ。

彩り豊かな明るい
寄せ植えを立体的に飾る

視線の高さはハンギングバスケットで豪華
に見せ、床置きは高低差をつけて立体的に
見せると華やかな感じに仕上がります。

駐車場のグランドを草花で埋める

駐車スペースの邪魔にならない部分はカラーリーフやグ
ランドカバー植物を中心に植えることで、車がない時間
は素敵なガーデンとして楽しめます。

車体(車輪)と側面との空きス
ペースはダスティーミラーや
ヘリクリサムなどの常緑グリ
ーンを中心に、手入れ不要の
丈夫な植物を植え込みます。

車体と地面との空間部分は赤
葉クローバーでグランドカバ
ー。横に広がってマウンド状
に成育し、草丈は20cmほど
なので車が出入りしても草姿
は損なわれません。

通路・小径
<ruby>小径<rt>こみち</rt></ruby>

たとえば玄関から庭への通路、庭をめぐり別の場所に導いてくれる細い道。
道の地面（グランド）が土やレンガ、敷石、タイルなどいろいろな場合があり、
お互いを引き立て合う草花とのコンビネーションが大切です。

日陰の通路も
植物をあしらい表情豊かに

建物の日陰となって一日中日が当たらない通路も、日陰に強い植物
やガーデンアイテムを取り入れて表情豊かにアレンジしましょう。

明るい斑入りのアベリアを下草に、
サルビア・レウカンサの紫花が輝く。

玄関から庭への通路が敷きレンガの小径。フェンスにアイビーを這わせ、葉色の明るいギボウシや夏は半日陰を好むエリカ、スズラン、ツルニチニチソウなどを植え込んでいます。

写真提供／東京都・鈴木信吾さん

小径への入り口は
ドラマチックなアーチが似合う

小径の入り口にアーチやパーゴラを設置
すると立体的なアレンジが楽しめます。シー
ンの切り替えの役割も大きく、庭先へ
続く小径をより印象的に演出します。

パーゴラを設置し、つ
る性植物をアーチのよ
うに誘引して仕立てた
入り口。草花が脚元を
覆い、景色にしっとり
となじんでいます。

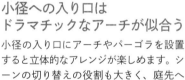

庭をめぐる曲線の小径。
白っぽい敷石とエレガ
ントな大鉢が色とりど
りの花色に統一感を生
み出しています。

玄関から庭へと続く
小径。這わせたつる
バラが満開になると、
美しさと香りに包ま
れた優雅なアーチに。

ブルーから紫、ピン
クへと美しいグラデ
ーションが続くメル
ヘンの小径。草丈の
ある淡ピンクのヤグ
ルマソウが小花を引
き締めるアクセント。

写真提供／福岡県・ブルーミントガーデン

庭に分け入る小径は
花をいっそう可憐に見せる

レンガや敷石の描く曲線に沿って小さな草
花が咲き誇る小径。細い道が続く先にど
んな風景が待っているのか…そんな期待
感が高まります。

軒下・窓辺

軒下は雨がかからない場所なので、花びらが傷みやすい植物を育てることができます。
家の内側からも外側からも景色を楽しめますが、
限られたスペースなので効率よく活用しましょう。

雨水管を覆うようにクレマチス
を誘引して立体感を演出。

テラスガーデンの軒下には花びら
が傷みやすいバラやクレマチスの
コンテナを彩りよく並べます。コ
ンテナも風景の一部になるので、
テラコッタや装飾鉢を厳選して。

若草色にペイントした花台に、草花の
草丈を窓辺の高さに合わせたさまざま
なコンテナを配置。ジギタリスがちょ
うど窓を囲むように咲き誇っています。

軒下の窓辺を美しいコンテナで飾る

幅が限られた空間なので、立体的に飾るなどの工夫
をして無駄なく活用します。窓や壁面と植物やコン
テナのバランスも重要なポイントです。

軒下の窓辺にウィ
ンドーボックスを
設置して、雨に弱
いゼラニウムを植
えます。真っ赤な
花が真っ白な外壁
によく映えて明る
いスペースに。

お手本にしたい壁、庇、窓辺のあしらい

"ヨーロッパの窓辺は道行く人のた
めに…"という言葉を彷彿とさせる
美しい窓辺の風景。建造物全体と植
物との絶妙なバランスは見事です。

壁を覆い尽くす濃緑のアイビーを背景に、
窓下の花壇に群植したチューリップが美し
く映えて、まるで1枚の絵画のような雰囲気。

写真提供（3点とも）／東京都・鈴木信吾さん

1本のクレマチス・モンタナが
壁をつたって庇を覆うように
横に広がる軒下。壁面のレン
ガと木材の境目にピンクの花
がうまく調和しています。

庇の上に並べたプランターボックスと軒下に吊るされたハンギン
グバスケットは、ビタミンカラーのパンジーとグリーン。壁色とぴ
ったりマッチしてお互いを引き立てています。

道路に面した軒下に幅と高さがぴったりのパーゴラを制作し、家の壁2面を覆い尽くすオールドローズ"ファンタン ラ トゥール"を誘引。

ある程度の日照を確保できれば、軒下はバラ栽培に絶好のロケーション

雨が直接当たらないので花びらの傷みが少なく、蒸れないように注意すれば病害虫の発生も少ない場所。半日以上の日照を確保し、乾燥しやすいので水やりには注意します。アーチや壁に這わせるにはつる性か伸長力の強い半つる性、窓下サイズに保って草花と組み合わせたいなら木立性やミニバラなどを選びましょう。

庇の天井からワイヤーを渡し、窓面に沿って誘引した純白の"つる アイスバーグ"。株元を覆い隠すように伸びる草花の花色はお互いの美しさを際立たせています。

#My Favorite Rose
つる
アイスバーグ

銘花"アイスバーグ"の枝変わりで、花の多さ、丈夫さは親譲り。半八重咲きの純白花が房咲きになるので、壁面などに最適な品種。

#My Favorite Rose
ファンタン ラトゥール

整ったソフトピンクの中輪花で、甘い芳香があり、超多花性。トゲがほとんどないので、窓まわりや通路などにも最適。

正面はあえて埋め尽くさずにやわらかな三角形に枝を整え、空間の美しさも楽しんでいます。

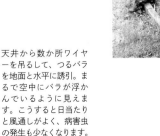

窓にかかる樹高まで成長したら、早めに枝から大きくカットして切り花として楽しみます。

軒下のわずかな幅に草花とバラを混植した花壇。窓を開けるとやさしいバラの香りに包まれます。

天井から数か所ワイヤーを吊るして、つるバラを地面と水平に誘引。まるで空中にバラが浮かんでいるように見えます。こうすると日当たりと風通しがよく、病害虫の発生も少なくなります。

Chapter 6　ガーデニングの魅力がいっぱい！　はじめての庭づくり

はじめてのかんたんDIY
Do It Yourself

庭づくりの第一歩は、自分の生活スタイルに合ったガーデンスペースを
ほんの少しセンスアップするところからはじまります。まずは、好きな草花を育てる
小さな花壇づくりやグラウンドを整えるレンガ敷き、芝生張りなどに挑戦してみましょう。

レンガの花壇をつくる

庭づくりの最初の一歩は小さな花壇づくりから

接着剤を使った小さな花壇

市販の接着剤でレンガを固定して、小さな花壇をつくりましょう。
この方法なら、積んだ花壇をバラしてもとのスペースに戻すこと
もかんたんにできます。

━━ 用意するもの ━━

[できあがり寸法：幅70cm×奥行50cm×高さ15cm]
外周の大まかなサイズ

＊赤レンガ
　(21cm×10cm×6cm) 30個
＊砂 10kg
＊コンクリート用接着剤
＊スコップ
＊木づち
＊ワイヤーブラシ
＊角材

ワイヤーブラシ
レンガやタイルなどの資材の表
面の細かい汚れを落とすなどの
下処理にとても便利。

赤レンガ

半裁レンガ

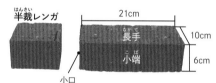

長手
小端
小口
21cm
10cm
6cm

ベーシックな赤レン
ガ。半裁レンガ(半分
に切ったもの)も用意す
ると、自分でカットす
る手間が省ける。

フランスレンガ。焼成むらが
微妙なニュアンスで人気の
耐火レンガ。

古びた風合いが新鮮なベルギ
ーレンガ。くぼみがあるのは
積みレンガ。

下準備

地面をならす
レンガを敷いたり並べたりの作業をする
前に、まず地面を整えます。これを怠る
と、あとでレンガがグラグラして強度が
劣りがちです。

広い場所は約30cm角の板に静かに両足を乗せるのを
繰り返し、均等に平らにならしていく。

狭い場所はレンガなどの平らな面で地面をまんべんな
くたたき、平らにならす。

Process

1 花壇の設置場所を決め、実際にレンガを配置してみる。外まわりのサイズは約70cm(幅)×50cm(奥行)。

2 少し広めに掘り起こし、スコップで平らにならしておく。

3 レンガの幅(約10cm)の浅い溝を掘り、砂を厚さ3cmに均等に入れる。平らにならしながら、横(幅)に3個、縦(奥行)に2個を並べる。

4 並べたレンガの凹凸をチェックし、木づちでたたいて水平に修正する。角材を置き、さらに全体のラインも整える。

5 10個で1段目が完了。レンガの両側の土を埋め戻し、固定するように両側から固める。

6 2段目は1段目とずらして、少量の接着剤をつけて積んでいく。

Point

レンガの汚れはワイヤーブラシなどできれいにとり除く。

7 10個で2段目が完了。

8 3段目は2段目とずらして1段目と同様に積む(長手積)。半日ほどそのままおいて、レンガの花壇が完成。

その後の花壇づくり

腐葉土と培養土を適量花壇に入れてよく混ぜ合わせ、元肥として完熟堆肥か化成肥料を混ぜ込んで土づくりをする(→P.179)。植える植物によっては土の酸度調整も忘れずに。

積み方パターン

長手積	いも積	イギリス積	アメリカ積	小端積

モルタルで固めた小端立て花壇

レンガを1段並べた縁どり花壇。レンガを立てて縁どりすることを「小端立て」といいます。一般的なレンガを使い、レンガとレンガはモルタルでしっかりつなぎます。

用意するもの

* レンガ [花壇1mにつき11～13個が目安]
* 砕石 [1mにつき30kgが目安]
* モルタル[砂3：セメント1：水適量／1mにつき砂30kgが目安]

* スコップ
* クワ
* プラスチックハンマー

* 木ゴテ
* 三角ゴテ
* 目地ゴテ

* ハケ
* スケール

下準備

材料の計算

上記目安を参考にレンガの必要個数や砕石、モルタルの量を計算します。

* 周囲3mの花壇の場合、レンガ約40個、砕石90kg、砂90kg、セメント30kgが必要。

レンガの吸水

モルタルの接着をよくするためにレンガを水につけます。気泡が出なくなったらOK。

モルタルを作る
セメント、砂、水を適量ずつ混ぜて練り合わせたもの。
強固な接着剤としてレンガの目地(継ぎ目)に埋め込みます。

容器に砂3：セメント1を入れ、よく混ぜ合わせる。

少しずつ水を入れ、よく混ぜ合わせる。

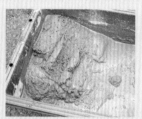

やや固めのソフトクリーム、または耳たぶの固さ程度に仕上げる。

Process

1 スコップで花壇全体のラインを描く。

2 スコップで土を掘る。レンガは一般的に長さ20～23cmで下1/3を埋め込むので、モルタルの厚さ分と合わせて15～20cmの深さが必要。幅は約20～30cm。広めの方が作業しやすい。

3 掘った部分(溝)をクワなどで平らにならす。

4 溝の高さをチェック。数か所測ってできるだけ均一に調整する。

5 溝に沿って砕石を15cm幅に敷いた上に、モルタルを厚さ7～10cmを目安に敷く。

6 モルタルを木ゴテで平らにならす。

変形レンガを使った花壇。

レンガと縁石を
交差させた花壇。

本物そっくりのファイバー
ストーンを連ねた花壇。

Variations

Point

水平器があれば、並べたレンガの水平と立ち上がりの垂直を確認する。最初に水平レベルを示す水糸を張っておくと、よりていねい。

上から見た状態。気泡によって水平・垂直を確認。中央にあれば水平になっている。

7

三角ゴテでモルタルをレンガ長手(面積の広い面)の両端と上端に棒状に乗せる。

8

モルタルを乗せたレンガを目地幅1cmで立てて並べる。隣のレンガに押さえつけるようにしたとき、モルタルがはみ出てもあとで調整するので大丈夫。

9

プラスチックハンマーを使ってレンガの高さを調整する。軽く何度かたたいて微調整するのがコツ。

10

目地ゴテで余分なモルタルを削ぎ落とし、足りない部分には足して目地を仕上げる。

11

モルタルで汚れている部分はハケで洗ってきれいに仕上げる。

12

レンガが倒れないよう、花壇の内側の下3cmまでモルタルを足して押し固め、残った溝部分に土を戻して完成。

レンガを敷く

庭のアクセントに印象的な幾何学模様を描いて

敷き方パターン
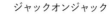

ストレッチャーボンド	ジャックオンジャック	ヘリンボーン(網代)

バスケットウィーブ (市松)	ハーフ アンドバスケット	ハーフ バスケットウィーブ

庭へのアプローチはハーフアンドバスケットを微妙にずらして、自然な広がりを演出。

アーチの下はジャックオンジャックを中央に、ストレッチャーボンドを対称に敷いてアクセントに。

芝生との境界にレンガで曲線を描いたナチュラルテイストの花壇。

かんたんな「砂決め」の基本的な敷き方

レンガ敷きのポイントは下地づくり。雑草やゴミをとり除き、平らに整えて整地をしたら、設置もとり外しもかんたんな砂だけの下地にレンガを敷きます。

┌─── 用意するもの ───┐

＊レンガ
　［花壇1㎡につき35個前後が目安］★
＊砂(下地用) [1㎡につき15kgが目安]
＊目地土(砂、桂砂など)
＊ジョレン　　＊木づち
＊木片　　　　＊ホウキ

└────────────────┘

★個数の計算法

レンガのサイズが24cm×12cmの場合、
このレンガ1個の面積は
$24 \times 12 = 288cm^2 = 0.0288m^2$
1㎡(1m×1m)で必要な個数は
$1 \div 0.0288m^2 = 34.722 \cdots \fallingdotseq 35$ ⇒ **35個**

下準備

整地

レンガを敷く前の整地はとても大事な作業。特に新築の庭では、建設時のがれきなどが土中にうまっている場合があるので、更地の状態をつくることからスタートです。

ゴミをとり除き、雑草は根からこそぎとる。

5cmほど耕し、出てきた石や砂利をとり除く。

草の根や小石を拾い出し、整地完了。

Process

1 レンガの厚みを考えながら敷く場所の土をジョレンで掘り下げ、平らにする。

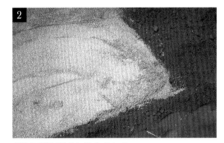
2 掘り下げた部分に砂を入れる。

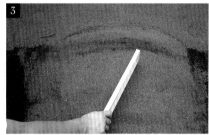
3 木片などを使い、砂を平らにならす。

4 木片などでたたき、平らに押し固める。

Point

5 レンガを押さえつけるように据え、プラスチックハンマーで軽くたたきながら安定させる。

水平器があれば、水平を確認しながら少しずつ微調整を(→P.171)。

6 バランスを見ながらレンガの色を変えたりと、アレンジを施してもOK。

7 水平を確認しながら、レンガ敷きが完了。

8 敷いたレンガの上から、乾いた砂や桂砂を目地に詰める。

9 ホウキなどで目地にしっかり詰め込んで完成。仕上げに余分な砂を掃く。

芝生を張る

花を美しく見せるバックグラウンドは一面に広がるグリーンの芝生

シバの種類と特徴

シバは大きく分けて、コウライシバ、ノシバなどで知られる日本シバと、ベントグラスなどの西洋シバの2系統があります。
日本シバは日本の気候に合った丈夫なシバで、3〜5月に一定の大きさに切ったシバ(シバ苗)を張ります(張る=シバを地面に設置する)。
夏に成育して冬に枯れることから「夏シバ」とも呼ばれます。
冬のあいだも緑が楽しめる西洋シバは「冬シバ」と呼ばれ、牧草の1種。3〜4月に種をまいて育てます。

コウライシバ
一般に広く使われているシバ。踏圧にもかなり強く、適度の刈り込みで美しい葉が保てる。

ノシバ
環境適応能力が高く、乾燥、寒さ、踏圧にも強く丈夫だが、成長が遅く、葉が粗い感触。

張り方パターン

平張り(ベタ張り)
芝苗をすき間なく植え込む方法。もっとも早くシバが均一になり、雑草も出にくい。

目地張り
芝苗間を3〜4cmあけ、すき間(目地)を土で埋めていく方法。均一になるのに約半年かかる。

市松張り
市松模様に並べる方法。材料は平張りの半量ですむが、均一になるまで1年以上かかる。

シバの張り方(目地張り)

植えつけ適期は春3〜4月。日当たりのよい場所を選び、一度植えつけたら長く楽しめるようにはじめに土づくりをしっかりとしておくことが大切です。目地張りは、シバ苗とシバ苗のあいだを3〜4cmあけることで、材料が必要量の8割ですむのでおすすめです。

用意するもの

* シバ苗★ [1㎡につき1束(10枚)が目安]
* 元肥(草木灰、油かす、骨粉各適量)
* 石灰 [1㎡につき60〜70gが目安]
* 芝の目土 [1㎡につき3〜4kgが目安]
* スコップ
* 木片
* カッター

★シバ苗について

シバ苗(張りシバ)は通常、25〜28cm×35cmにカットされたものが10枚1束で春先に出回る。これは目地張りで約1㎡分。新しいことが絶対条件で、乾いて枯れていないもの、束のあいだが蒸れていないものを選ぶ。

下準備

下地づくり

シバ苗を植えつけるとき一番大事な作業。ある程度土を掘って石や砂利をとり除き、シバに合った土づくりを、張る4〜5日前に行います。

雑草やゴミをとり除き(→P.173「整地」)、元肥を土に混ぜ込み、最後に石灰をまいて4〜5日置く。

Process

下準備をした土をよく混ぜ合わせ、木片などで平らにならす。

シバ苗を押さえるように置いていく。

目地張りにするので、シバ苗とシバ苗の間隔を3〜4cmあけて並べる。

Point

敷き終わりやはみ出す部分は、カッターやハサミでカットして使う。

シバ苗をすべて並べたら、根と地面が密着するようにスコップの背などでたたいて安定させる。

ふるいでふるった目土を目地に入れて埋めていく。

シバ全体を平らにならすように目土を広げていく。土をよくすり込んで段差がないようにする。

目土が流れないように注意しながら、目の細かいノズルでたっぷりと水を与える。

水やり後の状態。この程度目土を入れると、目の詰まったフカフカの芝生に仕上がる。

その後の管理

シバが定着するまで約2か月間はなるべく芝生に踏み入らないようにする。根づく前にへこんでしまった部分は、シバ苗を持ち上げ、下に土を入れて平らになるように調整する。
水やりは成育期の3〜10月は週に1回程度たっぷりと与え、肥料は2か月に1回、化成肥料を1㎡あたり50gほど与える。植えつけ2か月後から成育期は月1〜3回、成長程度に合わせて刈り込みを行う。刈ったシバはそのまま放置すると病害虫発生の原因になるので、必ずとり除く。

立体資材を設置する

庭を立体的に見せ、空間を演出するのに効果的

道路側に設置するときは目隠しをかね、格子の細かいトレリスを使用。

立体資材の種類

庭にある程度の広さがあり、ポイントを作りたいときはアーチやパーゴラなどの大型資材を使うと効果的な演出が楽しめます。バラやつる性植物を誘引（ゆういん）すれば、一気に華やいだ雰囲気の庭に仕上がります。

スペースに限りがあり、壁面や縦の空間を有効に利用したい場合はトレリスがおすすめ。壁面を覆う大型のものから小さな花壇、コンテナ用の小型まで、サイズや素材もさまざま。隣家との境界や目隠しにも大活躍です。

オベリスクやポールはつる性植物を立体的、かつコンパクトに見せるのに最適。素材によってイメージが大きく変わりますが、それだけで庭のアクセントにもなります。

伸縮タイプのトレリスをレンガの壁面に設置し、アイビーゼラニウムを誘引。株元は草丈の低いキンセンカで色を足します。

トレリス

境界は華やかなバラの空間に

隣家との境界壁面にトレリスを設置して、オープンで華やかな空間に。

白い壁をいかすため、バラの誘引間隔に合わせて水平に角材を渡して作ったトレリス。

壁面につる性植物を誘引（ゆういん）

オベリスク

庭のフォーカルポイントに

バルーン形が印象的な白いポールは、それだけでもチャーミング。

建物のカバーや目隠しに利用

枝が細くてしなやかなバラを誘引。オベリスクの美しいフォルムも風景の一部に。

30cm幅を金具でつなげて柱のコーナーをカバー。直接ハンギングをかけられない場所や、傷をつけないために利用。

つるバラを柱や上部に這わせ、ナチュラルな雰囲気のハンギングを吊るして。

庭の背景の横板と色を合わせた手作りのパーゴラ。上部は横材と平行にワイヤーを渡し、細やかな誘引をしやすくする工夫が施されています。

初夏には心地よい日陰をつくる美しいスペースに。

植物を縦横に組み合わせ、ドラマチックな空間を演出

上部を白の"つるサマースノー"、脚元をピンクの"ラッセリアーナ"が覆い尽くすアーチ。

アーチ

庭のシンボルとして
イメージ通りの木製アーチを制作

隣家との境界はペイントした板を立て、中心にオリジナルのアーチを設置。

お気に入りの鳥籠を吊るして。

覆い尽くしても、
一部に這わせても美しい

片側を"ローブリッター"が覆う上品なアーチ。

写真提供(5点とも)
神奈川県・幡野精一さん

重量がかさむ大型エクステリアは基礎づくりをていねいに。脚部を立てる位置は地面を深く掘って砂利を埋めます。太い角材には専用の支柱立てを設置。

境界に立て板を設置。連なる先端が美しいカーブを描くようにあらかじめカットしています。

アール(曲線)をつけてレンガを敷きます。それぞれ必ずレンガの1か所が接するように並べるのがポイント。

花壇での花づくり

庭づくりの基本となる、花壇で花を育てるときの基礎や作業のコツを中心に解説します。

花壇の日当たりを知る [日照の目安]

植物は原産地の気候や風土によって異なった特性をもっています。育てる花壇の環境が植物の好みと違うと、いくら手入れをしてもよい花が咲かないので注意しましょう。花にとって一番重要なのが日当たり（日照／光）。まず、花壇の日当たり状態を知り、その環境に合わせた植物選びが重要になってきます。

日当たりがよい（日なた）

午前中、午後を通して5時間以上日が当たる状態。南向きか東向きの場所が花壇には一番恵まれた環境。

日当たりのよい場所を好む花

チューリップ　　アサガオ

半日陰

午前中、または午後だけ日が当たる環境。葉が多い樹木の株元のように、一日中木漏れ日程度の日が当たる状態。

半日陰でも元気に育つ

スズラン　　アジサイ

日陰

周囲に建物や大木などがあり、ほとんど日が当たらない環境。木漏れ日が半日しか当たらない場合は日陰。

日陰でも丈夫に育つ

クリスマスローズ　　ギボウシ

育てる花を選ぶ

花壇の現状、環境を把握したら、実際に育てる花を選びます。すぐにでも花いっぱいの花壇にしたいなら苗から、じっくり育ててみたいなら種や球根からスタートです。

苗から育てる

旬の花をすぐに楽しみたいなら市販のポット苗から育てるのがおすすめ。バランスのよい苗をしっかりチェックして購入しましょう。

○ 花やつぼみがたくさんついていて、茎が太く株全体が引き締まっている。

✕ 花が少なく、茎はヒョロヒョロと伸びて、全体にバランスが悪い。

種をまく

発芽の瞬間から日々成長する過程をつぶさに見ることができ、花が咲いたときの感激はひとしおです。比較的安価で一度にたくさん丈夫な苗が育てられるのも魅力。

マリーゴールド（1年草）
種まき期間が長く、温度さえあれば発芽はかんたん。

カンパニュラ（2年草）
春にまくと翌年の初夏に釣り鐘状の大きな花を咲かせる。

ヒマワリ（1年草）
株間をとって直まきすれば、大輪の花が楽しめる。

球根を植える

発芽するまで季節をまたぐことがありますが、栄養分を球根に蓄えているので手入れいらず！ 初心者でも個性的な花を確実に咲かせられるのでおすすめです。

○ 養分が蓄えられた充実した球根。同じ大きさなら重いものを選んで。

✕ かびが生えていたり、傷があってへこんだり変形しているものはよく育たない。

花壇の土づくり

花壇は、植物が地下から水分を吸い上げ、鉢植えほどこまめに肥料分を調整できないので、最初にしっかりと土づくりをしておくことが重要です。

花壇は植えつけ予定の1〜2週間前から土づくりにとりかかりましょう。単なる庭の土では、植物が健やかに育つのは難しいので、苦土石灰をまいて多くの植物が好む中性〜弱酸性に中和し、腐葉土や堆肥などの有機物を施して排水性、通気性、保肥性を高める改良をしておきます。以前、草花を育てていた場所でも、降水などによって土が固まり、通気性が悪くなっているので改良が必要です。

用意するもの
[花壇約1㎡あたりの目安量]

* 苦土石灰 100g
* 腐葉土、堆肥 各バケツ1杯分（約3ℓ）
* スコップ

苦土石灰（くどせっかい）
園芸用の石灰（カルシウム）で、苦土（マグネシウム）を含むものをさす。土の酸度調整と植物の成育に必要な栄養がとれる二重の効果が期待できる。

腐葉土（ふようど）
落ち葉を腐熟させたもの。有機質に富み、水はけ、水もち、通気性をよくする。

堆肥（たいひ）
有機物を積み上げて腐熟させたもの。通気性、水もち、肥料もちを改善。完熟堆肥を選ぶこと。

Process

1 雑草やゴミ、がれきなどがあれば、おおまかにとり除く。

2 土を30cmほど耕して、土の中に新鮮な空気を入れる。土のかたまりはスコップなどで除く。

3 苦土石灰を、花壇の土の表面全体がうっすら白くなるくらいまいて、酸度調整をする。

4 腐葉土をまく。土が粘土質の場合は通気性がなく根が伸びにくいので、少し多めに使用する。

5 花壇に養分を与える堆肥を入れる。空気を含ませるように、ほぐしながらまく。

Point
特に有機質を必要としない植物の場合は、**4**のあと1週間ほどおいて、元肥として緩効性肥料150gを混ぜ込んでおくとよい。

6 スコップで土を下からひっくり返してよく混ぜる。すべてが均一に混じるようにていねいに。

7 全体に空気を含ませ、土がフワフワになった状態。土の表面をていねいにならしておく。

植物に適する土の酸度(pH)の目安

酸度(pH)	適する植物
強酸度 (5.0以下)	アゲラタム、アザレア、アジアンタム、クチナシ、クレマチス、スズラン、タマシダ、ツツジ、ベゴニア類など
弱酸度 (5.5〜6.5)	カーネーション、カラー、キク、キンギョソウ、シクラメン、ストック、チューリップ、バラ、フクシア、ペチュニア、ユリなど
中性 (7.0)	アスター、ジニア、プリムラ、マーガレット、マリーゴールドなど
アルカリ性 (7.5〜8.0)	ガーベラ、キンセンカ、サイネリア、ジャーマンアイリス、スイートピー、ゼラニウムなど

※土の酸度は園芸店で売られているpH試験紙や土壌酸度計を使って、かんたんに調べることができる。

「天地返し」で土のレベルアップを！
（てんちがえ）

「天地返し」とは、下層と上層、土の位置をすべて入れ替え、空気を含ませて活性化させること。花壇のリニューアル時に行うのが適当ですが、特に冬の寒い時期に行うと土がよく風化し、害虫駆除の効果も期待できます。

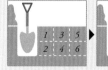
30cmくらいの深さまでスコップをさし込み、適当な幅の溝を掘り、土を横に上げておく。

溝の隣に位置する土を溝と同じ幅だけ掘り、上層の土(1)を掘った溝の底部に移動させる。

残った下層の土(2)を、埋め戻した土(1)の上に移動。これで(1)(2)は場所と上層下層が入れ替わった。

これをくり返し、最後にできた溝に最初に掘り上げた土をよく混ぜてから埋め戻すと、すべての土が入れ替わる。

苗の植えつけ

土づくりをした花壇に、日照条件の合う草花を準備してシンプルなデザインで植えつけます。

植えつけ前のポイント

植えつけ1〜2週間前に土づくり(→P.179)をしておきますが、小さな花壇の場合は、鉢植えと同じ感覚で緩効性肥料を元肥として植えつけ時に少量与えるだけでもよいでしょう。

植物が育つ大きさを考えて配置を決めます。ポット苗を予定位置に並べ、株数や花色にかたよりがないかを確認します。株間は小型の1年草は10〜15cm、草丈30cm以下の1年草や宿根草は20〜30cm、草丈30cm以上なら30〜50cmが目安。

根鉢の扱い方

根鉢とは、根とそのまわりの土のかたまりのこと。根鉢の状態をよくしてやると土になじんで、根が伸びやすくなります。しかし、根を傷めるとその後の成育が悪くなる植物もあります。「移植に弱い」「直根性」などの注意書きがあるものは、ポットからとり出したら、すぐそのまま植えます。

適度に根が回っている

根鉢全体に根が張り、やさしく扱うと土がくずれない。

↓

このまま植える

グルグルと巻いている

ポットの底に茶色の根がグルグル巻いていたり、全体にびっしり張っている。

↓

根鉢をくずし、ほぐしてから植える

根鉢の肩の部分の土を落とす。

底の真ん中から根と根のあいだの土を落とすようにくずす。

根鉢の底に根がふわっと少し出る状態になればOK。

あまり根が張っていない

ポットをはずそうとすると、土がくずれてしまう。

↓

ポットに戻す

とり出す前ならポットのまま根が十分張るまで育てるが、すでにとり出して土がくずれたものは、ポットに戻してから両手で押さえて形を整える。

根と土が固まったら、ふつうに植えつけるが、根が傷んでいるので、花壇でも極力強光、強風が当たらない場所を選んで植える。

苗の植えつけ方

奥に配置する高さを出す植物から植えはじめ、最後に手前の苗(パンジー)や縁どりの草花を植えると、先に植えた株を傷つけずにラクに作業ができます。

1

グリップを逆手に持ったシャベルを土にさして手前に引き、根鉢と同じ程度の植え穴をあける。

2

ポットから出した苗の根鉢をチェック。この苗は根が巻いているので根鉢をくずし、先端を少しほぐす。

3

植え穴に根鉢を置き、根鉢の上部が花壇の土の表面の高さと同じになるように、掘り上げた土で調節する。

Point

根は深植えでも浅植えでも根づきが悪くなるので、ポットに植えられていた高さと同じに植えつける。

4

穴のすき間に土を戻して植えつけ、軽く根元を押さえる。すべての苗を植えつけ後、株間にたっぷりと水を与える。

球根の植えつけ

よい球根ほど、よい花が咲きます。健全で充実した球根を選び、
種類に応じた深さと間隔で、大輪の花を咲かせましょう。

植えつけ適期

球根は秋植え、春植えに大別されます。花が咲く時期と植えつけの時期は、だいたい逆だと考えてください。

秋植え球根は、ほとんどのものが冬の間にある程度の寒さに当てないと花が咲きません。9〜11月上旬までに植えつけて寒くなる前にしっかり根を張らせておくことが大切ですが、気温が高すぎる時期に植えると腐ってしまうので注意しましょう。

春植えはその逆。寒さに弱いので、十分に気温が上がった4月ごろから植えつけ、気温が上昇しすぎる前に根を張らせ、梅雨時の多湿による腐敗を防ぐようにします。

秋（10〜11月）に、草花のあいだにバランスよくチューリップの球根を植えつける。

4月、色とりどりの花が開花し、明るく華やかな春花壇に。

植える深さと間隔

球根を花壇に植える場合、種類に応じて植えつける深さと間隔が違いますが、一般には、球根3個分を掘り、球根を置いて2個分の厚さの土をかけ、間隔は3個分とるのが目安です。こうして植えつけると、大輪の花が期待でき、翌年以降も使える充実した球根を育てることができます。

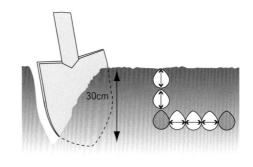

30cm

ふつうのスコップの刃の長さは約30cm。穴を掘るときの目安として覚えておくと便利。

球根の植えつけ

日当たりと水はけのよい場所を選び、1〜2週間前から土づくり（→P.179）をしておきます。

1

植えつけ予定の場所に球根を並べてみる。ここでは、背の高いユリを中央奥、花壇の形に沿ってそれを囲むようにチューリップ、手前を草丈の低いクロッカスで縁どるようなイメージで配置。最初に一番奥のユリを深めに植えつける。

秋植え春咲きの球根。右上から時計回りにチューリップ、アネモネ、クロッカス、ラナンキュラス、ユリ。

Point

ユリは球根の下だけではなく、上からも根が出るので深植えする必要がある。

2

チューリップの植え穴は球根の3倍（約15cm）が目安。必ず芽を上にして植えるが、上下がわからない場合は横に植えておくと、出た芽は上に、根は下に伸びていく。

3

最後はクロッカス。7cm深さ、5〜10cm間隔を目安に植えつける。植え穴にオルトラン粒剤などを入れると害虫を予防できる。

4

覆土し、全体に静かに水を与える。発芽まで時間がかかるので、どこに何を植えたかわかるようにラベルを立てるか、棒などで印をつけておくと便利。

ユリ　チューリップ　クロッカス

苗木の植えつけ

花木や樹木は一度植えるとなかなか植え替えることができないので、
必ず成育条件とサイズに合った場所を選び、適期に植えつけましょう。

苗木の種類

苗木には、鉢やビニールポットに植えてある「ポット苗」、根がむき出しの「裸苗」、根が麻布やワラなどで覆われている「根巻き苗」があります。

土から掘り上げられた裸苗や根巻き苗と違い、ポット苗は根が切られていないので、根づきやすく、初心者にはおすすめです。

苗木で大事なのは根。太い根が張っていて根元近くに細根が多い苗を選び、入手したらすぐに植えつけるのが理想です。

ポット苗
ビニールポットや鉢に植えてある苗。1年中手軽に入手でき、根づきやすい。

裸苗
根がむき出しになっている苗。乾燥を避けるため、水ゴケやビニールなどに包まれている。

根巻き苗
根を麻布やワラで覆われている苗。大きな苗に多い。

苗木の植えつけ

植えつけ適期は、落葉樹は12〜2月、常緑樹は4〜5月か9月ですが、9月のほうが根がよく張って育てやすいでしょう。
ほとんどの花木は日当たりと水はけのよい場所を好みます。植えつけ直後は苗木を乾燥させないことが、上手に育てるポイントです。

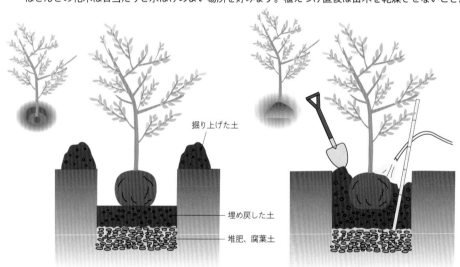 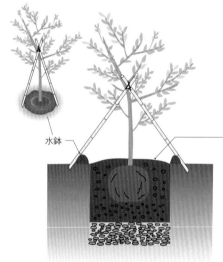

掘り上げた土

埋め戻した土

堆肥、腐葉土

水鉢

1 深さ、広さとも根鉢の2倍の植え穴を掘る。元肥として完熟堆肥や腐葉土を入れ、土を1/3量穴に戻して苗木を中央に置く。

2 土を8割まで埋め戻し、水をたっぷり注いで棒などでかき混ぜてどろどろにし、根のすみずみまで水を行き渡らせる。苗を揺すりながら、上に少し持ち上げる。

3 水が引いたらさらに土を加え、苗木の根鉢が地面より少し高くなるように調整する。株の周囲に土手(水鉢)をつくり、たっぷり水を与え、苗が幼いうちは倒れないように支柱を立てる。

花壇の後方に植えつける小型の花木は、草丈の高い草花と同じ感覚で根鉢と同じ大きさの植え穴を掘って植えつけます。

Point

植えつけ後は、根元にピートモスを敷いて乾燥を防ぐ。

花壇のスタイル

花壇の形、雰囲気に合う草丈や植え方、配置で、イメージ通りの花壇をつくりましょう。

ボーダー花壇

建物と庭のあいだや通路、塀に沿って細長く続く花壇。
違う役割のある場所を区切るためのスタイルです。
組み合わせる花色や高低のつけ方、
ボリュームの差によって印象が変わります。

花壇脇の段差に沿った細いボーダー花壇。あまり主張しない白や黄色で、地面を這うように広がるアリッサムなどの草花を植えます。

草丈の低い植物でまとめると庭の広さと明るさが強調され、開放感あふれる空間に。

色はカラフルにしても、草丈や株姿が似たような草花を選べば統一感が生まれます。

エントランスにタイルを敷き詰めず、右側は土を残してボーダー花壇に。通行の邪魔にならないように手前は草丈の低いアリッサム、後方は高めのシレネを。

ベントグラスで花壇の仕切りを描き、紫のミヤマホタルカズラをこんもり仕立て、後方は少し草丈の高い紫のシラーや明るい葉色のグリーンでナチュラルな草姿を楽しみます。

縁に白いアリッサムと黄色のプリムラ、後方に高さを出したパンジーとビオラをぎっしり植え込んでカーペット状に仕立てます。

立体花壇

花壇の背景の壁につる性植物を這わせたり、
トレリスやオベリスクを使って
高低差をつけたりして立体を演出した花壇。

#My Favorite Rose

つる サマースノー

咲きはじめはうっすらピン
クで、八重平咲きで満開
になる。多花性でトゲが
ほとんどなく、枝はしなや
か。育てやすい強健種。

レンガの壁につるバラを誘引(ゆういん)し、
手前は高低差のある植物をナチ
ュラルに植え込んでいます。

壁前の花壇。下草にローズマリーなどのハーブ、中央
にはインパクトのあるアーティチョーク。壁にはセア
ノサスが伸びやかな枝を這わせています。

花壇の中央にアイキャッチャー
となる天使の石像を据え、フォ
ーカルポイントに。アーチに伸
びる"つる サマースノー"の白花
と相まった美しい空間。

#My Favorite Rose

**春がすみ
(ピンクサマースノー)**

"つる サマースノー"のピン
クの枝変わり品種。トゲがな
く、花が開くにつれ花びらに
フリルが入る中輪花。半日陰
でもよく育ち、花つき、花も
ちが非常によいのが特徴。

パティオ前の左右の花
壇から壁一面を覆うよ
うに咲き誇るつるバラ
"春がすみ"。

定型花壇

正方形や多角形、円形など、形が決まった花壇で、草花の配置、配色で美しさを表現。
一般に草丈の低い草花でまとめ、規則的に植え込んでいきます。

黄色のマリーゴールドを中心に、周囲に円を描くようにブルーデージー、黄色のメランポジウム、斑入りのツルギキョウを配置。円の境界をはっきり描かないことでやさしい雰囲気に。

春いっせいに咲くチューリップを大胆な配色で区切り、規則的に球根を植えつけます。株元を埋め尽くすビオラは、チューリップの花色を際立たせる効果的な紫のカーペットに。

正方形の花壇に赤、白のペチュニア、紫のアゲラタム、黄色のマリーゴールド、シルバーリーフのシロタエギクを太いライン状に植え込みます。草丈を統一することが美しい模様を描くコツ。

紫のヒヤシンスの株元は赤いデージー。小さな花壇でも草丈と色の対比が楽しめます。

テーマ花壇

自分の好きな色や花、
雰囲気やイメージをテーマにすれば、
あなただけの素敵な花壇が生まれます。

Cottage
& Natural

自然のままの草花の美しさをいかして

イベリス

アキレギア

黄色のエリシマムのあいだからランダムに濃ピンクのチューリップが顔をのぞかせ、ケマンソウが風に揺れる…。ノスタルジックな春の風景を再現したような花壇。

写真提供／栃木県・はるくんパパさん

高さのあるジギタリスをメインにローズマリー、ラークスパー、アキレギアなどが自然な草姿で、小さなコテージガーデンの雰囲気を演出。

Christmas Rose
大好きな花がメインテーマ
――クリスマスローズ

小さなスペースをすべてお気に入りの花をメインに植えるだけで、スタイルがある素敵な花壇になります。

写真提供／
神奈川県・竹本素美さん

Shade Garden
日陰を美しいスペースに

広葉樹の下の半日陰スペースは色合いや質感、形状の異なる葉ものを組み合わせて。

写真提供（2点とも）
神奈川県・幡野精一さん

建物の陰になる庭の隅の花壇は草丈が低く明るい葉色のグリーンを植え、高さのある添景物を置いて寂しいイメージを払拭します。

ペイントしたカラフルな石で囲んだ小スペースに、あまり細かな計算をせずに多肉植物を植えつけた花壇。庭の陽気なアクセントとしても楽しめます。

Succulent Plants
多肉植物だけの小さな個性派花壇

Gardening Glossary

ガーデニング用語集

ガーデニングを楽しむ上で知っておくと便利な用語を集めました。
この本に出てくる用語も、出てこない一般的な園芸用語も掲載しています。

あ行

アーチ
上部が弓形をした建造物で、庭の入り口などによくつくられる。

赤球土(あかだまつち)
粒の大きさによって大・中・小と分かれていることが多く、用途によって使い分けられる。大粒は鉢底に入れることで水はけがよくなる。もともとは関東ローム層の地下にある粘質土。

浅植え(あさうえ)
苗や球根を浅く植えること。根や球根に光や酸素を与えることができる反面、株が不安定で倒れやすいので注意が必要。

厚まき(あつまき)
種を密にまくこと。発芽後、早い時期に間引きや植え替えをしないと苗が育ちにくくなる。

あんどん仕立て(あんどんしたて)
鉢の周辺に数本の支柱を立て、植物をらせん状に誘引してあんどん(行灯)のような形に仕立てたもの。アサガオやクレマチスなどのつる性植物を誘引する方法のひとつ。

育苗(いくびょう)
種をまいてから、ある程度苗が成長するまで環境を整えて育てること。プラスチックやビニール製の育苗ポットを使うことが多い。

移植(いしょく)
育苗中の苗がある程度の大きさになったら、育てる場所に植え替えること。

1年草(いちねんそう)
種が発芽して1年以内に花を咲かせ、実をつけて枯れてしまう植物のこと。寿命は短いがその分成長が早く、丈夫で育てやすく華やかな花が多い。なお、原産地では宿根草であっても、日本の気候下では、冬の寒さや夏の暑さのために枯れてしまうので、1年草扱いとなるものが多い。

忌地(いやち)
連作障害(れんさくしょうがい)が起こる土地。連作障害とは、ある植物のあとに同種または近縁の作物を栽培した場合に、成育や収穫量が劣る現象のこと。

陰性植物(いんせいしょくぶつ)
弱い光の下でよく成育する植物。シダ類やアイビーが代表。

植えつけ(うえつけ)
花壇やコンテナなど、最終的に育てる場所に植物を植えること。

ウォータースペース
鉢に水やりをするとき、一時的に水がたまる、上部の空間。

ウォールハンギング
壁かけ式のハンギングバスケットのこと。壁面にとりつけやすいように、片面が平らになっているものが多い。

羽状複葉(うじょうふくよう)
葉の軸の両側に羽のように並んでいる葉の形態。

うどんこ病(うどんこびょう)
茎や葉が白くなり、うどん粉をまぶしたようになる病気。風通しや水はけをよくすることで、発病が防げる。

腋芽(えきが)
頂点の芽に対して、葉のつけ根から発生する芽のこと。わき芽(側芽)と同じ。

壊死(えし)
生物体の一部の組織や細胞が死ぬこと。

枝透かし(えだすかし)
混みすぎている枝を切り、光や風がよく当たるようにすること。枝抜きも同じ意味。

F1(エフワン)
異なる原種や品種の交配でつくられた品種(一代雑種)のことで、親(原種)より丈夫で、花などが美しく改良される。

円錐花序(えんすいかじょ)
小花が円錐状に固まって咲くこと。またその状態。

黄化(おうか)
葉緑素の成長に必要な光が欠乏しており、植物体が黄色や白に変わる現象。

黄変(おうへん)
葉が老化や病気のために黄色に変色すること。

置き肥(おきひ)
コンテナの縁や植物の株元に固形肥料を置くこと。またはその肥料。水やりのたびに少しずつ溶け出すため、ゆっくり効いて効果が持続する。

晩生(おくて)
種まきや苗の植えつけから開花や結実、収穫までの栽培期間が長いもの。

オベリスク
立体的に作られた柱状の支柱。つる性植物を誘引して育てるのにおすすめの資材。

親株(おやかぶ)
さし芽、さし木、つぎ木をするとき、ふやすもととなる株。

お礼肥(おれいごえ)
花後や果実収穫のあとに与える肥料のこと。開花や結実で消耗したエネルギーを回復し、株を元気にする効果がある。ほとんどは固形肥料や有機肥料を使う。

か行

開花期(かいかき)
植物の花が咲いている時期。花期(かき)。植物の種類によってだいたい一定している。

花卉(かき)
栽培、あるいは栽植される観賞用の花類。

萼(がく)
花の一番外側にあり、もともと花を守るためのもの。普通、数枚の萼片から構成されている。

学名(がくめい)
生物につけられた世界共通の名称。植物学者リンネが創始した方法に基づいてラテン語などを用い、最初に属名、次いで種名を書く方法で表記、命名する。

花茎(かけい)
先端に花をつけて伸びる茎のこと。

花序(かじょ)
個性的な配列でつく花の房のこと。その形状によって円錐(えんすい)花序、散形(さんけい)花序、穂状(すいじょう)花序、総状(そうじょう)花序、尾状(びじょう)花序、輪散(りんさん)花序、輪生(りんせい)花序などに分けられる。

花床(かしょう)
花がらの上端にあって、花弁・めしべなどをつける部分。花托(かたく)ともいう。

花穂(かすい)
長い花茎に小さな花をたくさんつけている花の集まり。キンギョソウやサルビアなどの花が代表。

化成肥料(かせいひりょう)
無機質の肥料やその原料。また化学的につくられた肥料。主成分が1種類だけのものと2種類以上の複合肥料がある。

活着(かっちゃく)
移植や定植をした植物が新しい根や芽を伸ばし、成育をはじめること。「根づく」ともいう。

鹿沼土(かぬまつち)
栃木県鹿沼地方で産出される黄褐色で粒状の土。通気性・水はけ・水もちがよい。

株(かぶ)
根つきの植物を数えるときの単位で、ひとつの植物体の意味にも使われる。

株間(かぶま)
いくつかの株を並べて植えた場合の株同士の間隔。またはその距離。

株分け(かぶわけ)
植物の株を掘り上げて、根を複数に切り分けて新しい株をつくるふやし方。

花柄(かへい)
最上部の葉から花床(かしょう)までの茎の部分。

花木(かぼく)
花や葉、実を観賞する目的で育てられる樹木の総称。

仮植え(かりうえ)
芽が出た小苗をコンテナや花壇に植えつける前に、いったん育苗床など仮の場所へ移し替えること。仮植(かしょく)ともいう。

カルス
傷口を覆う細胞のかたまり。さし穂の切り口や剪定したり折れたりした枝の切り口につくられる細胞の全体。

カロテノイド
黄、オレンジ、赤などの色をつくる色素。カロチノイドともいう。カロテンとキサントフィルなどがある。

寒肥（かんごえ）
12月下旬～翌年2月ごろ、休眠中の果樹に与える肥料のこと。これを与えることで春からの成育に備える。

緩効性肥料（かんこうせいひりょう）
植物に与える肥料で、効きめがゆっくりと時間をかけてあらわれるもの。植物を植えるときの元肥（もとごえ）に最適で、堆肥（たいひ）や油かすなどの有機肥料や「マグァンプK」などの固形肥料が一般的。追肥（ついひ）にも「プロミック」などの固形肥料が用いられる。

灌水（かんすい）
水やりのこと。

灌木（かんぼく）
背の低い樹木のこと。低木。

寒冷紗（かんれいしゃ）
黒や白で、綿やビニロン繊維を網目状に織った布。直射日光をさえぎる遮光のほか、防寒、防虫、防風のためにも使われる。

木子（きご）
地下茎に発生する小球根。繁殖に使う。グラジオラスやユリなどに見られる。

希釈倍率（きしゃくばいりつ）
市販の液体肥料などを、植物に合わせて薄める場合の倍率。

客土（きゃくど）
畑や庭、花壇をつくる場合に、その場所の土質が悪くて改良が必要な際、ほかから土を運んできて入れる方法。

吸枝（きゅうし）
ほふくする枝の一種。地下部にできる芽で、地中を横に伸びて地上に出た先端に子株をつくる。

距（きょ）
がくや花弁の一部が突出している部分。

鋸歯（きょし）
葉の縁がギザギザして、ノコギリの歯のようになっている状態のこと。マリーゴールドやヤロウの葉などが代表。

切りつめる（きりつめる）
新芽を出させるために、枝や茎を短く切ること。

切り戻し（きりもどし）
丈夫な新芽を出させるために、徒長（とちょう）したり古くなったりした枝や葉を切り詰めること。外芽の上で切ることが基本。

草丈（くさたけ）
植物が地上に出ている部分の高さ。通常、地際から先端部までの高さをいう。

苦土石灰（くどせっかい）
土壌改良材。酸性の土を中和させるために施す。苦土とはマグネシウムのこと。

クラウン
球根の地際部の茎にできる芽。肥大し、節と節の間が短縮した茎の部分で、ダリアなどに見られる。

車枝（くるまえだ）
同じところから同じ太さ、同じ長さの枝が多数出ていること。

茎頂葉（けいちょうよう）
茎の先端の葉のこと。

系統（けいとう）
同じ品種内で他と区別できる特徴をもった個体群。

茎葉（けいよう）
茎から出る葉のこと。

結実（けつじつ）
植物に実がなること。

原産地（げんさんち）
栽培化されたり改良されたりした植物のものの種が、自然状態で成育している（していた）ところ。原生地。

号（ごう）
植木鉢を大きさを示す単位で、1号は直径約3cm。

硬実（こうじつ）
種の表皮が水や空気を通しにくいもののこと。発芽しにくいが、それだけ長期間種が保管できる。石種ともいう。アサガオやカンナなどがこれにあたる。

腰水（こしみず）
鉢の下に鉢皿などを置いて水を張り、底面から給水（吸収）させる方法。底面給水ともいう。

互生（ごせい）
枝や葉が左右交互に出る生え方。

根茎（こんけい）
枝分かれした地中の茎のこと。地下茎（ランナー）ともいう。

根生葉（こんせいよう）
根元から伸びた茎の短い葉のこと。根出葉（こんしゅつよう）ともいう。

コンテナ
植物を栽培する容器の総称。さまざまな素材の鉢やプランター、箱などをさす。

さ行

逆さ枝（さかさえだ）
下方向や幹に向かって伸びる枝のこと。

さく果（さくか）
複子房の発達した果実で、熟すると割れて種をまき散らす。バラのローズヒップなどがさく果の代表。

さし木（さしき）
枝や茎など、植物の一部を切りとって、適当な用土などにさし、発根させて育てるふやし方。草花の場合はさし芽ともいう。

さし穂（さしほ）
さし木（芽）にするために切った枝や茎のこと。

シェード栽培（シェードさいばい）
自然の日長条件より日を短くして栽培する方法。短日（たんじつ）処理のこと。

直まき（じかまき）
植物を育てたい場所に、その種を直接まくこと。植え替えを嫌う植物や種の大きな植物に用いられる。

四季咲き（しきざき）
植物がある程度成長したあと、日長や温度などに関わりなく、ほぼ一年中花が咲くようになる開花習性。花が咲く期間によって一季咲き、二季咲きなどがある。

子房（しぼう）
花柱の基部が肥大した部分。雄しべの一種で、花が終わったあと果実になる。

雌雄異株（しゆういしゅ）
実をつける木（雌木）と雄花をつける木（雄木）が別々の植物で、ブドウやキウイなどがこれにあたる。実をつけるには両方の木が必要。

雌雄同株（しゆうどうしゅ）
雄花と雌花が1本の木につき、開花して実を結ぶ植物。多くの果実や草花はこれにあたる。

樹冠（じゅかん）
樹木の枝や葉が茂っている部分。種類によってさまざまな形をつくる。

宿根草（しゅっこんそう）
多年草の中で、冬に植物の地上部が枯れても根が地中で枯れずに残り、毎年発芽、成長することができる草花のこと。最近では多年草と同義としても使われることが多い。

常緑樹（じょうりょくじゅ）
秋や冬でも葉が落ちず、一年中葉をつけている樹木。そのうち樹高が高いものを常緑高木、樹高が低いものを常緑低木という。

植物色素（しょくぶつしきそ）
細胞に含まれる色素のことで、アントシアニン、カロテノイド、フラボノイドなどがあり、花色が決まる重要な要素となる。色素が入っていないと白になる。アントシアニンは酸性溶液で赤、アルカリ性溶液で青になる。

ジョレン
土砂をかき寄せる道具。長い柄（え）の先に浅い歯をきざんだ鉄板をつけたもの。

深裂（しんれつ）
葉の縁が中央脈に向かって、数か所深く切れ込んでいること。

整枝（せいし）
余分な枝や伸びすぎた茎をとり除き、植物全体の形を整えること。

全草（ぜんそう）
植物全体・全部位のこと。

先祖返り（せんぞがえり）
祖先の形や質が、ある個体に偶然出現すること。または、枝変わりしてできた形質が、もとの親の形質に戻ること。

剪定（せんてい）
新しい芽を出させるため、葉や茎を切りはらって整えること。また、冬前に根元ギリギリのところで切り戻す剪定は、寒さの当たる面積を減らして冬を越しやすくする働きがある。
※強い剪定…成育を促すために行う剪定のこと。
※弱い剪定…限定された部分の再生を促すために行う剪定のこと。

総状花序（そうじょうかじょ）
一本の軸に、花柄（かへい）のある花を左右交互につけ、基部から順に先端へ咲いていく花のつき方。

側芽(そくが)
頂上部以外の葉のつけ根から発生した芽。わき芽。

側枝(そくし)
主枝(中心の枝)に対して、その側部の枝のこと。

速効性肥料(そっこうせいひりょう)
緩効性肥料に対して、与えてからすぐに効きめがあらわれる肥料のこと。成長期などの追肥に最適で、一般的に液肥がよく使われる。

た行

耐寒性(たいかんせい)
低温によく耐える性質。低温下でよく成長するという意味ではなく、霜や雪などの中、保護しなくても植物が耐えて成育する状態のこと。

耐暑性(たいしょせい)
暑さに耐える性質で、30℃以上の高温状態に耐えらえる性質。

台木(だいぎ)
つぎ木でふやす場合の根のついた基になる木。

対生の葉(たいせいのは)
ひとつに節に、向い合って対でつく葉のこと。

堆肥(たいひ)
落ち葉や野菜のクズ、魚、鶏ふんなどを積み重ねて発酵させた有機肥料。

高植え(たかうえ)
根の上部が地面より高くなるように植えつけること。

多年草(たねんそう)
種から成長し、開花・結実した後も枯れることなく何年も成長をくり返す草花。最近は多年草をすべて宿根草と呼んだり、その逆も多いが、厳密には花が咲いていない期間や冬の間にも、常緑の葉を残して茂らせているものを多年草と呼ぶ。

短果枝(たんかし)
短く肥大した花芽。ここによい果実がつく。短枝と同じ。

短枝(たんし)・**長枝**(ちょうし)
樹木の種類によっては、明らかに区別できる2種類の枝を持つものがある。普通見られる長い枝を長枝という。葉をたくさんつけたり花をつけたり、また結実するのは短い枝で短枝という。

短日植物(たんじつしょくぶつ)
日照時間がある程度短くなると花芽をつける、あるいは葉や苞が色づく植物のこと。秋から冬にかけて花を咲かせたり、葉が色づくものが多い。ポインセチアやコスモス、シャコバサボテン、キクなどが代表的なもの。

短日処理(たんじつしょり)
日本よりも日照時間が短い国が原産の植物に、花を咲かせたり葉を色づかせるために行う処理のこと。具体的には、箱などで覆って日照時間を短くさせる作業をする。ポインセチアなどの短日植物に有効。

地下茎(ちかけい)
地下を這う根状の茎。根茎ともいう。

中央脈(ちゅうおうみゃく)
葉の中心を走る葉脈のこと。

柱頭(ちゅうとう)
雌しべの先端の部分。

長日植物(ちょうじつしょくぶつ)
日照時間がある程度長くなると花芽をつける植物のこと。春から夏にかけて開花するものはほとんどが長日植物といえる。

長日処理(ちょうじつしょり)
長日植物を実際開花する時期よりも早く花芽をつけさせるために行う処理のこと。具体的には日没後も蛍光灯など照らし、日照時間が長い状態に似た環境をつくる。

追肥(ついひ)
植物が成長している間に与える肥料のこと。追肥には、液肥などの速効性肥料や固形肥料などの緩効性肥料が使われる。

直根(ちょっこん)
地中にまっすぐ伸びている根のこと。

つぎ木(つぎき)
近縁種の植物と植物をつないで、1株の植物として育てる方法。果樹の苗は、ほとんどこの方法でつくられたつぎ木苗として出回る。

つぎロウ
つぎ木の際に、つぎ口を雨風から守るために塗るロウ。松ヤニやラードなどでつくられる。

定植(ていしょく)
最終的に植えたい場所に植えること。

摘果(てきか)
摘蕾と同様、よい果実を実らせるために、適した数の実を残して、他の幼い果実を摘みとること。

摘芯(てきしん)
成長を止めたりわきからの枝葉をふやすため、茎や枝の先端の芽の部分を摘みとること。ピンチともいう。

摘蕾(てきらい)
大輪の花を咲かせるために、それぞれの種類に適した数を残して、他のつぼみを摘みとること。

テラコッタ
素焼きの陶器製、またはプランター形の容器。通気性がよく多くの植物の栽培に向き、おしゃれな装飾も楽しめる。

徒長(とちょう)
葉、茎、枝などがヒョロヒョロと長く伸びすぎた状態のこと。

トピアリー
装飾的に庭木などを刈り込んで仕立てる方法。

とり木(とりき)
茎の途中から根を出させ、そこで切りとることで新たな株をつくる方法。

採りまき(とりまき)
種を採取したあと、すぐにその種をまくこと。

トレリス
主に木などで組まれた格子状の柵で、園芸用の資材のひとつ。つる性植物を誘引して這わせたり、ハンギングバスケットをかけたりして楽しむ。

な行

苗床(なえどこ)
苗を育てる場所。

2年草(にねんそう)
種が発芽して1年以上2年以内に花を咲かせ、実をつけて枯れてしまう植物のこと。

根切り(ねきり)
根のまわりにスコップを深く差し込んで、根の一部を切ること。

根腐れ(ねぐされ)
水はけや通気が悪く、根が腐ること。水の与えすぎ、また極端な高・低温の条件下で起こりやすい。

根鉢(ねばち)
土をつけて掘り出された根のまわりの部分。根とそのまわりの土。

根張り(ねばり)
根が縦横に伸びている状態。

根回し(ねまわし)
植え替えのときにあらかじめ根の一部を切り、細根を発生させて活着をよくする方法。

は行

パーゴラ
主に木製の棚で、つる性植物の誘引などに使われる。藤棚が有名。

バーミキュライト
蛭石(ひるいし)を高温で焼いた人工用土。保水性、通気性、排水性、保肥性に優れ、無菌なので土壌改良や種まき、さし芽の用土に使われる。

パーライト
真珠岩(しんじゅがん)を急激に焼いて作った人工用土。

這い性(はいせい)
地面を這うように横に広がって成長する性質。

鉢上げ(はちあげ)
種まきやさし芽の後、成長した苗を苗床から鉢に移し替えること。

鉢物(はちもの)
鉢に入れて栽培し、観賞する草花。ただし、盆栽は鉢物とはいわない。

発芽率(はつがりつ)
種をまいたもののうち、発芽するものの割合で、一般的には発芽しやすいかしにくいかの目安として使う。厳密には、一定期間までに発芽した種の数をまいた種の数で割って100倍した数字。

花がら摘み(はながらつみ)
咲き終わったあと、散らずに残った花を摘みとる作業。結実しないようにすることで、次の花を元気に咲かせる。そのままにしておくと、病害虫の原因にもなる。

葉水(はみず)
葉や茎に水をかけること。湿度を保ったり、温度を下げて暑さをしのぐ方法。ホコリを洗い流すことも含む。葉の裏側に水をかけることでハダニを防ぐこともできる。

葉焼け（はやけ）
強い直射日光によって、葉の表面の細胞が壊れて褐色になること。

ハンギングバスケット
植物を寄せ植えにし、軒などにつり下げて楽しむための容器。ヤシの実繊維、ウレタン、プラスチックなどの素材があり、形もさまざま。

半日陰（はんひかげ）
木漏れ日（こもれび）程度の光が当たるような状態の場所や、午前中の数時間だけ日が当たるような光量を得られる場所。明るい日陰。

ピート板（ピートばん）
ピートモスを圧縮し、酸度を調整したもので、給水すると膨張する。種まきやさし芽の苗床に利用することが多い。

ピートモス
湿地に堆積してできた植物の集まりで、主成分はリグニンというもの。水もちと通気性がよく、軽いのでハンギングバスケットにも向く。ただし酸性が強いので、土の酸性を嫌うものの栽培には不向き。

ヒコバエ
幹の根元から出る若芽。ヤゴともいう。

非耐寒性（ひたいかんせい）
低い温度下では成育できない性質。

斑入り（ふいり）
主に葉の一部の組織で葉緑素が欠け、白や黄色などのまだら模様や筋が入っているもの。このような葉を持つ植物を斑入り植物という。

深植え（ふかうえ）
苗や球根を深く植えること。

覆土（ふくど）
光を嫌う植物の種をまいたときや球根を植えつけたあとに土をかけること。また、その土のこと。

腐植質（ふしょくしつ）
雑草や落ち葉、ワラなどを堆積させて腐らせたもの。

不織布（ふしょくふ）
プラスチック繊維を和紙のように加工したもの。保温、防虫などの目的で、植物の上にかぶせて使う。

不定根（ふていこん）
茎や葉など、根ではない器官や古い根から生じた根。

腐葉土（ふようど）
落ち葉を堆積して発酵させ、腐らせたもの。水はけと通気性がよく、有機質が豊富な土。

分化（ぶんか）
成育の過程で、それまでにない形態や機能をもつ細胞や組織、器官が現れること。

分球（ぶんきゅう）
球根が自然に分かれてふえること。人為的に切り分けてふやすことも多く、大半の球根植物はこの方法でふやせる。

ボーダー花壇（ボーダーかだん）
塀や壁などに沿って細長く伸びた花壇のこと。

苞（ほう）
葉の変形したもので、花のように美しく色づくものが多い。苞を観賞して楽しむ代表的な植物はカラー、アンスリウム、ポインセチアなど。本来は花のすぐ下や花がらのつけ根につき、花を保護するもの。

母球（ぼきゅう）
球根類で、自然分球の親になる球根。繁殖に使う球根のこともさす。それによって新しく生じた球根を子球という。

保水力（ほすいりょく）
土壌が水を保持する力のこと。

匍匐性（ほふくせい）
地表や地中を這（は）うような形で成長、成育する性質のこと。

ま行

間引き（まびき）
種をまいたあと、成育に応じて混み合った苗や成育の悪いもの、徒長したものを順次とり去る作業で、その後の成長を促す。

マルチング
株元にワラや落ち葉、堆肥、ビニールシート、バーグ（樹皮）などを敷いて覆うこと。土の乾燥や凍結を防ぎ、保温効果もよくなる。

幹焼け（みきやけ）
強い直射日光で、幹の樹皮がはがれてくること。幹巻きで防ぐことができる。

実生（みしょう）
種から発芽して育った苗。種でふやす方法の意味で使うこともある。

水あげ（みずあげ）
切りとった枝などを水に浸して、切り口から水を吸わせる方法。

水ゴケ（みずごけ）
とり木などの時に使用する、水もちにすぐれた苔（こけ）の一種。

木質化（もくしつか）
草花が成長して、茎などが木のように硬くなること。タイムやローズマリーのように、2年めから木質化して大株に育つものも多い。

元肥（もとごえ）
種まきや苗の植えつけの前に用土に混ぜる肥料のこと。初期の成長を促す、すべての植物に共通して基本となる肥料。

盛り土（もりつち）
根元に土を盛ること。地面に近い枝には土を盛っておくと根が出る。

や行

八重咲き（やえざき）
花弁の数がその種の基本の数より多い花のこと。

葉柄（ようへい）
葉と葉をつなぐ柄の部分のこと。

誘引（ゆういん）
植物の茎、枝やつるを支柱やトレリスなどにひもで結びつけ、希望の位置まで導いて形をつくること。

有機質土壌改良材
（ゆうきしつどじょうかいりょうざい）
ピートモスやバーク堆肥、腐葉土など植物質や動物質の土壌改良用土をさす。

葉腋（ようえき）
葉が、茎や枝と接する部分の上部。葉のつけ根のことで、ここから芽が出てくる。

陽樹（ようじゅ）
とくに陽光を必要とする樹木のこと。

養生（ようじょう）
樹木の成育を助けるためのさまざまな方法の総称。支柱の取りつけや幹巻き、敷きワラなど。

寄せ植え（よせうえ）
1か所に2株以上をまとめて植えること。

ら行

落葉樹（らくようじゅ）
秋に寒くなってくると葉が落ちる樹木。そのうち樹高が高いものを落葉高木、樹高が低いものを落葉低木という。

ランナー
つるのように伸びる地下茎で、地面すれすれを這うものや地中で伸びるもの、地上でアーチを描くように伸びるものなど、いろいろな種類がある。

輪生（りんせい）
同じところから数本の枝が出ている状態。車枝（くるまえだ）と同じ。

連作障害（れんさくしょうがい）
同じ場所に同じ植物を何年も続けて植える（連作）と、植物の成育が悪くなったり病害虫が発生したりすることがある現象のこと。

ロックガーデン
石や岩を配置した庭に、小型の植物や乾燥植物を中心に植え込んだ花壇や庭園のこと。

わ行

矮性（わいせい）
草丈の低い植物のこと。矮性植物は草丈を半分以下に品種改良したもの。成長調整剤などを使って成長を人為的に抑えることを矮化という。

ワイルドフラワー
「野生の花」という意味で、強い生命力を持ち、種をばらまくだけで春から花を満開に咲かせるものをさす。ほとんど手間をかけずに美しい花が楽しめる。ポピーやニゲラなど。

わき芽（わきめ）
枝の先端の芽（頂芽）に対して、わきから出ている側芽のこと。腋芽。

花、グリーン、庭づくりの基礎がわかる

ガーデニング大百科

2020年5月10日　初版発行
2024年4月20日　第2刷発行

編集人	東宮千鶴
発行人	志村　悟
印刷	図書印刷株式会社
発行所	株式会社ブティック社

TEL：03－3234－2001
〒102－8620　東京都千代田区平河町1－8－3
https://www.boutique-sha.co.jp
編集部直通　TEL：03－3234－2071
販売部直通　TEL：03－3234－2081

PRINTED IN JAPAN　ISBN：978-4-8347-9032-0

編集	東宮千鶴
ブックデザイン	竹内真太郎(株式会社スパロウ)
取材協力	株式会社サカタのタネ　https://www.sakataseed.co.jp/
	株式会社ハイポネックスジャパン　https://www.hyponex.co.jp/
	住友化学園芸株式会社　https://www.sc-engei.co.jp/
	タキイ種苗株式会社　https://www.takii.co.jp/
	日清ガーデンメイト株式会社　http://www.gardenmate.net/
	有限会社ヨネヤマプランテーション　https://www.thegarden-y.jp/

この本は既刊のブティックムックNo.1146「小さな庭づくり＆花づくり」、
No.1208「花づくり＆ガーデニング百科」、No.1356「改訂版　一番くわしい四季の花づくり」から
それぞれ記事を抜粋し、書籍として再編集したものです。

この本に記載している種まき、植えつけなどの作業適期、開花期、栽培カレンダーなどは、関東地方とそれに準ずる地域を
基準とした目安です。寒い地域、暖かい地域では多少時期がずれることをあらかじめご了承ください。

【SHARE ON SNS!】
楽しいガーデニングや草花の写真をInstagram、Facebook、TwitterなどSNSにアップしてみんなでシェアしましょう！
ハッシュタグをつけて、好きなユーザーと繋がりましょう！
ブティック社公式facebook　boutique.official　「ブティック社」で検索してください。いいね！をお願いします。
ブティック社公式Instagram　btq_official　ハッシュタグ　#ブティック社　#ガーデニング　など
ブティック社公式twitter　Boutique_sha　役立つ新刊情報などを随時ツイート。お気軽にフォローしてください！

必ず見つかる、すてきな手づくりの本
ブティック社　検索
ブティック社ホームページ
https://www.boutique-sha.co.jp
本選びの参考にホームページをご覧ください